어른을 위한
친절한
지식 교과서

세계사 · 미술 **II** 한국사 · 음악

누군가 물어볼까 봐 불안한 지식에 대한 명쾌한 해답

어른을 위한 친절한 지식 교과서

세계사 · 미술 한국사 · 음악

박현주 기획
김정화 · 김혜경 글
나수은 그림
김지민 · 이철기 · 이미희 감수

SOULHOUSE

가장 기본적인 지식의 가치

각종 정보와 영상 매체, 새로운 지식이 넘쳐나는 시대인 만큼 '교과서'를 읽는다고 하면 다소 고리타분하게 들릴지도 모르겠다. 그러나 《어른을 위한 친절한 지식교과서》는 가장 기초적이고 기본적인 지식의 가치를 잘 보여주는 책이다.

이 책의 가장 큰 장점은 우리가 이미 학교에서, 그리고 교과서에서 배웠지만 진즉 잊어버렸거나 확실히 알지 못했던 지식을 분야별로 쉽게 정리해놓았다는 것이다. 그런데 어른이 되어서 학교에서 배웠던 것들을 다시 읽는 게 어떤 도움이 될까?

이 책의 한국사 부분을 읽으면 집단과 개인의 문제, 한일 관계, 서로 다른 문화 간의 교류, 외교의 흐름, 경제 발전의 패턴 등에 대해 생각해보는 기회를 가질 수 있고, 현재의 우리가 접하고 고민하는 여러 시사 문제와 개념들에 대한 답을 찾는 데에도 도움이 된다.

또한 직업적인 전문성 쌓기, 가정생활, 사회관계 형성과 유지 등 어떤 분야를 막론하고 기본기를 다지는 것은 개인의 성장에 큰 보탬이 된다는 점에서, 이 책은 기본의 가치에 충실해서 좋은 책이다.

우리는 끊임없이 새로운 전문 지식과 정보를 접하고 있지만, 정작 어떤 미술 작품이라든지 역사적 사건에 대해 대화를 하게 되면 출처가 불분명한 인터넷상의 정보에 의존하게 되는 경우가 많다. 이 책은 우리가 이미 아는 것 같지만 확실히는 모르는 여러 주제에 대한 명쾌한 답을 제시해준다. 수없이 많은 정보 중에 어떤 정보를 취해야 할지 혼란스러운 현대 시대에 '가짜 정보'의 우려가 없는 교과서라는 공신력 있는 출처를 바탕으로 한다는 점도 이 책의 큰 장점이다. 또한 분야별로 사람들이 흔히 궁금해할 수 있는 질문들을 모아 답하는 식으로 구성했기 때문에 순서대로 읽지 않더라도 관심 있는 부분과 질문을 찾아서 흥미롭게 읽을 수 있다.

학교에 다니는 자녀가 있는 부모라면 자녀와 함께 읽고 소통하는 데에도 도움이 될 것이다. 아이들이 학교에서 어떤 내용을 배우는지 알아보고, 부모 세대가 학창 시절에 배운 지식에서 더해지거나 바뀐 부분들에 대해서 더 찾아보고 자녀들과 이야기하는 즐거운 경험도 가능하다. 자녀에게는 시험을 위해 공부하는 교과서로가 아니라 '흥미로운 주제와 질문에 대한 답을 찾는 책'으로, '엄마, 아빠와 함께 읽을 수 있는 교과서'로 새롭고 특별한 경험을 줄 것이다. 간단한 궁금증에서 시작해 심도 있는 대화를 하고 싶은 분들, 그리고 자녀들과 함께 배우고 소통하며 성장하기를 원하는 많은 분께 이 책을 추천한다.

한국사 박사 김지민

(미국 Mills College 연구원)

지루함을 벗어던진,
모든 세대를 위한 교과서

"그저 먹고 자라기만 하는 건 따분해."

트리나 폴러스의 《꽃들에게 희망을》에서 나뭇잎을 먹는 일만 열심히 하던 호랑 애벌레가 먹고 자라는 것이 삶의 전부가 아니라고 깨닫는 순간, 우리에게 들려주는 말입니다. 반복되는 우리의 일상도 호랑 애벌레의 일상과 크게 다르지 않고 지루하기는 마찬가지이지만, 호랑 애벌레처럼 그 일상을 벗어나기란 쉽지 않습니다.

돌이켜보면 내가 꿈꾸던 것들과 알고 싶었던 것을 보여준 것은 책이었습니다. 쥘 베른의 상상력으로 우주를, 곰브리치의 눈으로 예술 세계를, 존 스튜어트 밀의 생각으로 자유를 보았습니다. 이처럼 책은 내가 알지 못하는 세상의 지식과 지혜를 담고 있기에 우리에게 다른 세상을 열어주고 보여주며 일상에서 잠시나마 벗어날 수 있게 합니다.

즐기는 것은 아는 것이 선행될 때 더 깊어집니다. 놀람 교향곡 속에 깃든 하이든의 재치를 미리 알고 감상하면 우리는 더 조마조마하게 음악을 즐기게 되고, "빵!" 하는 소리와 함께 음악적 희열을 느낍니다. 또한 피카소 '게르니카'의 스토리를 알고 그림을 접하면 알기 전에 느끼지 못했던 감정을 경험합니다. 이성계와 정도전을 통해 경복궁을 만난다면 경복궁은 더이상 그냥 조선의 궁궐이 아니겠지요. 이처럼 경험이 더해지면서 축적되는 지식은 나의 감각을 다듬고 이를 바탕으로 자신만의 감성을 만들게 됩니다. 아는 것이 그저 지식의 자랑을 위해 존재하는 것이 아닌, 자신의 내면을 키우는 자양분이 되는 것입니다.

지루한 일상에서 책을 통해 세상의 다양한 지식을 보고 즐기고 싶은 이에게 좋은 책이 출간되었습니다. 누군가와의 대화에서 부족함을 느낀 어른, 자녀에게 풍부한 지식을 전달하고 싶은 부모, 부모에게 얻지 못하는 지식을 직접 얻고 싶은 청소년에게 적합한 세상의 지식 책입니다. 제목은 《어른을 위한 친절한 지식 교과서》이지만, 알고자 하는 모든 이를 위한 지식 교과서입니다.

국어, 수학, 사회, 과학을 다룬 1권에 이어 출간된 2권은 박물관, 미술관, 음악회에서 도슨트와 해설사 없이도 역사와 예술을 즐길 수 있게 도와줍니다. 이 두 권의 책을 통해 스스로 하나하나 지식을 만들어가는 기쁨을 느껴보세요. 그저 먹고 사는 것만이 아니라 지식으로 마음을 채우는 시간을 가지고 싶은 많은 분께 이 책을 추천해 드립니다.

상탑초등학교 교사 이미희
(경인교대 초등미술교육 박사 과정)

어른 교과서로 떠나는 인문학 여행

이 책을 보니 예전에 미술 교과서를 보면서 세계 여행을 꿈꾸던 제 어린 시절이 생각납니다. 요즘처럼 미술에 관한 책들이 많고 외국으로 여행을 가서 직접 그림을 볼 수 있던 시절이 아니었기에, 그 시절 미술 교과서는 언젠가 그 작품과 건축물을 직접 만나게 될 그 날을 꿈꾸게 해주는 책이었습니다. 이후 정말로 미술을 전공했고, 현재는 미술대학에서 학생들을 가르치면서 연구를 위해서, 또는 수업에 필요한 자료를 위한 답사로 세계 여러 나라의 미술관과 건축물을 찾아다니고 있습니다.

'몬드리안의 그림은 차가운 추상, 칸딘스키의 구성은 뜨거운 추상', 이렇게 도식적으로 외웠던 그림들조차도 유럽의 어느 미술관에서 마주치게 되면 마치 오래된 친구를 만난 것처럼 얼마나 반가운지 모릅니다.

인상파처럼 매력적이지 않다고 생각했던 그림조차도 직접 만나면 너무 반갑습니다. '아, 이 그림이 여기에 있었구나!', '실제로 보니 느낌이 다르구나!' 알고 있던 작품을 만나서 느끼는 그 기쁨은 이 책을 읽는 여러분들도 아마 다들 잘 알 겁니다. 이렇게 몇백 년의 시간을 거슬러 직접 화가를 대면하는 기분이 드는 이유는 어릴 적 교과서에서 보았던 작품을 만났기 때문입니다. 이 책을 보니 다시 그런 행복감이 밀려옵니다. 어른이 되어 예전 미술 교과서를 다시 보는 느낌이 드는 참 반가운 책입니다. 게다가 한 권에서 역사와 예술을 비교하면서 볼 수 있는 기획이 훌륭합니다.

하늘의 무늬를 '천문'이라고 하고 이를 연구하는 학문을 '천문학'이라고 합니다. 그럼 인간의 무늬를 연구하는 것은 무엇일까요? 인간이 만든 무늬는 '인문', 이를 연구하는 학문이 바로 '인문학'입니다. 그리고 인간이 만든 '인문' 중에서 그 자체로 크고 아름다운 무늬는 '미술'과 '건축'입니다. 각 시대의 정신과 예술을 대표하는 탁월한 인문으로서의 미술과 건축은 그 역사 속에서 인류의 삶과 생각을 고스란히 보여주고, 현대에도 살아서 우리에게 끊임없는 영감을 줍니다.

《어른 교과서》를 추천하는 가장 큰 이유는 그 인문학을 기반으로 기획되었고, 다양한 지식을 얻을 수 있으면서, 키워드를 찾아 지식을 더 확장할 수 있는 책이기 때문입니다. 이 책을 사전처럼 찾아보면서 가족이 공통의 추억을 만들 수 있을 거라는 생각이 듭니다. 부모와 아이가 함께 책을 보면서 서로 공통된 관심사를 찾아서 가족 여행을 계획해보는 것은 어떨까요? 박물관이나 전시회에 가기 전에 들춰보는 것도 도움이 될 것입니다. 《어른 교과서》와 함께라면 분명 아는 만큼 보이는 즐거움이 커지는 인문학 여행을 할 수 있을 것입니다.

홍익대학교 미술대학 강사 박지나
(고려대학교 영상문화학 박사 수료)

한 권의 책으로
일상에서 더 많은 감동을 느낄 수 있기를

　그냥 귓가에 스쳐지나가는 클래식 음악은 모르면 '좋은 음악'일 뿐입니다. 하지만 어떤 작곡가가 그 음악을 왜 작곡했는지, 어느 시대에 어떤 생각으로 만들었는지 알게 된다면 그 음악이 다르게 들리기 시작합니다. 그렇게 되면 그냥 좋은 음악을 '듣는 것'이 아니라 '감상하는 것'이 됩니다. 미술 작품이나 역사적 사건도 마찬가지입니다. 하나의 사건을 이루는 배경을 알게 되면 그 사건이 주는 감흥이 달라집니다.

　《어른 교과서 Ⅱ》에는 우리가 세상에 더 많은 감동을 느낄 수 있도록 세계사, 한국사, 미술, 음악에 관한 지식을 담았습니다. 1권이 국어, 수학, 과학, 사회, 말 그대로 필수 과목이었다면 《어른 교과서 Ⅱ》는 세계사와 한국사, 미술과 음악의 흐름을 훑어볼 수 있는 작은 역사서입니다. 우리가 배우는 모든 지식들은 역사의 흐름에서 생겨났기 때문에 쉽게 풀어쓴 역사를 쭉 읽다보면 그동안 머릿속에서 정리되지 않았던 지식들이 시간의 흐름이라는 기준으로 튼튼하게 정리되는 것을 느낄 수 있을 것입니다.

1권과 마찬가지로, 교과서에서 다루는 교육과정을 토대로 질문을 뽑고 답을 정리했습니다. 역사는 시대별로 주요한 사건을 주요 문화권을 중심으로 나누어 정리했고, 음악사와 미술사는 물론 음악, 미술의 기초 이론과 감상 포인트도 정리했습니다. 과목별 순서대로 쭉 읽어도 되고 목차를 보면서 원하는 질문만 골라서 읽어도 됩니다.

이번에는 여건이 허락한다면 먼저 앞장부터 순서대로 읽는 것을 권해드립니다. 모든 항목이 흐름을 가지고 서로 연관되어 있기 때문에 하나하나를 기억하는 건 어렵지만 전체적인 흐름을 파악하고 읽으면 각각의 단편적인 지식을 기억하는 것이 훨씬 수월해집니다. 과목별로 쭉 읽고 나서는 취향대로 다시 골라 읽어도 좋고, 과목별로 같은 시대를 묶어서 읽는 것도 재미있을 겁니다. 그러다보면 낯설게 느껴졌던 역사의 단편들이 하나로 이어질 것입니다.

이렇게 《어른을 위한 친절한 지식 교과서》로 지식의 기본기를 다지고 나면 주변에 차고 넘치는 정보의 바다에서 원하는 것을 찾아내기가 좀 더 쉬워질 겁니다. 또한 새롭게 바뀐 지식, 새로운 용어, 새로운 관점에 따라 달라진 내용 중에서 어른들에게 필요한 내용만 골라 담았기 때문에 우리의 지식을 업그레이드하는 데도 분명 도움을 줄 것입니다. 이 책을 통해 내가 가진 지식을 더욱 체계화하고 새롭게 정비한 후 매일 똑같은 삶에서 새로운 감동을 느낄 수 있기를 바랍니다.

2020년 2월, 김정화·김혜경

차례

—

◇◇

세계사

한국사

◇◇

미술

음악

교과 연계

세계사

세계사는 남의 나라 이야기라고? 한국사도 제대로 모르는데 남의 나라 역사까지 알아야 하냐고? 하지만 세계사의 흐름은 한국사의 맥락을 이해하는 데 꼭 필요한 지식이다. 4대 문명의 태동에 얽힌 이야기를 읽다 보면 자연스레 '아하! 그래서 그때 고조선이 생겼구나!' 하고 우리 역사에 대한 이해도 넓어진다. 이것이 우리가 한국사뿐 아니라 세계사에 관심을 가져야 하는 이유이다.

《어른 교과서-세계사》는 문명이 언제, 어떻게 시작되었는지, 전 세계 각 지역에서 어떤 나라들이 어떻게 나타나고 사라졌는지, 세계 여러 나라들의 흥망성쇠를 한눈에 살펴보게 해준다. 우리가 이미 아는 것 같았지만 확실히 몰랐던 세계사의 편린들을 잇는 의미있는 경험이 될 것이다.

선사 시대와 역사 시대는 어떻게 구분할까?

인류의 역사는 크게는 선사 시대와 역사 시대로 구분할 수 있다. 이 둘을 나누는 기준은 바로 문자이다.

선사 시대는 문자가 만들어지기 이전의 시대를 말한다. 문자 기록이 남아 있지 않아서 남아 있는 유물이나 유적 등을 통해 그 시대의 모습을 추측한다. 반면 역사 시대는 문자로 쓰인 기록이 있는 시대이다. 따라서 문자로 기록이 남기 시작한 순간부터 현재까지가 모두 역사 시대에 해당한다. 지역마다 그 시기가 조금씩 다르지만 보통 석기 시대와 청동기 시대, 초기 철기 시대가 선사 시대에 해당하며, 한반도의 경우 석기 시대와 청동기 시대까지가 선사 시대에 속한다.

➕ 연대를 표시하는 기준인 '서기'

역사를 기록할 때 연도를 표시하는데, 그 기준은 나라나 종교, 문화에 따라 다르다. 현재 대부분의 나라에서 사용하는 '서기'는 서양에서 예수가 탄생했다고 믿는 해를 원년(1년)으로 한 것으로 예수 탄생 이전은 기원전(BC, Before Christ), 탄생 이후는 기원후(AD, Anno Domini)라고 한다. 100년 단위로 1세기를 삼는데 지금 우리가 사는 2020년대는 21세기에 속하며, 22세기는 2101년부터 시작한다.

🅳 문자로 쓰인 기록을 기준으로 나눈다.

유물을 시대에 따라 나누는 기준은?

처음으로 옛 유물을 시대에 따라 구분한 사람은 1836년 덴마크의 고고 학자인 크리스티안 톰센이었다. 코펜하겐의 박물관 관장이었던 톰센은 박물관에서 수집한 옛 유물을 어떤 기준으로 나누어 전시하면 좋을까 고민하다가 만들어진 재료에 따라 돌로 만든 것, 청동기로 만든 것, 철로 만든 것끼리 나누어 보았다. 그 결과 톰센은 시기에 따라 도구 제작에 사용한 재료가 달랐다는 것을 알게 되었고, 선사 시대를 유물에 따라 석 기 시대, 청동기 시대, 철기 시대의 3대 시기로 구분하였다.

이후 영국의 고고학자 존 러복은 석기 시대의 도구도 시기에 따라 모 양이 다르다는 것을 발견하고, 1865년 《선사 시대》라는 책에서 석기 시 대를 도구를 만든 방법에 따라 구석기 시대와 신석기 시대로 나누어야 한다고 주장하였다. 처음에는 돌을 깨트려 도구로 사용했지만, 점차 돌 을 갈아서 정교한 석기를 만들어 사용했기 때문이다. 이로써 오늘날과 같은 구석기, 신석기, 청동기, 철기의 시대 구분이 이루어지게 되었다.

또한 프랑스의 지층에서 구석기와 신석기의 중간에 해당하는 석기 들이 발견됨에 따라 중석기 시대를 주장하는 의견도 제기되었다. 하지 만 중석기는 모든 지역에서 나타난 것이 아니어서 후기 구석기로 보는 견해가 많다.

답 사용한 도구의 재료와 만드는 방법에 따라 구분한다.

최초의 인류는?

지구 상에 인류가 처음 등장한 것은 언제일까? 지금까지 발견된 사실에 의하면 최초의 인류는 지금으로부터 약 390만 년 전 처음 등장한 오스트랄로피테쿠스이다. 오스트랄로피테쿠스는 '남방의 원숭이'라는 뜻으로 여러 아종이 있는데, 에티오피아에서 발견된 아파렌시스를 가장 오래된 종으로 보고 있다.

'루시'라고 부르는 오스트랄로피테쿠스 아파렌시스의 두개골은 현생인류의 1/3 수준으로 작고, 턱이 앞으로 돌출되어 있어서 사람보다는 유인원에 가까웠다. 하지만 몸의 골격은 현생인류와 비슷하여 직립 보행을 했을 것으로 추정된다. 직립 보행 덕분에 손이 자유로워지면서 간단한 도구를 사용했고, 소규모로 무리 지어 생활하는 등 유인원과는 다른 특징을 보여 최초의 인류로 분류된다.

오스트랄로피테쿠스는 약 150만 년 전까지 아프리카 등지에서 살았다. 이후 전 세계로 이동하면서 다양한 종으로 나뉘고 나타나고 사라지며 진화를 거듭해 지금의 인류에 가까워졌다.

◇ 오스트랄로피테쿠스(약 390만 년 전~, 뇌 용량 400~700cc)
두개골은 유인원에 가깝지만 골격은 현생인류와 비슷하여 직립 보행을 했고, 두 손으로 간단한 도구를 사용했다.

◇ 호모 에렉투스(약 180만 년 전~, 뇌 용량 900~1,200cc)

'선 사람'이라는 뜻으로 베이징인, 자와인이 속한다. 불을 사용할 수 있었으며, 간단한 언어를 사용했을 것으로 추정된다.

◇ 호모 네안데르탈렌시스(약 40만 년 전~, 뇌 용량 1,300~1,600cc)

유럽과 아시아 서부에 살았으며 네안데르탈인이 여기 속한다. 시체를 매장하기 시작했다.

◇ 호모 사피엔스(약 20만 년 전~, 뇌 용량 1,400~1,800cc)

'슬기로운 사람'이라는 뜻으로 약 4만 5천 년 전에 살았던 크로마뇽인이 여기에 속한다. 두뇌 용량이나 다른 신체적 특징으로 보아 현생인류의 직접적인 조상이라고 여겨진다. 이들은 동굴 벽화를 그렸으며 언어를 사용했고, 정교한 석기를 만들어 사용했다. 약 5만 년 전 세계 여러 지역으로 거주지를 넓혔으며, 각 지역의 환경에 적응하면서 인종적인 특성이 나타났다.

오스트랄로피테쿠스　　호모 에렉투스　　호모 네안데르탈렌시스　　호모 사피엔스

🅳 최초의 인류는 오스트랄로피테쿠스이다.

　　　　　　　　　　　　　　　　　　　인류의 기원과 진화

문명은 어떤 곳에서 발달했을까?

인류가 한곳에 정착해 살기 시작한 것은 신석기 시대에 이르러 농사를 짓기 시작하면서부터이다. 이렇게 모여 살기에 가장 좋은 장소가 큰 강의 유역이었다. 농사에 필요한 물이 풍부했고, 강을 따라 흘러 내려온 흙이 쌓여 땅이 비옥했기 때문이다.

사람들은 홍수나 가뭄을 극복하고 좀 더 효율적으로 농사를 짓기 위해 힘을 모아야 했고, 이 과정에서 지도자가 등장했다. 모여 살면서 효율적으로 농사를 짓다 보니, 농산물의 수확이 늘고 인구가 점점 많아지면서 마을은 도시가 되었다. 사람들은 자신들의 것을 지키기 위해 성벽을 쌓았고, 부족한 것을 채우기 위해 다른 도시의 사람들과 충돌했다.

청동 무기가 발달하자 정복 활동을 하는 사람들도 생겼다. 전쟁에서 진 사람들은 노예가 되었고, 지도자는 권력과 재산을 가지게 되었다. 즉 계급이 생겨난 것이다. 정복을 통해 세력이 확장된 도시들은 빼앗은 영토를 정리해 나눠 가졌고, 정복 활동을 이끄는 권력자들은 신전과 궁전을 짓고 사람들을 지배했다. 또한 세금을 걷고 교역을 편리하게 하는 수단으로 수학이 발달하였고, 기록을 위해 문자가 생겨났다.

이것이 인류의 사회가 점점 국가의 모습을 갖추면서 '도시 국가'로 발달한 과정이다. 이렇게 원시생활에서 벗어난 여러 문화와 사회의 발달 및 변화를 통틀어 '문명'이라고 부르는데, 문명이라고 칭해지기 위해서는 문자의 발명, 청동기의 사용, 계급의 발생, 도시 국가의 발달 등 몇 가지 요건이 필요하다.

기원전 3500년경부터 전 세계 곳곳에서 역사 시대의 초기라고 할 수 있는 문명이 발달한 사회가 생겼다. 이 중 가장 규모가 크고 대표적인 문명이 티그리스강과 유프라테스강 유역에서 발달한 메소포타미아 문명, 나일강 유역에서 발달한 이집트 문명, 인더스강과 갠지스강 유역에서 발달한 인도 문명, 황허강 유역에서 발달한 중국 문명이다. 이들을 일컬어 '세계 4대 문명'이라고 부른다. 세계 4대 문명 지역은 발달한 문화와 늘어난 인구 등을 기반으로 주변 도시 국가와의 정복 전쟁을 통해 더 크고 강력한 국가로 발달하였다.

〈세계 4대 문명 발상지〉

🅰 초기 문명은 농사를 짓기 좋은 큰 강 유역에서 발달했다.

인류 최초의 문명은?

세계 곳곳에서 나타난 문명이 모두 동시에 발생한 것은 아니었다. 그렇다면 어느 지역에서 가장 먼저 문명이 발달했을까?

인류가 처음 농경을 시작하고 문명을 이룬 곳은 티그리스강과 유프라테스강이 만나는 메소포타미아 지역이었다. 메소포타미아는 '두 강 사이의 땅'이라는 뜻으로, 지금의 이라크 지역이다. 이곳은 물이 풍부하고, 강 상류에서 쓸려온 기름진 흙이 쌓여 비옥했으며, 아시아와 아프리카로 통하는 길목에 있어서 교통도 편리했다. 이곳에 살던 수메르인은 기원전 3500년경 최초의 도시 국가와 문명을 발생시켰다. 수메르인은 인류 최초로 문자를 사용한 것으로 알려져 있는데, 점토판에 갈대로 새겨 넣은 문자의 모습이 쐐기 모양이어서 '쐐기 문자'라고 부른다.

이후 메소포타미아 지역에는 여러 민족이 들어와 살았는데 이를 통일한 것이 바빌로니아 왕국의 함무라비 왕이다. 그는 바빌론을 중심으로 바빌로니아 왕국을 세우고, 주요 도시의 중심에 '지구라트'라는 거대한 신전을 짓고 신을 대신해 백성을 통치했다. 천문학과 점성술이 발달했으며, 농사를 짓는 데 도움을 주는 달력과 60진법을 사용했다.

또한 함무라비 왕은 잘못에 대한 벌의 기준을 정하는 법을 만들었다. '눈에는 눈, 이에는 이'로 유명한 함무라비 법전은 법에 따라 벌을 결정하는 법치주의의 서막을 열었으며, 훗날 많은 법률의 기본이 되었다.

📋 최초의 문명은 현 이라크 지역에서 발생한 메소포타미아 문명이다.

이집트의 피라미드는 누가, 왜 만들었을까?

'나일강의 선물'이라고 불리는 이집트는 나일강 유역의 비옥한 땅을 기반으로 기원전 3000년 무렵에 생긴 통일 왕국이다. 이집트의 왕은 '파라오'라고 불렸는데, 자신을 태양신 '라'의 아들로 칭하며 정치와 종교를 모두 다스리는 절대적인 권력을 가지고 있었다. 이집트에서는 주기적으로 범람하는 나일강 때문에 최초로 태양력을 만들었으며, 수학과 측량술도 발달하였다. 여러 가지 동물이나 사람, 사물의 모양을 본뜬 상형 문자를 사용했으며, '파피루스(papyrus)'라는 종이를 만들어 썼는데 종이를 뜻하는 영어 단어 'paper'는 이 파피루스에서 유래했다.

이집트인들은 육체가 죽어도 영혼은 죽지 않는다고 믿었다. 그래서 파라오가 죽으면 다시 태어날 때를 대비해 육체를 보존하여 미라로 만들었고, 왕의 사후 세계를 위해 거대한 무덤인 피라미드를 세웠다. 현재 남아 있는 피라미드는 약 80개 정도인데 가장 큰 것은 쿠푸 왕의 피라미드로, 가로세로 각 230m, 높이 147m로 평균 2.5t이나 되는 돌 230만여 개를 쌓아서 만들었다.

피라미드는 고대 이집트인이 죽은 파라오를 위해 세운 무덤이다.

고대 인도 문명의 대표 도시는?

인더스강 유역은 땅이 비옥하고 살기 좋은 환경을 갖추고 있었으며, 북쪽으로 히말라야 산맥이 있고 남쪽으로 사막이 있어서 외부 침략이 쉽지 않았다. 덕분에 기원전 2500년경 인더스강의 계곡에는 남부의 모헨조다로와 북부의 하라파를 중심으로 많은 도시 국가가 발달하였다.

인도 문명을 세운 것은 드라비다인으로 추정되는데, 이들은 농경과 목축 생활을 했으며 청동기와 인장 문자를 사용했다. 인장은 그림이 있는 문자가 새겨진 도장인데, 아직 해독을 하지 못해서 당시 드라비다인의 생활 모습은 제대로 알려지지 않고 있다. 다만 초기 인도 문명의 중심지였던 모헨조다로의 발굴된 시가지에는 벽돌로 지은 튼튼한 집들이 바둑판처럼 배열되어 있고, 포장도로와 목욕탕, 화장실, 하수관 시설까지 갖추고 있어 당시의 높은 문화 수준을 보여준다.

시간이 흘러 드라비다인의 세력이 쇠퇴하면서 기원전 1500년경부터 중앙아시아에서 유목 생활을 하던 아리아인들이 인도 지방으로 대규모 이주했다. 이들은 철기의 힘을 바탕으로 드라비다인과 주변을 정복하고 인더스강 유역에 정착했다. 아리아인들은 제사를 주관하는 브라만을 중심으로 하는 브라만교를 믿었는데, 이후 브라만교는 힌두교의 기반이 되었다. 또한 당시 만들어진 엄격한 신분 제도인 카스트 제도는 아직도 인도의 강력한 사회 규범으로 존재하고 있다.

답 인도 문명의 대표 도시는 모헨조다로이다.

중국 최초의 삼대 왕조는 어느 나라일까?

땅이 부드럽고 비옥한 황허강 유역의 황토 지대에는 신석기 시대 이후 많은 사람이 모여 살다가 기원전 2500년경 중국 최초의 문명이 발달했다. 이곳에서 생긴 최초의 왕조는 하 왕조로, 뒤를 이은 상 왕조, 주 왕조를 합쳐 '삼대 왕조'라 부른다. 100여 년 전만 하더라도 전설로 알려져 있었던 삼대 왕조는 1899년 청의 학자가 용골에 새겨진 갑골문자를 발견하면서 베일을 벗게 되었다. 그 후 허난성에서 상 왕조의 도읍인 은허의 주거지와 궁궐, 무덤 등이 발굴되고, 갑골문자가 기록된 용골과 청동기, 토기 등이 발굴되면서 그 존재를 확실하게 증명하였다. 상 왕조에서 사용했던 갑골문자는 한자의 기원으로, 거북의 배딱지나 동물의 뼈인 '갑골'을 이용해 전쟁이나 농사 등 중요한 일에 대해 점을 친 후 그 결과를 기록한 것이다.

상 왕조가 멸망한 후 주 왕조가 세워졌는데, 주의 왕은 자신을 하늘의 명을 받은 '천자'라 칭하였으며, 덕치주의를 내세워 왕의 통치를 정당화했다. 주는 넓은 영토를 효율적으로 다스리기 위해 제후에게 지방의 영토를 나누어주고 다스리게 하는 봉건 제도를 도입했다. 이 제도는 700여 년간 유지되었는데, 이렇게 오랜 기간 봉건 제도가 유지될 수 있었던 것은 대부분의 제후가 왕실과 혈연관계였기 때문이다.

답 중국 문명 최초의 삼대 왕조는 하 왕조, 상 왕조, 주 왕조이다.

서아시아 최초로 통일을 이룬 나라는?

메소포타미아 문명을 이끈 바빌로니아가 기원전 16세기에 멸망한 이후, 이 지역에는 여러 작은 나라가 번갈아 나타나고 사라졌다. 그중 티그리스강 중류의 작은 도시 국가로 출발한 아시리아는 중계 무역을 통해 부를 축적하며 세력을 키우다가 기원전 7세기 메소포타미아 지역과 시리아, 이집트를 정복하며 서아시아 지역을 통일하였다. 이들은 철제 무기와 철갑 전차, 유목 민족에게 배운 기마 전술 등을 앞세워 주변을 정복할 수 있었다.

아시리아가 서아시아 지역을 통일하기 전, 그 지역의 강자로 이름을 떨치던 나라는 히타이트였다. 히타이트는 세계 최초로 철을 만들어 사용한 나라로 알려져 있는데, 청동기보다 훨씬 단단하고 날카로운 철제 무기와 철제 바퀴를 장착한 전차 등은 히타이트를 강하게 만든 원동력이었다. 이들의 철제 무기는 후일 아시리아가 서아시아를 통일하는 데 큰 힘이 되었다.

아시리아는 정복지에 총독을 파견하고 포로나 피지배 민족을 매우 강압적이고 잔혹하게 다루었다. 이 때문에 정복당한 민족들의 저항이 계속되었고, 결국 각지에서 일어난 반란으로 힘이 약해져 기원전 612년 멸망하고 만다. 아시리아의 멸망 후 서아시아는 다시 여러 작은 나라로 분열되었다.

📘 메소포타미아 지역의 도시 국가였던 아시리아이다.

세계 최초의 제국은?

세계 곳곳에서 각 지역을 하나로 묶은 통일 국가가 여럿 세워지자 그들을 초월하는 더 큰 나라 '제국'이 등장한다. 제국의 사전적인 의미는 '황제가 다스리는 나라'이지만, 세계사에서의 제국은 '인종, 문화, 종교 등이 다른 여러 민족과 국가를 통합한 큰 국가, 또는 그 통치 제도'를 가리킨다. 그런 의미에서 세계 최초로 제국이라 불릴 수 있는 나라는 지금의 이란 지역에서 생긴 페르시아 제국이다.

기원전 8세기경 파르스 지방의 이란 민족은 '페르시아'라고 하는 작은 나라를 세웠다. 페르시아는 점점 힘을 키워 기원전 6세기 중엽 키루스 2세 때에는 주변 국가를 정복하며 대제국의 기틀을 다졌다. 페르시아는 정복 전쟁을 계속했고, 기원전 6세기 말 다리우스 1세 때에 이르러 전성기를 이루며 명실상부한 페르시아 제국을 확립했다. 이들은 서아시아를 넘어 동쪽으로는 인더스강 유역의 중앙아시아, 서쪽으로는 이집트와 지중해 동쪽 그리스 부근까지 영토를 확장했다. 하지만 잇따른 그리스 원정(페르시아 전쟁)에 실패하면서 힘이 약해진 페르시아는 결국 기원전 4세기 무렵 마케도니아의 알렉산드로스 대왕에게 멸망하였다.

페르시아는 이전의 다른 나라들이 강하고 엄격한 정복 정책을 펼친 것과는 달리 피지배 민족의 관습과 종교를 존중하고, 그들의 문화를 받아들였다. 이러한 포용력 덕분에 페르시아는 다양한 종교와 여러 문화가 함께 어우러진 화려하고 독특한 문화를 만들어냈다.

이후 3세기 초 페르시아 제국의 전통을 계승한 사산 왕조 페르시아가 일어나 메소포타미아에서 인더스강에 이르는 대제국을 건설하고, 그리스와 인도 등 주변 지역의 문화를 융합한 문화를 발전시켰다. 사산 왕조 페르시아의 문화는 비단길을 통해 중국까지도 전파되었다.

➕ 다리우스 1세의 왕의 눈, 왕의 귀, 왕의 길

페르시아 제국의 전성기를 이끈 다리우스 1세는 광대한 제국을 다스리기 위해 영토를 23개의 속주로 나누고 총독을 파견했는데, 이들을 감시하기 위해 '왕의 눈', '왕의 귀'라고 하는 감찰 관리를 비밀리에 파견했다. 또한 각지의 도로를 정비하여 '왕의 길'을 만들었다. 왕의 길은 수도인 수사에서 사르디스까지 연결되어 있었는데, 장사꾼이 이동하려면 석 달이 걸렸지만, 왕의 전령이 전력으로 왕의 길을 달리면 일주일이면 갈 수 있었다.

〈기원전 500년경 다리우스 1세 때의 페르시아 제국〉

📋 중앙아시아부터 이집트, 그리스 일부까지 정복한 페르시아 제국이다.

종교의 어머니라 불리는 페르시아 제국의 종교는?

한 나라가 자리를 잡으려면 안정적인 영토와 정치 체제 못지않게 정신적인 이념이 필요하다. 중국의 경우 진은 법가 사상을, 한은 유가 사상을 통치 이념으로 삼았으며, 인도 최초의 통일 왕조인 마우리아 왕조나 그 뒤를 이은 쿠샨 왕조는 불교를 통치 이념으로 삼았다.

페르시아 사람들은 기원전 6세기경 창시된 조로아스터교를 널리 믿었고, 이후 사산 왕조 페르시아 역시 조로아스터교를 국교로 삼았다. 독일의 철학자 니체가 지은 《자라투스트라는 이렇게 말했다》라는 책의 자라투스트라가 바로 조로아스터교를 창시한 사람이다. 자라투스트라를 그리스식으로 말하면 조로아스터가 된다.

역사상 조로아스터교가 중요한 이유는 페르시아의 종교라는 이유도 있지만, 그보다는 조로아스터교의 교리가 이후 동서양의 여러 종교에 영향을 미쳤기 때문이다. 조로아스터교는 '선(빛)의 신'과 '악(어둠)의 신'으로 나누는 이원론적 세계관을 띠고 있는데, 인간이 죽으면 살아있을 때 행실에 따라 천국이나 지옥으로 간다는 내세관을 가지고 있다. 또한 인간의 의지로 선과 악을 선택할 수 있다고 설파하며, 최후의 심판과 죽은 자의 부활을 믿는다. 이런 교리의 내용은 유대교, 크리스트교, 이슬람교뿐만 아니라 대승 불교에까지 큰 영향을 미쳐서 '종교의 어머니'라고 불리게 되었다.

🅐 페르시아 제국은 조로아스터교를 믿었다.

춘추 전국 시대는 어떤 시기일까?

중국의 주나라는 왕의 힘이 약해지고 제후 세력이 강해지면서 점점 쇠퇴하고 있었다. 그러던 기원전 8세기경, 북방 민족인 견융족이 쳐들어오자 수도를 '낙읍(지금의 뤄양)'으로 옮기면서 이름뿐인 왕조로 전락하게 되었다. 이후 약 550여 년 동안 중국은 지방의 제후들이 서로 정복 전쟁을 일으키는 혼란의 시기를 거치는데, 이 시기를 '춘추 전국 시대'라고 한다. '춘추'는 공자가 편찬한 역사책 《춘추》에서, '전국'은 당시 제후들의 사료를 편집한 역사책인 《전국책》에서 따온 이름이다.

춘추 시대는 제후들이 서로 패권을 차지하고자 하면서도 표면상으로는 주 왕실을 섬기던 시기로, 당시 패권을 가르던 '제, 진, 초, 오, 월' 5개의 제후국을 '춘추 5패'라고 한다. 그러다 제후들의 분열이 심해지면서 명목상 남아 있던 주 왕실의 권위마저 사라지고 제후들 스스로 독립국인 양 전쟁을 벌였는데, 이때가 전국 시대이다. 당시 가장 큰 위세를 떨치던 '진, 초, 제, 한, 위, 조, 연' 7개의 제후국을 '전국 7웅'이라고 한다.

춘추 전국 시대는 중국 역사상 가장 긴 분열기였지만 경제적으로는 많은 발전을 이룬 시기였다. 철기가 발달하면서 농업과 수공업이 발달했고, 상업과 교역이 발달하면서 화폐가 널리 쓰였다.

답 주나라가 약해지면서 세력을 키운 제후들이 대립하던 분열기로, 춘추 5패와 전국 7웅이 세력을 떨쳤다.

제자백가는 100명의 제자를 부르는 말이었을까?

춘추 전국 시대의 제후들은 저마다 부강한 나라를 만들기 위해 노력했다. 물리적 힘을 키워 전쟁에서 이기는 것은 물론, 전문 지식과 기술을 가진 인재를 등용해서 힘을 키우고자 했다. 그러다 보니 부국강병의 방안을 제시하는 많은 사상가가 활약하면서 다양한 학파가 생겨났다.

이때 활동했던 학자와 학파를 통틀어 '제자백가'라고 부른다. '제자(諸子)'란 여러 학자, '백가(百家)'란 수많은 학파를 뜻한다. 이 말의 뜻대로 예를 중시하는 공자의 '유가', 법에 따라 나라를 다스려야 한다는 한비자의 '법가', 자연의 순리에 따라야 한다는 노자와 장자의 '도가', 평화의 실천을 주장한 '묵가' 등 다양한 학파가 등장했다.

제자백가의 주장은 서로 달랐지만, 모두가 인간을 중심에 둔 사상을 펼쳤다는 점이 주목할 만하다. 이전에는 신의 뜻에 따라 세상을 지배하고자 했다면 인간을 중심으로 한 통치로 인식의 변화가 일어난 것이다. 제자백가의 사상은 이후 중국의 학문과 사상의 기초가 되어 정치뿐만 아니라 농업, 문학, 지리 등 여러 분야에 영향을 미쳤다. 공자는 당시에는 등용되지 못했지만, 그의 유가 사상은 유교로 자리잡아 이후 중국 정치의 중심 기조가 되었고, 도가는 종교인 도교의 바탕이 되었다.

답 '제자'는 여러 학자, '백가'는 수많은 학파를 뜻하는 말로, '제자백가'는 춘추 전국 시대 활동한 많은 학자와 학파를 통틀어 부르는 말이다.

중국을 최초로 통일한 사람은 누구일까?

춘추 전국 시대의 혼란을 잠재우고 넓은 중국을 통일한 것은 전국 시대 서쪽에 위치했던 진나라의 왕 '정'이었다. 그는 엄격한 법가 사상을 채택하여 왕을 중심으로 하는 권력 체계를 세웠고, 군사력을 강하게 키워 여러 제후국을 정복하고 중국을 통일했다. 그는 전설 속의 어진 임금들인 3황 5제에서 따온 '황제'라는 명칭으로 자신을 칭했으며, 최초의 황제라는 뜻으로 자신을 '시황제(始皇帝)'라 부르게 했다. 이때부터 중국 통일 왕조의 왕은 황제가 되었다.

중국을 통일한 시황제는 춘추 전국 시대와 같은 분열을 막기 위해 영토를 군현으로 나누어 황제가 직접 다스리는 체제를 세웠으며, 여러 민족과 문화를 하나로 묶기 위해 문자와 화폐, 도량형을 통일하였다. 또한 춘추 전국 시대에 여러 제후국이 세운 장성을 연결하여 중국 북쪽으로 수천 km에 달하는 긴 장성을 쌓았는데, 이것이 바로 만리장성이다. 만리장성은 진이 가진 힘을 상징하는 건축물로 중국의 큰 울타리 역할을 했다. 이처럼 진시황제는 중국 최초의 통일 국가의 기틀을 다졌고, 중국이 'China'라고 불리게 된 것도 진에서 유래하였다.

그러나 시황제의 법가 사상 정치는 너무나 엄격하여 유생들의 반발을 불러일으켰다. 그러자 시황제는 승상 이사의 청을 받아들여 진나라에 관한 기록이 아닌 모든 기록과, 의학, 농업, 기술에 관한 책을 제외한 모든 책을 불태웠다. 또한 황제를 비난했다는 이유로 유학자 460여 명을 생매장했다. 이 사건이 '분서갱유'이다. 만리장성과 아방궁, 시황릉 등의 대규모 공사로 인한 엄청난 노역과 무거운 세금에 지친 백성들은 시황제가 사망하자 전국적으로 봉기를 일으켰고, 결국 중국의 첫 번째 통일 왕조였던 진은 통일 제국을 세운 지 불과 15년 만에 무너지게 되었다.

⊕ 진시황릉과 병마용

중국 산시성의 여산에 있는 진시황제의 황릉은 동서가 485m, 남북이 515m, 높이가 76m 정도로 거의 작은 산만 한 규모이다. 1974년 진시황릉 근처에서 우물을 파던 농부가 진시황릉을 호위하는 군대로 추정되는 병마용, 즉 병사와 말 모양의 흙 인형 무리를 발견하였다. 이곳에서 현재까지 약 8,000여 기의 병마용과 함께 전차를 비롯한 각종 무기 등이 출토되었는데 놀라운 것은 발견된 8,000여 기의 병마용이 모두 다른 얼굴과 외모를 하고 있으며 자세도 다양하다는 것이다.

📇 진의 왕이 최초로 중국을 통일하고 스스로를 시황제라 불렀다.

중국의 통일_진나라

한족, 한자, 한문의 기원이 된 중국의 왕조는?

진의 멸망 후, 초의 항우와 한의 유방이 대립하다가 결국 유방이 승리하였다. 이 항우와 유방의 대립을 다룬 이야기가 바로 《초한지》이다. 기원전 206년, 유방은 통일 왕조 '한'을 세우고 첫 번째 황제인 고조가 되었다. 한 고조는 진의 실패를 교훈으로 삼아 법을 간소화하고 세금을 낮추어 백성들의 삶을 안정시켰으며, 지역 세력을 제후로 봉해 포섭했다. 한 고조의 이러한 정책들은 다음 황제들에게 이어져 나라를 안정시켰다.

한이 전성기를 맞이한 것은 일곱 번째 왕인 무제 때였다. 무제는 제후의 힘을 줄여 황제 중심의 지배 체제를 확립했으며, 유교를 통치의 원리로 삼아 사회를 안정시켰다. 이후 유교는 중국의 통치 이념으로 자리잡았다. 또한 흉노를 정벌하여 외세의 침략을 막고 영토를 넓혔으며, 비단길을 개척하여 서역과 교역을 통해 나라를 부강하게 만들었다. 이렇게 한이 제대로 된 통일 국가로 자리잡으면서 '한(漢)'은 중국을 대표하는 글자가 되었고, 이후 중국을 대표하는 민족을 '한족(漢族)', 중국의 문자는 '한자(漢字)'와 '한문(漢文)'으로 불리게 되었다.

무제의 사망 후 쇠약해진 한의 뒤를 이어 후한이 세워졌다. 후한 말기 사회가 혼란해지자 농민들이 봉기를 일으켰는데, 이들이 노란 두건을 쓰고 있어서 '황건적의 난'이라고 부른다. 난을 진압하는 과정에서 쇠퇴한 후한이 멸망하면서 400여 년에 달한 통일 왕조 한의 시대도 끝났다.

🅐 한족, 한자, 한문의 한(漢)은 한의 이름에서 유래했다.

유럽 최초의 문명은?

오랫동안 그리스 이전의 유럽 문명은 호메로스가 쓴 《일리아드》와 《오디세이》에서 알 수 있듯이 신화로 전해져 왔다. 그러다 1871년 독일의 슐리만이 터키에서 트로이의 유적을 발굴하고, 1894년 영국의 에번스가 지중해 동쪽의 크레타섬 크노소스에서 미노스의 궁전을 발굴하면서 그리스 이전의 문명이 드러나게 된다.

이렇게 발견된 유럽 최초의 고대 문명을 '에게 문명'이라고 부른다. 지중해 동부의 바다를 '에게해'라고 부르는데, 이 문명이 에게해 주변의 크레타섬, 그리스 본토의 남부, 아시아 서해안의 트로이 등에 걸쳐 발달했기 때문이다. 에게 문명은 다시 남쪽 섬 지방의 '크레타 문명'과 미케네와 트로이 문화를 포함하는 북쪽의 '미케네 문명'으로 나뉜다. 에게 문명은 이집트와 메소포타미아 문명의 영향을 받아 기원전 2000년경 발달하였다가 크레타에 이어 미케네가 쇠퇴하면서 사라졌으나, 이후 나타난 그리스 문명의 바탕이 되었다.

유럽이라는 지명은 그리스 신화에서 그 기원을 찾을 수 있다. 신화에 따르면 흰 소로 변한 제우스가 지중해 동쪽에 있던 나라 페니키아의 공주 에우로페를 크레타섬으로 납치한다. 이는 즉 메소포타미아와 이집트 문명이 페니키아인들을 통해 크레타섬으로 전해졌음을 상징한다. 공주의 이름 '에우로페(Europe)'를 영어식으로 읽으면 '유럽'이다.

🔲 유럽 최초의 고대 문명은 지중해 동쪽에서 발생한 에게 문명이다.

고대 그리스의 폴리스란 무엇일까?

기원전 1200년경 에게 문명이 사라진 후 그리스 지역은 문화적 침체기를 맞게 된다. 혼란 와중에 몇몇 부족이 작은 국가 형태의 도시로 발전하면서 시민 공동체를 이루는데, 이 도시 국가를 '폴리스'라고 부른다.

당시 폴리스의 수는 200~250개 정도였는데, 대표적인 폴리스가 아테네와 스파르타였다. 각 폴리스의 중심지에는 종교와 군사의 거점인 아크로폴리스가 있었고, 그 아래에 시민들의 토론이나 상업 활동이 벌어지던 '아고라(광장)'가 있었다.

폴리스 중에서 가장 먼저 발전한 곳은 영화 '300'으로 잘 알려진 스파르타이다. 기원전 800년경 주변의 나라들을 정복하여 영토를 확장하였는데 소수의 스파르타 시민이 다수의 피지배인을 다스리는 사회 구조이다 보니 모든 시민을 강력한 전사로 만들기 위한 스파르타식 체제가 발전하였다. 허약한 아이는 버려졌고, 살아남은 남자아이들은 공동체 생활을 하며 강한 전사가 되기 위한 교육을 받았다.

아테네는 아직도 그리스의 수도일 정도로 발달한 폴리스였는데, 당시 아테나 여신을 위해 세워졌던 파르테논 신전이 지금까지 남아 유네스코 세계문화유산 1호로 지정될 정도로 뛰어난 문화를 자랑했다. 아테네는 민주주의가 시작된 곳으로 처음에는 왕이 통치하였으나 점차 귀족들이 정치를 주도하였고, 이후 부유한 평민들이 정치에 참여하였다.

그리스인들은 여러 폴리스로 나누어져 있었지만 언어가 같고, 같은 신을 믿고 있어서 같은 민족이라는 인식이 있었다. 폴리스들은 외세에 맞서 연합을 이루었으며, 4년에 한 번씩 올림피아에 모여 제우스 신을 기리는 제사와 운동 경기를 열었다. 이것이 바로 올림픽의 시초이다.

기원전 5세기 초 페르시아가 침략하자 여러 폴리스가 힘을 합쳐 페르시아를 막아냈다. 당시 마라톤 전투와 살라미스 해전 등을 거치며 페르시아 전쟁에서 주도적인 역할을 했던 아테네는 점점 번영하였고, 이후 페리클레스 시대에는 직접 민주주의의 전성기를 이루었다. 다만 이때의 민주 정치는 여자와 외국인, 노예에게는 참정권이 없었다.

그러나 아테네의 세력이 커지면서 다른 폴리스와 마찰이 생겼고, 아테네 중심의 델로스 동맹과 스파르타 중심의 펠로폰네소스 동맹 사이에 펠로폰네소스 전쟁이 일어났다. 이렇게 계속된 분열과 대립으로 약해진 그리스는 기원전 338년 마케도니아에 정복당했다.

🅐 폴리스는 고대 그리스에서 생겨난 작은 도시 국가들이다.

지중해 주변 지역의 통일_고대 그리스

알렉산드로스 대왕의 제국은 얼마나 넓었을까?

그리스의 폴리스들을 정복한 것은 그리스 본토 북쪽에서 일어난 마케도니아였다. 필리포스 2세는 내분으로 약해진 그리스의 폴리스들을 정복하였고, 그 뒤를 이은 알렉산드로스는 '유럽과 아시아를 통합하는 대제국을 건설하겠다'는 포부로 페르시아 원정에 오른다.

100여 년 가까이 계속되었던 그리스 원정에 거듭 실패해 쇠퇴하던 페르시아는 결국 기원전 333년 알렉산드로스에게 정복당한다. 이 과정에서 페르시아의 지배하에 있던 이집트도 그의 제국에 포함되었다. 이후 알렉산드로스는 인도 북부 인더스강 유역까지 점령하여 유럽에서 아프리카, 아시아에 걸친 대제국을 건설하였다. 20세에 왕위에 올라 불과 10년여 만에 이룬 성과였다. 이로써 그는 대왕이라는 칭호를 얻었다.

역사상 알렉산드로스가 중요한 것은 그가 세운 대제국 때문만은 아니다. 그는 정복지 곳곳에 자신의 이름을 딴 '알렉산드리아'라는 도시를 세우고 그 도시를 중심으로 그리스 문화를 전파하는 것은 물론, 원래 지역 문화와의 교류를 이끌었다. 그 결과 그리스 문화와 다른 문화가 섞인 독특한 헬레니즘 문화가 만들어져 유럽과 이집트, 서아시아 지역으로 전파되었다. 헬레니즘 문화는 이후 300여 년간 부흥했으며, 로마와 서양 문화 형성에 영향을 미쳤다.

답 로마의 그리스 지역부터 아프리카의 이집트, 아시아의 인더스강 유역까지 3대륙을 아우르는 대제국을 건설했다.

포에니 전쟁에서 승리한 나라는?

이탈리아 테베레강 유역의 작은 도시 국가에서 발달한 로마는 주변 지역을 정복하여 영토를 넓히고, 상업 활동으로 경제력을 키우며 성장하고 있었다. 이탈리아반도를 모두 정복한 로마가 세력을 확장하기 위해서는 지중해 주변으로 세력을 넓혀야 했는데, 당시 지중해 서부를 지배하고 있던 것이 바로 카르타고였다. 카르타고는 페니키아인이 세운 나라로, 로마는 페니키아인을 '포에니'라고 불렀다. 지중해의 패권을 놓고 대립하던 카르타고와 로마 사이에 결국 전쟁이 일어나는데, 이것이 기원전 3세기 중엽부터 120여 년간 이어진 '포에니 전쟁'이다.

1차 포에니 전쟁은 로마의 승리로 끝났지만 2차는 쉽지 않았다. 당시 카르타고에는 '전쟁의 천재'라 불리던 한니발이 있었다. 한니발은 코끼리 부대를 이끌고 알프스를 넘어 로마를 공격할 정도로 강한 힘을 가지고 있었으며, 마케도니아와 동맹을 맺었다. 한니발의 위세에 2차 포에니 전쟁은 로마의 패배가 점쳐졌으나 어렵사리 한니발을 격파한 로마는 이어진 3차 포에니 전쟁에서 카르타고를 섬멸하였다.

로마는 포에니 전쟁 이후 계속된 정복을 통해 아시아, 아프리카, 유럽에 걸친 거대한 제국을 건설했다. 로마의 영토가 최대일 때에는 지중해 주변뿐만 아니라 유럽 대륙 북쪽의 라인강, 다뉴브강에까지 이르렀으며, 섬나라인 영국의 일부까지 포함할 정도였다.

답 포에니 전쟁에서 로마가 카르타고를 이기고 대제국을 세웠다.

로마의 정치 제도는 어떻게 바뀌었을까?

로마에서 주목해야 할 것은 공화정의 등장이다. 초기에는 로마 역시 왕이 다스리는 왕정이었으나, 기원전 509년 왕을 추방하고 왕 없이 시민의 대표가 통치하는 정치 체제인 공화정을 세운 것이다. 처음 권력을 독점한 것은 귀족들이었다. 하지만 기원전 5세기 평민들의 권리를 대신하는 호민관과 평민회를 두는 등 평민들의 힘이 점점 커졌다. 그러다 기원전 287년 평민과 귀족의 권한이 법적으로 동등해지는 '호르텐시우스법'이 인정되면서 자문기관인 원로원, 시민이 참여하는 민회, 민회에서 선출한 2명의 집정관으로 구성하는 로마 공화정 체계가 확립되었다.

이후 발발한 포에니 전쟁에서 로마는 승리하였으나 곧 내분이 일어났다. 집정관이던 군인 출신 카이사르가 그 자리에 안토니우스를 앉히고 자신은 종신 독재관이 되어 1인 독재를 누리다가 암살당한 것이다. 이후 옥타비아누스가 안토니우스를 제거하고 로마를 장악했다. 그는 '존엄한 자'라는 뜻의 '아우구스투스'라는 칭호를 받으며 로마의 첫 번째 황제가 되었으며, 이로써 로마에서는 공화정이 끝나고 제정이 시작되었다.

이후 5현제라고 불리는 5명의 황제가 로마를 통치하면서 'Pax Romana(팍스 로마나)'라고 부르는 평화 시대를 이끌었다. 이 시기가 '모든 길은 로마로 통한다.'라고 할 정도로 로마가 세상의 중심이었던 때이다.

🅰 로마의 정치 체제는 왕정에서 시작했으나 시민이 참여하는 공화정을 거쳐 황제가 다스리는 제정으로 바뀌었다.

유대인은 왜 예수를 죽였을까?

그리스-로마 신화를 보면 알 수 있듯이 로마는 여러 신을 섬기는 다신교의 전통이 강했다. 하지만 로마 제국은 여러 민족이 모여 이루어졌기 때문에 각 민족의 언어나 관습, 종교 등이 서로 달랐다. 그중 팔레스타인의 유대 민족에게는 유일신을 믿는 유대교가 발전하였다. 유대 민족은 오랜 세월 다른 민족의 지배를 받으며 떠돌아다녔는데, 언젠가 '구세주(메시아)'가 나타나 자신들을 해방해 줄 것이라고 믿었다.

이 와중에 나타난 사람이 바로 예수이다. 예수는 팔레스타인 여러 지역을 다니며 '하느님에 대한 믿음과 이웃에 대한 사랑을 가지면 누구나 구원받을 수 있다'라는 가르침을 전했다. 그런데 유대인들은 자신들만이 하느님의 선택을 받은 민족이라고 믿었기 때문에 누구나 구원받을 수 있다는 예수의 가르침은 유대교에 위협이 되었다. 결국 유대인의 모함을 받은 예수는 반역죄로 처형당하고, 그를 따르던 사람들은 모진 박해를 받았다. 그러나 많은 사람이 예수가 부활했으며, 그가 바로 구세주라고 믿었다. 노예나 여성 등 억압받는 사람들로부터 세력을 키운 크리스트교는 예수의 제자들을 중심으로 교리가 확립되면서 점차 믿는 사람이 많아졌다. 결국 313년 콘스탄티누스 황제가 밀라노 칙령을 내려 크리스트교를 공인하였고, 80여 년 후에는 로마 제국의 국교가 되었다.

답 유대 민족만이 하느님의 선택을 받은 유일한 민족이라는 믿음에 반하는 가르침이 유대교에 위협이 되었기 때문이다.

인도 최초의 통일 왕국은?

기원전 4세기 무렵 인도 지역에는 작은 나라들만 여럿 있었을 뿐, 이들을 아우르는 큰 세력이 없었다. 이때 마케도니아의 알렉산드로스 대왕이 인도 서북부를 침략하자 주변은 큰 혼란에 빠진다.

알렉산드로스 대왕이 정벌을 마치고 돌아가자 이 혼란기를 틈타 기원전 317년, 마가다 왕조 출신의 찬드라굽타가 처음으로 북인도를 통일하고 마우리아 왕조를 세웠다. 그는 북으로는 북인도와 아프가니스탄의 남부까지, 남으로는 갠지스강을 넘어 중부 인도까지 정벌하였다. 그리고 찬드라굽타의 손자인 아소카왕은 대군을 일으켜 남인도 일부를 제외한 인도의 대부분을 통일하였다. 이로써 마우리아 왕조는 인도 전역을 아우르는 첫 번째 통일 왕조가 되었다.

아소카왕은 넓은 영토를 효율적이고 평화로운 방법으로 다스려 마우리아 왕조의 전성기를 이끌었다. 이때 주목해야 할 것은 그가 국가 통치 이념으로 불교를 받아들였다는 것이다. 아소카왕은 영토를 확장하는 과정에서 전쟁의 참혹함을 깨닫고 자비와 평등을 내세우는 새로운 종교인 불교의 교리를 바탕으로 나라를 다스렸는데, 이는 주변 여러 나라가 불교를 받아들이는 데 결정적인 영향을 미쳤다.

아소카왕 사후 마우리아 왕조가 쇠퇴하자 북부 유목민이 세운 쿠샨 왕조가 인도의 서북부 지역에서 새로운 지배자로 떠오른다.

답 인도 최초의 통일 왕국은 마우리아 왕조이다.

3대 종교 중 하나인 불교는 누가 창시했을까?

세계 3대 종교 중 하나인 불교는 지금부터 약 2500년 전, 인도에서 발생했다. 불교의 창시자는 고대 인도의 작은 나라 중 하나인 카필라 왕국의 왕자 고타마 싯다르타(석가모니)이다. 그는 우연히 궁궐 밖에서 생로병사의 모습을 본 후 모든 것을 버리고 출가하여 오랜 고행과 명상을 통해 깨달음을 얻어 부처가 되었다.

불교가 창시될 당시의 인도는 작은 나라들 사이에 전쟁이 잦았고, 상업의 발달로 빈부의 격차가 커지면서 사회적으로 혼란한 시기였다. 그런데 당시 아리아인들이 따르던 브라만교는 엄격한 데다가 사제 계급인 브라만의 권위가 막강해 브라만교와 카스트 제도에 대한 불만이 높아지고 있었다. 카스트 제도는 사제인 브라만, 귀족과 무사로 이루어진 크샤트리아, 농업과 공업, 상업에 종사하는 평민인 바이샤, 그리고 천민인 수드라, 이렇게 4계급으로 이루어져 있었는데, 심지어 낮은 카스트 곁에만 가도 더럽혀진다고 여길 정도로 철저한 신분 제도였다. 이때 등장한

인도의 통일_불교의 시작

불교는 신분 차별을 반대하고 자비와 평등을 내세우면서 브라만이 중시하는 제사보다는 개개인이 욕심을 버리고 수행하면 깨달음을 얻을 수 있다는 교리를 설파하였다. 이러한 부처의 가르침은 살기 힘들었던 하층민뿐만 아니라 브라만 계급에 불만이 많았던 제2계급인 크샤트리아나 제3계급인 바이샤에게도 환영받았다.

또한 마우리아 왕조의 아소카왕이 불교의 교리를 국가 통치 이념으로 받아들이면서 불교가 주변 국가로 전파되기 시작한 결과, 불교는 동남아시아 지역의 주된 종교로 발달하였다.

➕ 상좌부 불교(소승 불교)와 대승 불교

불교는 크게 상좌부 불교와 대승 불교로 나눌 수 있다. 마우리아 왕조 시대에 크게 발달한 불교는 상좌부 불교로, 인간 개개인의 깨달음을 중시하는 교리를 폈다. 하지만 이후 쿠샨 왕조에 이르러 상좌부 불교는 소수의 '승려(상좌부)'만을 위한 것이라고 비판받으며 일반 민중이 다 함께 깨달음을 얻을 수 있도록 '큰 수레(대승)에 중생을 싣고 극락으로 간다'라는 의미의 대승 불교가 득세하였다. 그러면서 기존 상좌부 불교는 '소승(작은 수레) 불교'라고 불리게 되었다.

상좌부 불교는 동남아시아로 전파되었고, 대승 불교는 중앙아시아를 거쳐 중국, 우리나라, 일본까지 전파되었다. 이런 이유로 대승 불교는 '북방 불교', 상좌부 불교는 '남방 불교'라고 부르기도 한다.

🔁 불교는 인도에서 싯다르타(석가모니)에 의해 시작되었다.

인도 고전 문화의 황금기를 끌어낸 왕조는?

인도의 쿠샨 왕조가 멸망한 후 북인도에서는 찬드라굽타 1세가 4세기경 새로운 통일 왕국인 굽타 왕조를 세웠다. 굽타 왕조는 그의 손자 찬드라굽타 2세 때 전성기를 맞이했는데, 전성기의 왕들이 그러하듯이 행정조직을 정비하여 정치를 안정시켰고, 활발한 정복 활동으로 영토를 크게 확장하였으며, 농지를 개간하고 교역에 힘써 경제적으로 번성하였다.

굽타 왕조의 전성기를 이끈 찬드라굽타 2세는 인도 고유의 문화를 되살리기 위해 노력했다. 브라만 계급이 쓰던 산스크리트어를 공용어로 채택하면서 산스크리트 문학이 발달했고, 인도적 색채가 강한 굽타 양식의 미술이 발전하였다. 불교가 쇠퇴하는 한편 원래 아리아인들이 믿었던 브라만교를 바탕으로 한 힌두교가 성립되어 확산되었다. 당시 인도에서는 수학과 과학, 천문학이 발달하였는데 현재 사용하고 있는 숫자의 기원이 된 아라비아 숫자와 0의 개념도 모두 인도에서 시작된 것이다. 그 결과 4~6세기경 인도 전통문화가 최고조로 꽃 피우는데 이 시기를 '인도 고전 문화의 황금기'라고 부른다.

굽타 왕조는 100년 넘게 인도 북부를 지배했지만 여러 차례에 걸친 이민족들과의 전쟁으로 힘이 약해져 결국 6세기 중엽 멸망하였다. 이후 인도 지역에는 오랫동안 통일 왕조가 들어서지 못하는 혼란기가 계속된다.

답 굽타 왕조는 안정된 정치와 상업을 바탕으로 인도 고전 문화의 황금기를 이끌었다.

'아바타'는 어디에서 온 말일까?

온라인이나 가상현실 등에서 나를 대신하는 역할을 부르는 말로 쓰이는 '아바타'는 영화 제목으로도 널리 알려져 있다. 그런데 이 '아바타'라는 말은 어디에서 유래한 말일까?

아바타는 사실 인도의 종교인 힌두교에서 유래한 말이다. 힌두교는 여러 신을 믿는 다신교로, 창조의 신 브라마, 보존의 신 비슈누, 파괴와 죽음의 신 시바, 이렇게 세 신을 최고 신으로 숭배한다. 그중 인도인들이 특히 좋아하는 비슈누는 선한 사람을 구하기 위해 모습을 바꾸어 세상에 나타나는데, 아바타는 바로 지상에 나타난 비슈누의 화신을 일컫는 말이다. 또한 시바가 지상으로 내려올 때 하얀 소를 타고 내려온다고 하여 힌두교도들은 하얀 소를 경배하며, 대부분의 사원에는 정면에 돌로 만든 소가 놓여 있다.

'힌두교'라는 말은 '인도의 종교'라는 뜻으로, 다른 종교와는 달리 창시자나 체계적인 교리가 없다. 원래 인도의 국교라 할 만한 종교는 브라만교였으나 마우리아 왕조 이후 불교가 성행했고, 굽타 왕조 시기에 이르러 브라만교와 인도의 민간 신앙, 그리고 불교 등이 융합되면서 힌두교가 성립되었다. 즉 여러 종교를 통합하면서 필요한 부분들을 강화하여 발달한 종교인 것이다.

굽타 왕조는 백성을 통치하기 쉽도록 힌두교를 이용해 카스트 제도를 강화했다. 힌두교에서는 업과 윤회 사상을 중시하는데 현생의 모습은 전생의 결과이니 어떤 계급으로 태어나든 지금에 만족해야 다음 생에는 더 좋은 계급으로 태어날 수 있다며 계급을 정당화한 것이다. 또한 비슈누에 대한 믿음이 깊어지자, 굽타 왕조의 왕은 자신을 비슈누의 화신이라고 주장하며 믿음을 왕권 강화의 수단으로 이용하기도 했다. 그래서 왕의 깃발에는 비슈누가 타고 다니는 새인 가루다를 그려 넣었다.

굽타 왕조는 또한 힌두교의 지침서인 《마누 법전》을 정리해 힌두교와 카스트 제도를 중심으로 하는 사회 질서를 확립했다. 고대 인도의 관습법을 집대성한 《마누 법전》은 인도에서 최고의 권위를 갖는 법전으로, 현재까지도 인도의 사회 규범으로 사용되고 있다. 법률뿐 아니라 일상생활과 의례, 제사, 카스트에 따라 지켜야 할 규범과 신앙에 대한 내용 등을 담고 있는데, 이 법전으로 일반 백성들의 생활을 규제한 결과 지금까지 힌두교는 인도 전역을 아우르는 절대적 신앙으로 남게 되었다.

브라마   비슈누   시바

🅓 아바타는 힌두교의 신 중 하나인 비슈누의 화신을 부르는 말이다.

《삼국지》는 실제 어떤 시대의 이야기일까?

많은 사람이 《삼국지(三國志)》의 주인공을 유비, 관우, 장비라고 알고 있고, 가장 기억에 남는 장면으로 복숭아나무 아래에서 이 셋이 의형제를 맺는 '도원결의' 장면을 떠올린다. 하지만 《삼국지》는 '三國'이라는 글자 그대로 세 나라의 이야기로, 소설적 상상력이 더해졌지만 엄연히 중국 역사에 실재했던 위, 촉, 오 세 나라의 이야기에 기반을 두었다.

220년 후한이 멸망하면서 중국은 여러 나라가 난립하는 혼란기를 겪었다. 먼저 《삼국지》에 등장하는 세 나라 위, 촉, 오가 패권을 놓고 경쟁하였고, 위의 뒤를 이은 진이 3국을 통일하였다. 하지만 얼마 후 만리장성 북쪽에 있던 다섯 유목 민족이 만리장성을 넘어 화북 지역을 침략하더니 그 기세로 나라를 세우고 중국을 점령해 버렸다. '흉노, 갈, 저, 강, 선비' 이렇게 5개 유목 민족을 '5호'라고 하는데, 이들이 양쯔강 북쪽 지역인 화북에 16개의 나라를 세워 이 시기를 '5호 16국 시대'라고 한다.

5호가 화북에 자리잡자 한족이 세운 진은 양쯔강 남쪽 지역으로 이동해 동진을 세웠는데, 선비족이 세운 북위가 화북을 통일하면서 '남북조 시대'가 시작되었다. 하지만 남조인 동진은 정치가 불안정하여 계속 왕조가 바뀌었으며, 북조인 북위는 다시 여러 나라로 나뉘는 등 혼란이 계속되었다. 다음 통일 국가인 수가 세워지기 전까지 이 400여 년 동안의 혼란기를 통틀어 '위진 남북조 시대'라 부른다.

답 중국에서 한이 멸망하고 위, 촉, 오 세 나라가 대립하던 시대의 이야기이다.

400년 만에 중국을 통일한 수나라가
고구려 때문에 멸망했다고?

400여 년간 지속한 위진 남북조 시대의 혼란을 끝낸 것은 수였다. 북조의 한 나라였던 북주의 양견(문제)이 581년 어린 황제를 몰아내고 수를 세운 뒤, 589년 남조의 진을 정복하여 중국을 통일하면서 새로운 통일 왕조를 열었다.

위진 남북조 시대에는 귀족의 권력이 강하고 황제의 힘이 약했다. 그래서 수의 황제인 문제는 황제에게 충성할 능력 있는 관리를 선별해 뽑기 위해 과거 제도를 도입하였다. 이렇게 시작한 과거 제도는 이후 가장 주된 관리 선발 방식으로 자리잡았으며, 우리나라를 비롯한 주변 여러 국가의 관리 선발 제도에 영향을 끼쳤다.

문제는 양쯔강 북쪽(화북)과 남쪽(강남), 두 지역의 소통을 원활히 하기 위해 대운하를 건설하기 시작했다. 1,800km에 이르는 대운하는 다음 황제인 양제 때에야 완성되었는데, 남과 북을 잇는 중요한 역할을 했지만 엄청난 재정과 노동력이 필요했다. 또한 문제와 양제는 동쪽에서 세를 떨치고 있던 고구려에 계속해서 정벌군을 보냈으나 수많은 병사만 희생하고 결국 실패하고 말았다. 이렇게 무리한 토목 공사와 고구려 원정 실패는 백성의 불만을 일으키고 재정을 어렵게 만들어 수나라가 건국 후 38년 만에 멸망한 원인 중 하나가 되었다.

답 수는 무리한 토목 공사와 고구려 원정 때문에 힘이 약해져 멸망에 이르렀다.

당나라의 전성기와 쇠퇴를 모두 끌어낸 황제는?

618년 수가 멸망한 후 수의 관료였던 이연(고조)은 다시 중국을 통일하고 새로운 나라인 당을 세웠다. 당의 2대 황제인 태종은 각종 법령과 세금 제도를 정비하는 등 국가 체제를 다졌고, 중앙아시아와 돌궐을 정복해 영토를 넓히는 동시에 비단길을 차지하여 상업과 교역이 발달한 대제국을 건설하였다. 이때를 중국 역대 왕조의 모범으로 평가한다.

이후 당의 6대 황제인 현종은 경제를 튼실하게 하고 국경 방비를 튼튼히 하여 건국 이래 최고의 전성기를 누렸다. 당시 당에서 발전한 '한자, 유교, 불교, 율령'이 동아시아 여러 나라에 전파되었는데, 이를 '동아시아 문화권 형성의 4대 요소'로 꼽는다.

하지만 현종은 노후에 며느리였던 양귀비에 빠져 정사를 멀리하였고 이로 인해 당도 쇠퇴한다. 절도사 안녹산과 사사명이 잇달아 일으킨 '안사의 난'이 755년부터 이어지면서 중앙 정부의 힘은 약해졌으며, 농민들은 소작농으로 전락하고 말았다. 875년 농민들의 봉기라 할 수 있는 '황소의 난'이 일어나면서 급속히 쇠퇴한 당은 결국 절도사 주전충에 의해 907년 멸망하였다. 이후 중국은 한동안 통일 왕조가 들어서지 못하고 여러 나라가 난립하는 5대 10국 시대에 접어들게 된다.

답 현종은 당의 전성기를 이끌었으나 노년에 정사를 멀리하여 당을 약하게 만들었다.

이슬람교를 만든 사람은?

사산 왕조 페르시아는 서쪽의 로마, 그리고 그 뒤를 이은 동로마 제국(비잔티움 제국)과 대립하면서 주변 지역에 영향을 끼쳤다. 그 대표적인 곳이 바로 아라비아반도이다. 원래 사막이었던 아라비아반도는 당시 부족 단위로 유목이나 농업 생활을 하며 국가를 이루지 못하고 있었다. 그런데 페르시아와 동로마의 대립이 심해져 동서 교역로가 위협받게 되자 상인들은 아라비아반도를 횡단하기 시작하였고, 메카나 메디나 같은 도시가 상업 도시로 급속히 발전하게 되었다. 하지만 갑작스러운 경제적 성장은 빈부의 차를 심하게 하였고 부족들 간의 전쟁을 야기했다.

이 혼란 속에서 나타난 사람이 바로 이슬람교를 창시한 무함마드(마호메트)이다. 메카의 상인이었던 무함마드는 당시 사회의 혼란에 고뇌하며 명상을 하던 중 신의 계시를 받고 이슬람교를 창시하였다. 무함마드는 그 신을 유일신 '알라'로 섬기며 절대복종하고 신 앞에서 모든 신자는 평등하다는 가르침을 펼쳤다. 무함마드와 이슬람교도들은 기존 세력의 탄압을 받아 622년 메디나로 피신하는데, 이를 '성스러운 이주'라는 뜻의 '헤지라'라고 하며, 이슬람교에서는 이 해를 기원 원년으로 삼는다.

무함마드는 메디나에서 이슬람교를 중심으로 하는 새로운 공동체를 건설한 후 점점 세력을 키워 630년 다시 메카로 돌아갔고, 이후 아라비아반도를 통일하며 이슬람 제국을 건설하기 시작했다.

답 메카의 상인이었던 무함마드(마호메트)가 이슬람교를 창시했다.

이슬람 사원에는 제단이 없다고?

이슬람교를 창시한 무함마드는 이슬람 신앙을 포교하려면 나라의 힘이 강해야 한다고 생각하였다. 그는 정복 전쟁을 계속하여 아라비아반도 대부분을 통일하였고, 그의 사후에도 이슬람 제국은 점점 세를 확장하면서 동쪽으로는 중앙아시아와 북인도, 서쪽으로는 북아프리카를 거쳐 이베리아반도까지 뻗어나갔다.

아랍인들이 세계 각지로 이주하면서 아랍 색채를 띤 이슬람 문화가 같이 전파되었다. 그리스어와 페르시아어 대신 아랍어가 공용어가 되었고, 각지에 화려한 모스크가 세워졌다. 모스크는 이슬람교의 사원으로, '이마를 땅에 대고 절하는 곳'이라는 뜻의 아랍어 '마스지드'가 영어로 변하면서 만들어진 이름이다. 다른 종교의 사원이 신을 모시는 곳인데 비해 모스크는 공동으로 기도하는 장소로 지어졌기에 신상이나 제단 등이 없이 실내가 단순한 대신 높은 첨탑이 있는 것이 특징이다.

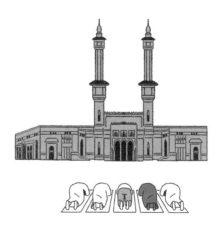

이슬람 학자들은 다양한 학문에 관심을 가졌다. 고대 그리스의 학문을 연구해 그 책을 아랍어로 번역했으며, 큰 도서관을 지어 책을 모으고 책을 편찬했다. 또한 대수학과 천문학이 발달했으며 항해술도 뛰어났다.

《쿠란》은 무함마드가 천사 지브릴(가브리엘)을 통하여 받은 알라의 계시와 계율을 기록한 이슬람교의 경전으로 3대 칼리프인 우스만이 편찬하였다. 이슬람교의 신앙뿐 아니라 일상생활의 규범이 포함되어 있다. 사우디아라비아의 국기에 쓰여 있는 글도 《쿠란》의 한 구절이다.

➕ 수니파와 시아파

무함마드의 사망 후 '칼리프'라고 하는 후계자가 이슬람 공동체를 이끌었다. 칼리프는 종교 지도자인 동시에 정치적 수장의 역할까지 맡았는데, 처음 4명의 칼리프는 이슬람 지도자 회의에서 선출되어 '정통 칼리프 시대'라고 부른다. 이 시기에 이슬람 세력도 급속하게 커지면서 이집트에서 페르시아에 이르는 이슬람 제국을 건설했다.

수니파와 시아파는 이슬람의 종파로 무함마드의 계승자를 누구로 보느냐에 따라 갈린다. 수니파는 무함마드 사후 선출된 역대 칼리프를 계승자로 인정했으나 시아파는 무함마드의 사촌인 4대 칼리프 알리가 무함마드의 혈족이므로 그가 정통 계승자라고 주장했다. 이렇게 시작된 두 종파의 대립은 지금까지도 계속되어 무력 충돌로 이어지고 있다.

🔲 이슬람교의 사원 모스크는 기도하는 장소로 지어져 제단이 없다.

누가 서로마 제국을 멸망시켰을까?

5현제 시대가 끝나자 로마 제국은 혼란기에 접어들었다. 황제의 자리를 노린 이들로 인해 235년부터 284년까지 50년간 무려 26번이나 황제가 바뀌었으며, 내부의 반란과 외세의 침략이 계속되었다. 결국 395년 로마 제국은 서로마와 동로마로 분리되었다.

로마 제국이 유럽 대륙의 남쪽을 지배하고 있을 당시 북쪽인 발트해 연안과 스칸디나비아반도에서는 고트족, 반달족, 프랑크족, 앵글족, 색슨족 등 여러 민족이 살고 있었다. 로마인들은 이들을 게르만족이라고 불렀다. 게르만족은 인구가 늘어나 토지가 부족해지자 남쪽으로 내려와 로마의 국경 지역에 자리를 잡기 시작했다. 그러다 4세기 후반 중앙아시아에서 온 훈족이 흑해 연안의 게르만족을 압박하자 이들이 로마의 영토 안으로 이동하면서 '게르만족의 대이동'이 시작되었다.

여러 게르만 민족들은 로마 영토에 각기 나라를 세웠다. 이미 힘이 약해져 동서로 갈린 로마는 이들을 막지 못했고, 결국 476년 서로마 제국은 게르만족 출신 대장 오도아케르에게 멸망하였다. '게르만'이라는 말 자체가 야만스럽다는 뜻을 가지고 있을 정도로 게르만족을 무시했던 로마가 결국 그들의 손에 멸망한 것이다. 이렇게 게르만족이 유럽의 새로운 패자가 되면서 서양 역사의 중심은 지중해 연안에서 유럽 대륙으로 확대되었다.

답 유럽 북쪽에 살던 게르만족이 남쪽으로 이동하면서 서로마 제국을 멸망시켰다.

독일, 이탈리아, 프랑스가 원래 한 나라였다고?

서로마 제국이 멸망한 후 그 땅에서는 게르만족의 여러 나라가 계속 나타났다 사라졌다. 마침내 이들을 통합하고 유럽 대륙을 평정한 것은 게르만족의 하나인 프랑크족이 세운 왕국이었다.

프랑크 왕국은 주변을 정복하여 영토를 확장하고 왕권을 강화하여 힘을 키웠으며, 크리스트교를 수용하고 이민족의 침입에 시달리는 교황청을 돕는 등 로마 교회와 우호적인 관계를 맺었다. 프랑크 왕국은 카롤루스 대제 때 전성기를 맞이했는데, 활발한 정복 활동으로 옛 서로마 제국의 영토를 거의 차지했으며, 학교를 세워 고대 그리스와 로마의 문화를 부흥시켰다. 768년 왕위에 오른 카롤루스 대제는 곳곳에 교회를 세워 크리스트교를 전파하고, 이베리아반도를 차지한 이슬람 세력으로부터 크리스트교 세계를 수호하는 등의 공적을 세워 800년에 교황 레오 3세로부터 서로마 황제의 관을 받았다. 이렇게 카롤루스 대제 때 게르만 문화, 로마 문화, 크리스트교가 융합되면서 새로운 중세 서유럽 문화의 기반이 마련되었다.

하지만 카롤루스 대제의 사망 후 자손들 사이에 영토 분쟁이 일어나면서 프랑크 왕국은 서프랑크, 중프랑크, 동프랑크로 분열되었다. 그리고 이 세 나라가 각각 프랑스, 이탈리아, 독일의 기원이 되었다.

답 여러 게르만족이 세운 나라를 통일한 프랑크 왕국이 분열되어 프랑스, 이탈리아, 독일의 기원이 되었다.

동로마 제국의 다른 이름은?

동로마 제국은 서로마 제국이 멸망한 뒤로도 1,000여 년간 더 존속했다. 동로마 제국의 황제는 강력한 권한을 가지고 있었고, 교회의 수장을 겸하였다. 6세기 중엽 유스티니아누스 황제는 옛 로마의 영토를 거의 차지했으며, 《유스티니아누스 법전》을 편찬하였고, 황제의 권위를 나타내는 웅장한 성 소피아 성당을 건립했다. 수도인 콘스탄티노폴리스(현재 이스탄불)는 동로마 제국의 중심이면서, 유럽과 아시아가 만나는 길목에서 동서 무역을 잇는 교역의 중심지로 번성하였다.

로마 제국이 동서로 분열되면서 크리스트교도 동서로 나뉘게 되었다. 서유럽 교회는 베드로의 후계자임을 강조하는 교황을 중심으로 하는 로마 교회가 지배했으며, 동유럽 교회는 동로마 황제를 중심으로 발달하였다. 처음에는 로마 교회도 동로마 황제의 간섭을 받았으나 이후 프랑크 왕국의 후원을 받으며 동로마와 대립할 정도의 힘을 키웠고, 결국 1054년 서유럽의 로마 가톨릭과 동유럽의 그리스 정교로 갈라섰다.

동로마 제국은 그리스 문화의 전통을 이어받고 거기에 로마와 서유럽의 문화, 이슬람 문화 등을 융합하여 독자적인 문화를 발달시켰고, 이는 오늘날 동유럽 문화의 토대가 되었다. 서유럽의 역사학자들은 동로마 제국이 로마와는 별개의 나라라는 의미를 담아 수도 콘스탄티노폴리스의 옛 이름을 따서 '비잔티움 제국'이라고 불렀다.

답 수도 콘스탄티노폴리스의 옛 이름을 따서 비잔티움 제국이라고 불렀다.

카노사의 굴욕이란?

중세 유럽은 크리스트교가 지배하는 사회였다. 크리스트교는 유럽 대륙 여러 나라의 신앙이자 왕의 통치 수단으로, 유럽인의 생활에 막강한 영향력을 행사했다. 하지만 처음부터 교회의 힘이 강했던 것은 아니었다. 9세기 유럽에 이민족의 침입이 계속되자 교회는 군사력을 가진 황제나 왕의 보호를 받아야만 했다. 그러다 보니 황제가 성직자를 임명하거나 교회를 좌지우지했고, 교회는 권력과 손을 잡고 타락하기 시작했다.

이에 대한 반성으로 11세기에 수도원을 중심으로 교회 개혁 운동이 일어났다. 교황 그레고리우스 7세는 성직자의 결혼과 성직 매매를 금하였고 황제의 성직자 임명도 금지하였다. 이 대립으로 인해 신성로마제국(현재 독일) 황제 하인리히 4세가 교황 폐위를 선언하였고, 이에 맞서 교황은 하인리히 4세를 파문하기에 이르렀다. 이때 영주들의 지지를 받지 못한 하인리히 4세는 결국 교황에게 굴복해야 했다. 그는 추운 겨울날 교황 그레고리우스 7세가 머물던 알프스의 카노사성을 찾아가 맨발로 엎드려 3일간 용서를 구했는데 이 사건을 '카노사의 굴욕'이라고 한다.

교황은 그 후 200여 년간 종교뿐만 아니라 정치에서도 막강한 힘을 행사하였다. '교황은 해, 왕은 달'이라는 표현은 당시 교황의 권위가 얼마나 높았는지를 드러내는 말이다.

🄳 성직자 임명권을 두고 교황 그레고리우스 7세와 신성로마제국의 황제 하인리히 4세가 대립하다가 교황이 승리한 사건이다.

십자군 전쟁은 몇 차례나 일어났을까?

11세기 후반 이슬람 세력인 셀주크 튀르크에게 크리스트교의 성지 예루살렘을 빼앗긴 비잔티움 제국(동로마 제국)은 교황에게 도움을 요청한다. 교황 우르바누스 2세는 이슬람 세력에게 빼앗긴 성지를 되찾고 비잔티움 제국을 도와야 한다며 '이슬람에 대한 싸움은 성전(성스러운 전쟁)'이라고 호소하였다. 이에 여러 왕과 제후, 기사들뿐만 아니라 상인이나 농민들까지 모여들었다. 하지만 이들에게 성전은 표면적 이유였고 각기 다른 목적을 가지고 있었다. 교황은 비잔티움 제국까지 영향력을 키우고 싶었고, 왕과 제후는 영지를 넓히고 싶었으며, 상인들은 지중해 무역권을 차지하고 싶었기 때문이었다. 이렇게 해서 1096년 로마 교황이 주도한 십자군 전쟁이 시작되었다.

1차 십자군은 1099년 예루살렘을 되찾고 예루살렘 왕국 등 주변에 4개의 크리스트교 나라를 세우는 성과를 거두었다. 하지만 십자군은 그 과정에서 예루살렘 주민을 학살하고 도시를 약탈하는 만행을 저질렀다. 돈을 위해 비잔티움 제국의 수도인 콘스탄티노폴리스를 점령해 약탈하였고, 1212년 구성된 소년 십자군을 이집트에 노예로 팔기도 했다. 반면 예루살렘을 공격했던 이슬람군은 약탈과 학살을 경계하며 포로를 해방하는 자비를 베풀었다. 이후 예루살렘은 다시 이슬람 세력에게 넘어갔고, 200여 년간 7차에 이르는 십자군 전쟁이 계속되었다.

그러니 해가 지날수록 여러 이해관계가 얽히면서 '성지 탈환'이라는 종교적 동기는 사라지고, 전쟁에 참여한 이들이 각자의 이익을 위해 움직이면서 십자군 전쟁은 결국 실패로 끝났다. 십자군 전쟁에서의 만행이 얼마나 심각했던지, 지난 2000년 로마 교황이 과거 교회가 저지른 일을 공식적으로 사과하는 중에 십자군 전쟁에서 저지른 만행에 대한 사과를 포함했을 정도였다.

십자군 전쟁의 실패로 교황의 권위는 추락했고, 유럽인들의 크리스트교에 대한 믿음도 약해지기 시작했다. 또한 오랜 전쟁으로 재정이 어려워진 제후와 기사들이 몰락하면서 봉건제가 흔들렸고, 이들의 몰락을 발판으로 유럽 국왕들의 왕권이 강화되었다.

🅣 십자군 전쟁은 200여 년간 7차에 걸쳐 벌어졌으나 실패로 끝났다.

잔 다르크는 어떤 전쟁에서 싸웠을까?

십자군 전쟁이 벌어지던 11세기 유럽에서는 상공업이 성장하였다. 아이러니하게도 십자군 전쟁으로 무역이 활발해진 것도 도시의 발전에 영향을 미쳤다. 전쟁 이후 왕권이 강화된 국왕들은 필요한 경비를 충당하기 위해 도시의 상공업자들과 손을 잡았고, 이런 과정을 통해 영국, 프랑스, 에스파냐, 포르투갈 등이 중앙 집권 국가로 발전하게 되었다.

그러던 중 영국과 프랑스 간에 백년 전쟁이 일어났다. 백년 전쟁은 영국 왕 에드워드 3세가 프랑스의 왕위 계승권을 주장하면서 시작되었는데, 1337년부터 1453년까지 실제로는 100년이 넘게 계속되었다. 처음 전세는 영국에 유리하게 전개되었지만, 프랑스의 소녀 기사인 잔 다르크가 출현하여 불리한 전세를 뒤집으며 프랑스군의 사기를 높였고, 결국은 프랑스가 승리하였다. 프랑스는 이 전쟁을 치르면서 왕권을 위협하는 봉건 영주를 제거하며 강력한 중앙 집권 국가로 발전했다.

이 전쟁에서 패한 영국에서는 왕위를 두고 랭커스터가와 요크가가 대립하는 장미 전쟁이 일어났다. 랭커스터가의 상징이 붉은 장미, 요크가의 상징이 흰 장미라서 장미 전쟁이라고 불렸는데, 랭커스터가의 헨리 7세가 요크가의 엘리자베스를 왕비로 맞아 튜더 왕조를 여는 것으로 끝난다. 이 과정에서 많은 귀족이 몰락하고 왕권이 강화되면서 영국 또한 중앙 집권 국가로 성장하게 되었다.

답 백년 전쟁

르네상스는 무엇의 부활을 의미할까?

중세 유럽은 크리스트교가 사람들의 영혼과 생활, 정치와 경제 등 모든 것을 지배하는 세상이었다. 그러나 시간이 지나면서 신보다는 인간을 중심에 두는 새로운 문예 부흥 운동인 르네상스가 일어났다. '르네상스'는 '재생, 부활'이라는 뜻으로 인간 중심이었던 고대 그리스와 로마 문화의 부활을 뜻한다.

르네상스는 고대 로마의 문화유산이 많이 남아 있고, 지중해 무역과 제조업으로 경제적으로 안정된 이탈리아, 그중에서도 특히 공업과 금융업을 중심으로 15세기 큰 세력을 이룬 피렌체에서 시작되었다.

르네상스를 이끈 이들은 당시 그리스와 로마의 고전을 연구하던 인문주의자들이었다. 개인의 감정을 서정시로 표현한 페트라르카, 교회의 타락을 풍자한 보카치오, 《군주론》을 쓴 마키아벨리가 대표적이다. 미술 분야에서는 레오나르도 다빈치, 미켈란젤로, 라파엘로, 보티첼리 등의 예술가들이 인간의 신체가 가진 아름다움을 묘사했다. 알프스를 넘어 북쪽으로 전파된 르네상스는 개개인을 중시하는데 그치지 않고 당시 타락한 교회와 사회를 비판하고 개혁하는 방향으로 발달했다.

르네상스는 중세 크리스트교 교리와 신 중심의 세계관에서 벗어나 인간 개개인의 개성과 능력을 존중하는 새로운 시대의 흐름으로써 문화적 발전뿐만 아니라 근대 유럽 사회의 형성과 발전에도 크게 기여했다.

답 고대 그리스 로마 문화를 부활시켜 재현하고자 하였다.

크리스트교는 왜 구교와 신교로 나뉘었을까?

십자군 원정 이후 교황의 권위가 추락했지만, 그런데도 교회와 성직자의 타락은 멈출 줄 몰랐다. 1513년 교황의 자리에 오른 레오 10세가 성베드로 성당 증축 기금을 마련한다는 명목으로 벌을 사해준다는 면벌부를 대량으로 판매하자, 독일의 성직자 루터는 면벌부의 부당성을 고발하는 '95개 조 반박문'을 발표하였다. 루터는 자신의 믿음만이 개인을 구원할 수 있으며 그 신앙생활의 핵심은 《성서》라고 주장하면서 성직자와 교회의 의식을 부정하였다.

당시 발달하기 시작한 인쇄술 덕분에 루터의 주장은 전 유럽으로 퍼져 나갔고, 이로 인해 루터는 교황에게 파문을 당한다. 하지만 교황에게 반기를 든 제후들과 백성들의 민심은 루터를 지지했고, 결국 1555년 아우크스부르크 회의에서 루터파 교회는 공식적으로 인정받게 되었다.

유럽 여러 곳에서 이처럼 교황에게 반기를 드는 움직임이 일어났다. 스위스에서는 칼뱅이 《성서》를 중심으로 현세에서는 금욕과 절약을 강조하는 교리를 펼쳤으며, 영국에서는 헨리 8세가 영국 국교회를 세우며 교황의 지배에서 독립했다. 이렇게 로마 가톨릭에 대립하는 새로운 크리스트교도들의 활동을 '종교 개혁'이라고 부르는데, 이로 인해 크리스트교는 구교인 로마 가톨릭과 신교인 프로테스탄트교로 나뉘게 되었다.

답 타락한 로마 가톨릭에 반기를 든 새로운 신교도들이 종교 개혁을 일으키며 구교와 신교로 나뉘게 되었다.

사대부가 시작된 나라는?

당의 멸망 이후 5대 10국 시대라 불리던 대혼란기를 정리한 것은 960년 송을 건국한 태조 조광윤이었다. 본인도 절도사 출신이었던 송 태조는 당 쇠퇴의 원인 중 하나였던 절도사 세력을 견제하고 모든 군사력을 황제에게 집중시키는 정책을 폈다. 또한 군사 세력을 약화하기 위해 문치주의 정책을 실시하였다. 이렇게 무신보다 문신을 우대하고, 과거를 통해 문신을 선발하면서 송에는 '사대부'라는 신진 세력이 성장하게 되었다.

사대부는 학자를 뜻하는 '사(士)'와 관리를 뜻하는 '대부(大夫)'가 합쳐진 말로, 학자 출신 관리를 부르는 말이다. 과거로 관리를 선발하다 보니 집안이나 배경보다는 개개인의 능력이 중요한 사회 분위기가 형성되었다. 이들은 유교적 학식을 가지고 있었으며, 황제가 주관하는 과거로 선발되었기 때문에 절대 황권을 지지하는 세력이 되었다.

하지만 무신보다 문신을 우대하는 송의 문치주의는 송의 군사력을 약하게 만드는 결과를 가져왔다. 거란족이 건국한 요와 여진족이 세운 금에 침략당하여 매년 금과 비단을 바쳤을 정도였다. 1127년, 송은 결국 금에 밀려 강남으로 옮겨가게 되었는데 이 시기를 이전과 구분해 '남송'이라고 부른다. 이후 중국은 150여 년간 화북 지역의 금과 강남의 남송으로 나뉘게 되었다.

답 송나라 때 학자 출신 관리인 사대부가 새로운 세력으로 성장하였다.

칭기즈 칸이 세운 몽골 제국은 얼마나 넓었을까?

13세기 몽골은 아시아와 유럽을 아우르는 최대의 제국을 건설하였다. 몽골족은 원래 초원에서 흩어져 살던 유목 민족으로, 이들을 통합한 인물이 테무친이다. 테무친은 몽골 부족을 통일하고 군주인 '칸'으로 추대되면서 우리에게 익숙한 이름인 '칭기즈 칸'이 되었다.

초원을 통일한 칭기즈 칸은 활발한 정복 활동을 벌여서 탕구트족이 세운 서하, 이슬람 제국인 호라즘과 아바스 왕조를 정복하였고, 유럽의 러시아, 폴란드, 헝가리까지 진격하였다. 몽골의 영토가 넓어지자 몽골, 중국, 만주 지역은 칸이 직접 다스렸지만, 서쪽의 중앙아시아와 유럽 영토는 몽골 왕족들이 각각 사한국(四汗國)으로 나누어 다스렸다. 여기에서 한(汗)은 칸(汗, Khan)을 한자로 표기한 것이다. 남러시아에는 킵차크 한국, 서아시아에는 일한국, 중앙아시아에는 차가타이한국, 서북 몽골에는 오고타이한국이 세워졌다.

이후 칭기즈 칸의 손자인 쿠빌라이는 대칸이 되어 원을 세웠다. 쿠빌라이 칸은 남송을 멸망시켜 중국에 새로운 통일 제국을 열었는데, 당시 고려를 공격하고 일본 정벌에 나선 것도 쿠빌라이 칸이다.

원의 지배층은 소수의 몽골인이 차지했으며, 한족과 다른 민족은 피지배층에 속해 차별받았다. 재미있는 사실은 이들 사이에서 재정과 행정 등의 실무를 담당했던 계층이 서역에서 온 색목인이라는 것이다. 색목인은 몽골인, 한인, 남인(남송 사람) 이외의 사람들을 가리키는 이름으로, 위구르족, 탕구트족, 아랍인, 유럽인 등의 서방계 사람들이 포함된다.

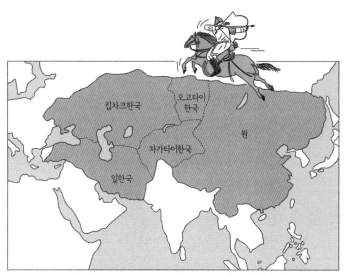

〈13세기 몽골 제국의 최대 영토일 때 사한국과 원나라〉

➕ 몽골이 세계를 정복할 수 있었던 것은 말 덕분?

초원의 유목민이었던 몽골인들은 말타기에 능했고, 재갈과 고삐, 말굽 등의 마구가 발달했다. 따라서 칭기즈 칸은 기마 군단을 만들어 조직적으로 활용했다. 몽골 기마병은 달리는 말 위에서 몸을 비틀어 뒤로 화살을 쏘는 등 전투력이 높았고, 말을 타고 하루 70~80km를 이동할 정도로 기동성이 좋았기 때문에 대제국을 건설할 수 있었다.

🅐 몽골 제국은 중국 본토를 중심으로 동아시아 대부분과 중앙아시아, 러시아와 헝가리에 이르는 유럽 지역까지 점령했다.

중국의 발명품은 어떻게 유럽으로 전해졌을까?

원은 넓은 제국을 통치하기 위해 전역에 역참을 설치하였다. 이에 따라 초원을 가로지르는 초원길과 사막을 횡단하는 비단길 등 동서를 잇는 교역로가 발달하였다. 더불어 동남아시아의 바다와 인도양을 거치는 해상 교역망도 함께 발달하였다.

이 교역망을 통해 세계 각지의 물건이 중국으로 들어왔으며, 동시에 아시아의 향신료, 비단, 도자기, 차 등이 유럽으로 전해졌다. 원에서 머물며 여행기 《동방견문록》을 쓴 베네치아의 마르코 폴로도 이 바닷길과 비단길을 이용했다.

세계 문화에 큰 영향을 끼친 중국의 발명품으로 송나라 때 만들어진 화약, 나침반, 인쇄술 등이 있는데, 이 모두가 원나라 때 유럽까지 전해졌다. 화약 무기는 몽골의 이슬람 원정 때 유럽으로 전파되어 14세기 중엽부터는 유럽에서도 화약 무기를 사용하게 되었다. 북송 때 만들어진 나침반 역시 원나라 때 항해의 주요 도구로 이용하면서 서양에 전해졌다. 또한 원은 송나라 때 발명한 활판 인쇄술을 실용화하였는데 이는 한국과 일본, 동남아시아뿐만 아니라 비단길을 통해 서아시아와 유럽으로 전해졌다.

답 원나라의 육상 교역로와 해상 교역망을 통해 중국의 발명품이 전해졌다.

원을 멸망시킨 명이 제일 먼저 한 일은?

쿠빌라이 칸이 사망하고 원의 세력이 점차 약해지자, 심한 차별을 받던 한족들은 곳곳에서 난을 일으켰다. 이 반란군들이 붉은 두건을 둘렀다고 하여 '홍건적의 난'이라고 부른다. 각지에서 일어난 반란군을 하나로 모은 주원장(명 태조)은 결국 원을 다스리던 몽골족을 북쪽으로 몰아내고 1367년 새로운 왕조인 명을 세웠다.

명 태조는 몽골의 잔재를 없애고 한족 문화를 되살리는 일에 힘썼다. 그래서 한족 왕조의 전통을 살리고, 전통적인 유교 문화를 회복하기 위해 유교를 가르치는 학교를 세우는 한편 과거 제도를 재정비하였다. 명의 3대 황제 영락제는 내실을 다지면서 외부로 세력을 확장했다. 수도를 베이징으로 옮기고 강남의 물자를 운반하기 위해 대운하를 정비하였으며, 만리장성을 보완하여 축조했다. 또한 환관이자 이슬람교도인 정화를 동남아시아, 인도, 아프리카 등 해외 여러 나라로 파견하여 명에게 조공을 보내도록 했으며 명의 문화를 세계로 전파하였다.

하지만 영락제의 사망 후 환관의 정치 개입과 당파 싸움이 심해지고, 임진왜란 출병으로 재정 부담이 커진 상태에서 몽골과 왜구의 침략이 거세지면서 명의 위세는 점차 약해진다. 더불어 자연재해와 세금 증가로 살기 힘들어진 농민들이 반란을 일으키고 반란군의 지도자인 이자성의 군대가 베이징을 점령하면서 명은 1644년에 멸망하였다.

답 제일 먼저 몽골의 잔재를 없애고 한족 문화를 되살리는 정책을 펼쳤다.

중국의 마지막 통일 왕조를 세운 민족은?

명이 쇠약해졌을 때 만주에서는 누르하치가 여진족을 통합하고 1616년 후금을 세웠다. 누르하치의 아들 태종 홍타이지는 국호를 청으로 바꾸고 몽골과 조선을 공격하는 등 세력을 넓히다가 명이 멸망하자 베이징을 점령하고 중국 전역을 장악해 나갔다. 이렇게 해서 중국은 다시 한족이 아닌 민족이 통일 제국을 세우고 지배하게 되었으며, 이 청이 결국 중국의 마지막 통일 왕조가 되었다.

초기부터 황제 독재 체제를 강화한 청은 4대 강희제에서 시작하여 옹정제, 건륭제로 이어지는 130여 년간 전성기를 누렸다. 활발한 정복 활동으로 오늘날 중국 영토의 대부분을 차지하였고, 티베트와 산장, 몽골 등지의 여러 민족을 포섭하면서 다민족 제국으로 발전했다. 청은 1635년부터 자신들을 '만주족'이라고 불렀는데 소수의 만주족만으로 통치가 어려웠기에 다른 민족, 특히 한족에게 여러 강경책과 회유책을 함께 썼다. 만주족의 풍속인 변발을 강요하는 대신, 그들의 유교 문화를 받아들이고 주요 관직에 임명했다. 청의 이런 다민족 통치 방식은 현재 중국이 소수 민족에 대한 지배권을 정당화하는 근거로 활용되고 있다.

그러나 1799년 건륭제의 사망 후 관료들의 부정부패와 10여 년간 지속한 백련교의 난 등으로 혼란이 계속되고, 열강의 침입, 청일 전쟁의 패배 등 외적 어려움이 겹치면서 청은 점점 쇠퇴의 길로 들어섰다.

답 만주의 여진족(만주족)이 중국의 마지막 통일 왕조인 청을 세웠다.

자금성에는 방이 몇 개나 있을까?

베이징에 있는 자금성은 중국의 명, 청 시대에 사용하던 궁궐로, 중국어로는 '쯔진청'이라고 부른다. 황실이 사라진 지금은 '고궁 박물원'이라는 이름으로 일반 사람들에게 공개되고 있다.

자금성은 현존하는 궁궐 중에 세계 최대의 규모이다. 72만m²에 달하는 직사각형 모양의 땅에 자리잡고 있으며, 11m 높이의 성벽과 넓이 50m, 깊이 6m의 해자로 둘러싸여 있다. 내부에는 800채의 건물이 있는데 9,999칸의 방이 있다고 알려져 있으나 이는 상징적인 숫자이며, 실제로는 8,886칸의 방이 있다.

자금성이 있는 베이징이 중국의 중심지가 된 것은 원나라 때이다. 당시 베이징의 이름은 큰 도시라는 뜻의 '대도'였는데, 원의 쿠빌라이 칸이 대도를 수도로 정하고 외성과 궁궐을 쌓았다. 주원장이 명을 건국하면서 수도를 난징으로 옮겼으나 3대 영락제가 1406년 자신의 정치적 기반이었던 베이징으로 수도를 다시 옮겼고, 이후 베이징은 지금까지 중국의 수도로 자리하고 있다.

자금성은 영락제의 명에 따라 수도 이전 직후부터 15년 동안 100여만 명의 인부를 동원하여 지어졌다. 이후 500여 년간 24명의 황제와 그 일가가 살았으며, 황제 일가를 제외하고도 9천여 명의 시녀와 1천여 명의 내시가 함께 살았던 중국 권력의 최고 중심지였다.

🅐 자금성에는 800채의 건물에 8,886칸의 방이 있다.

일본의 막부 정치란?

조선과 명이 유교적 기반을 바탕으로 학자, 즉 문신들이 나라를 다스렸다면 일본은 무사들이 권력을 잡고 근세에 이르기까지 나라를 통치했다. 일본 무사를 '사무라이'라고 부르는데, 처음부터 사무라이가 일본을 통치했던 것은 아니다. 과거에는 국왕이나 귀족, 호족 등이 나라를 다스리다가 7세기 다이카개신으로 천황이 나라를 다스리는 절대 통치자가 되었다. 그러나 11세기 귀족과 호족 세력이 각기 무사를 고용하여 무장하면서 무사 계급인 사무라이가 성장하게 된다. 이들은 점차 독자적인 계층을 형성하였고, 귀족 사이의 권력 투쟁에 개입하면서 스스로 정치의 주도권을 잡게 되었다.

1192년 미나모토 요리토모가 다른 경쟁 세력을 토벌하고 가마쿠라에 '막부(장군의 진영)'를 설치하여 천황으로부터 '쇼군(將軍)'의 호칭을 받으면서 막부 정치가 시작되었다. 무사들이 실질적인 정치권력을 가지면서 천황은 상징적인 지위에 머물렀으며, 이후 700여 년간 막부가 일본을 지배했다.

가마쿠라 막부의 뒤를 이은 것은 1336년에 세워진 무로마치 막부이다. 당시 일본은 두 명의 천황이 있는 남북조 시대였는데, 남조와 북조가 60여 년의 전쟁을 벌인 끝에 1392년 무로마치 막부가 일본 남북조를 통일했다. 이후 1469년 여러 강한 영주들 사이에 전쟁이 벌어지면서 100여 년간 혼란기인 전국 시대가 지속되었다. 전국 시대는 1573년 오다 노부나가가 무로마치 막부를 멸망시키면서 막을 내렸고, 노부나가의 뒤를 이은 도요토미 히데요시가 1590년 전국을 통일하여 일본 전체를 지배하게 되었다.

　도요토미 히데요시는 내부의 불만 세력을 잠재우기 위해 외부로 눈을 돌려 조선을 침공하는데, 이것이 바로 1592년에 벌어진 임진왜란이다. 전쟁 초기 승승장구하던 일본은 조선의 의병과 이순신이 이끄는 조선 수군, 명의 원군 등에 의해 점점 밀리게 되었다. 그러던 1598년 히데요시가 사망하자 일본군이 조선에서 물러나며 7년간의 전쟁이 끝났다. 이로써 히데요시 세력은 약해졌고 힘을 기르며 기회를 보던 도쿠가와 이에야스가 1603년 에도, 즉 현재의 도쿄에 막부를 세우면서 일본의 새로운 지배자가 되었다. 에도 막부는 왕정복고가 이루어진 1868년 메이지 유신까지 약 260여 년간 유지되었다.

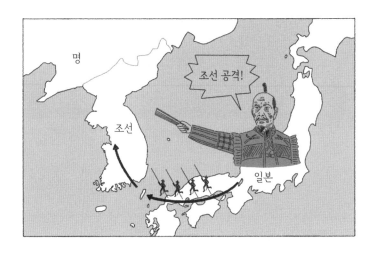

🔲 일본에서 쇼군을 중심으로 정치권력을 잡았던 무사 정권을 말한다.

술탄은 언제부터 이슬람의 통치자가 되었을까?

술탄은 이슬람 세계에서 통치자를 가리키는 말로, 원래는 '알라에게서 유래된 권위'를 의미하는 말로 쓰였다. 앞서 말한 칼리프가 종교적 권위자라면 술탄은 군사적, 정치적 권력자를 의미한다.

술탄이라는 말이 이슬람 제국의 실질적 통치자를 의미하게 된 것은 셀주크 튀르크 제국부터이다. 이슬람 세계를 지배하던 아바스 왕조가 9세기 이후 약해지면서 새로운 강자로 떠오른 것이 셀주크 튀르크였다. 그는 1055년 바그다드에 입성하면서 아바스 왕조의 칼리프로부터 술탄이라는 칭호를 받았고, 이후 명실상부한 이슬람 세계의 지배자가 되었다.

셀주크 튀르크 제국은 현재 시리아와 팔레스타인 지역을 중심으로 서쪽으로는 지중해 연안에 닿고 동쪽으로는 중앙아시아 지역까지 아우를 정도의 대제국이었다. 하지만 나라가 여러 개로 나누어지고 오랫동안 계속된 십자군 전쟁으로 국력이 점차 약해지면서 결국 몽골 제국에 종속되었다.

셀주크 튀르크 제국을 이루었던 튀르크족은 현재 터키인의 조상으로, 아직까지 대부분 이슬람교를 믿고 있으며, 술탄이라는 호칭은 지금까지도 여러 이슬람권 문화에서 지도자를 의미하는 용어로 사용되고 있다.

답 술탄이 실질적 통치자가 된 것은 셀주크 튀르크부터이다.

비잔티움 제국을 무너트린 이슬람 국가는?

서로마 제국이 사라진 후에도 1,000여 년 동안 존속했던 비잔티움 제국(동로마 제국)을 멸망시킨 것은 이슬람의 오스만 제국이다. 13세기 셀주크 튀르크 제국이 약해지면서 중앙아시아에 있던 튀르크족 유목민들이 여러 작은 나라를 세웠는데, 그중 하나였던 오스만 튀르크가 빠르게 성장하며 15세기 초반 현재 터키 지역인 소아시아 뿐 아니라 유럽과 발칸반도로 영토를 확장했다.

이후 1453년 오스만 튀르크의 7대 술탄인 메메트 2세는 비잔티움 제국의 수도인 콘스탄티노폴리스를 함락시키면서 비잔티움 제국을 멸망시켰고, 이를 발판으로 발칸반도와 소아시아, 유프라테스강 상류, 흑해 연안에 이르는 오스만 제국을 건설했다. 메메트 2세는 콘스탄티노폴리스로 수도를 옮겼는데, 이곳의 이름을 '이슬람이 번성한 도시'라는 뜻의 '이스탄불'로 바꾸고, 6세기 유스티니아누스 황제가 그리스 정교 사원으로 지었던 성 소피아 성당을 이슬람 모스크로 개축하였다. 이

이슬람 사회의 발전_오스만 제국

렇게 해서 터키 최대의 도시 이스탄불은 비잔티움 제국과 오스만 제국의 문화를 모두 간직하게 되었다. 또한 페르시아, 오리엔트, 비잔티움 양식에 이슬람과 튀르크의 특징까지 더해진 독특한 예술과 학문이 발달하였다.

16세기 술레이만 1세 때 전성기를 맞이하며 세력을 키운 오스만 제국은 17세기에는 유럽과 아시아, 아프리카 세 대륙에 걸친 대제국으로 성장하며 전성기를 누렸다. 술레이만 1세는 여러 차례 유럽을 공격해 헝가리를 점령하였지만, 18세기 유럽 열강이 발칸반도를 넘어 동쪽으로 진출하고 오스만 제국 내부의 부패가 심해지면서 서서히 쇠퇴의 길로 들어서게 되었다.

16~17세기 오스만 제국이 최고의 국력을 자랑할 때 이들의 자부심은 대단하였다. 당시 오스만 제국 사람들은 유럽인을 열등한 인종으로, 크리스트교 또한 열등한 종교로 보았다. 오스만 제국이 여러 차례 유럽 정벌에 나서면서 이들의 강력한 힘과 경제력, 독특한 이슬람 문화는 당시 유럽인들에게 두려움과 선망의 대상이 되었다.

오스만 제국이 동서 무역로를 점령하면서 이들을 통해 동양의 여러 가지 문화와 상품이 유럽으로 전해졌는데, 그중에는 커피도 포함되어 있다. 당시 오스만 제국 사람들은 '카웨'라고 하는 장소에서 커피를 마시며 친교를 나눴는데, 여기에서 오늘날 유럽의 카페 문화가 비롯되었다. 또한 네덜란드의 상징인 튤립도 터키의 야생 튤립에서 온 것이다.

답 비잔티움 제국을 무너트린 것은 오스만 제국이다.

인도의 마지막 제국은?

8세기, 굽타 왕조의 멸망 후 인도가 분열되자 이슬람 세력이 인도에 진출하였다. 12세기 후반 튀르크계 이슬람 구르 왕조는 아프가니스탄 지역에서 인도 내륙으로 세력을 확장하여 델리를 차지하고 북인도 지역에 이슬람 왕국인 델리 술탄 왕조를 건설했다. 이후 델리 술탄 왕조가 약해지면서 분열되자 14세기 중앙아시아를 통치했던 티무르의 후손인 바부르가 북인도를 정복하고 1526년 델리를 중심으로 무굴 제국을 세웠다.

무굴 제국은 바부르의 손자인 3대 아크바르 대제 때 전성기를 맞이했다. 아크바르 대제는 무굴 제국 최고의 명군이라 불리는데, 남부를 제외한 인도 전역을 통일하였으며, 비이슬람인들의 인두세를 면제해주고, 힌두교인에게 신앙의 자유를 허용하는 등 인종과 종교가 복잡하게 얽힌 인도 내부의 화합과 화해를 끌어냈다. 무굴 제국은 이후 계속 세력을 키워서 6대 아우랑제브 황제 때에는 남부 인도의 대부분을 차지하며 무굴 제국 최대의 영토를 확보하였다. 하지만 그는 정통 이슬람 교리를 적극적으로 내세우면서 다른 종교, 특히 힌두교를 탄압해 반발을 샀다.

1707년 아우랑제브가 사망하자, 인도 각지에서 지방 세력들이 우후죽순처럼 일어났다. 당시 영국과 프랑스는 인도에 동인도 회사를 설치하여 무역을 하고 있었는데, 이들은 조각난 인도에서 주도권을 잡기 위해 경쟁하였고, 결국 인도 전체가 영국의 식민지로 전락하고 말았다.

📗 인도는 무굴 제국을 마지막으로 영국 식민지가 되었다.

타지마할은 궁궐일까, 무덤일까?

힌두교를 믿는 인도에 이슬람 세력인 무굴 제국이 세워지면서 힌두교와 이슬람교의 문화는 차츰 융합되었다. 더욱이 이슬람교가 전파된 길을 따라 아라비아의 전통, 페르시아 문화, 튀르크의 풍습도 함께 들어와 섞이면서 무굴 제국만의 독특한 융합 문화가 만들어졌다. 가장 대표적인 것이 시크교로, 힌두교와 이슬람교가 가진 장점을 살려 만들어진 종교이다. 또한 인도어와 페르시아어가 혼합된 우르두어가 사용되었으며, 건축과 미술에서도 이슬람과 인도의 특징이 결합한 양식이 유행하였다.

힌두 문화와 이슬람 문화가 결합한 건축물의 최고봉은 바로 무굴 제국의 수도였던 아그라의 타지마할이다. 하얀 대리석을 주재료로 삼고 격자무늬 창과 연꽃무늬를 쓴 것은 인도 고유의 전통에서 온 것이며, 둥근 돔과 아치, 뾰족한 탑, 아라베스크 무늬, 벽면에 새긴 《쿠란》구절 등은 이슬람 건축의 특징이다.

타지마할은 현재 인도를 대표하는 가장 아름다운 문화유산으로 꼽히는데 언뜻 보기엔 궁전처럼 보이지만 사실은 거대한 무덤이다. 무굴 제국의 5대 황제 샤 자한이 사랑하는 왕비 뭄타즈 마할의 죽음을 슬퍼하며 왕비를 위해 아름답고 성대한 묘당을 지었는데, 이것이 바로 타지마할이다. 타지마할은 한쪽 벽의 길이가 56m, 중앙 돔의 높이가 58m에 이르는 거대한 규모로, 건설하는 데 22년이나 걸렸다.

답 타지마할은 무굴 제국의 황제 샤 자한이 왕비를 위해 만든 무덤이다.

최초로 세계 일주에 성공한 사람은?

예전부터 유럽인들은 아시아에 대한 동경을 가지고 있었다. 그러나 13세기에 들어서 지리학, 천문학, 조선술이 발달하고 나침반이 전해진 후에야 비로소 아시아로 가는 원양 항해가 가능해졌다.

아시아로 향하는 신항로 개척에 앞선 것은 지중해 서쪽에 위치한 에스파냐와 포르투갈이었다. 포르투갈의 항해 왕자라고 불리던 엔히크 왕자는 신항로 개척을 적극적으로 후원했고, 그 결과 포르투갈이 제일 먼저 서아프리카 항로를 개척했다. 바르톨로메우 디아스는 1488년 아프리카 남단에 도착해 희망봉을 발견했고, 바스쿠 다가마는 1498년 희망봉을 돌아 인도의 캘리컷에 도달하여 인도로 가는 항로를 개척했다.

에스파냐의 크리스토퍼 콜럼버스는 1492년 이사벨라 여왕의 후원으로 대서양을 가로질러 인도로 향하던 중 현재의 서인도제도에 도착했다. 아메리카 대륙의 존재를 몰랐던 콜럼버스는 그곳이 인도라고 생각했기 때문에 그곳의 원주민을 '인디언(Indian)'이라고 불렀다. 이곳이 인도가 아니라는 것을 안 것은 1502년 아메리고 베스푸치에 의해서였다. '아메리카(America)'라는 대륙 명도 그의 이름을 따서 지어진 것이다.

최초로 세계 일주에 성공한 것은 마젤란의 배였다. 1519년 8월 에스파냐 세비야를 출발한 마젤란 일행은 남아메리카 대륙을 돌아 태평양을 건너 필리핀에 도착했다. 그곳에서 마젤란은 원주민과의 싸움으로 목숨을 잃었지만, 남은 일행은 배에 향신료를 싣고 인도양과 희망봉을 거쳐 마침내 1522년 9월, 출발한 지 3년 만에 에스파냐로 돌아왔다.

이렇게 발견된 새로운 바닷길 덕분에 서유럽 여러 나라는 앞다투어 새로운 땅으로 진출하기 시작했다. 아시아로부터는 향신료와 차, 면직물 등을, 아메리카에서는 옥수수와 담배, 코코아, 고추 등 여러 가지 농작물을 들여오는 한편 엄청난 양의 금과 은을 약탈했다. 덕분에 서유럽은 경제적으로 풍족해졌으며, 싸게 들여온 원료로 만든 물품들을 해외로 다시 팔 수 있었기 때문에 제조업도 함께 발달하게 되었다.

신항로 개척으로 서유럽은 엄청난 경제적 이득을 보았지만 아메리카와 아프리카 원주민은 큰 고통을 치렀다. 아메리카 대륙에서 금과 은을 약탈하는 과정에서 많은 아메리카 원주민이 죽었고, 이후 아메리카를 정복한 유럽인이 사탕수수, 담배, 목화 등의 상업 작물을 재배하기 위해 1,000만 명이 넘는 아프리카 원주민을 아메리카로 강제 이주시키면서 아프리카 원주민들은 이후 오랫동안 흑인 노예로 고통받아야 했다.

🅳 마젤란의 탐험대가 3년 여간 배로 전 세계를 한 바퀴 돌았다.

'태양왕'이라고 불리던 왕은 누구일까?

16~18세기 유럽은 중세 봉건 국가에서 근대 시민 사회로 가는 과정에 있었다. 당시 새롭게 등장한 정치 형태가 '절대 왕정'이다. 절대 왕정은 강력한 왕권을 바탕에 둔 중앙 집권적인 통일 국가로, 군주가 입법, 사법, 행정의 모든 권한을 가지고 절대적인 지배자로 군림하였다.

절대 왕정의 군주들은 왕권을 강화하기 위해 봉건 귀족 대신 시민 계층에서 관리를 뽑았고, 군대를 직접 양성하여 귀족의 세력을 약화시켰다. 전 국토에서 직접 세금을 걷고 상공업을 장려하는 한편, 신항로 개척으로 식민지를 약탈하고 이를 이용한 무역으로 재정적 기틀을 다졌다. 덕분에 이 시기 유럽 국가들은 경제적으로 성장하게 되었고, 국력 또한 강해졌다. 그리고 그 과정에서 관료나 군인으로 활동하게 된 시민 계층과 부르주아라 불리는 신상인 계층의 세력이 커지게 되었다.

절대 왕정의 대표적인 군주가 프랑스의 루이 14세이다. 그는 절대적인 왕권을 뒷받침하기 위해 국왕의 힘이 신에게서 나온 것이라는 왕권신수설을 주장했고, 정치와 군사, 경제에서 강력한 힘을 드러내어 '태양왕'이라고 불렸다. 에스파냐의 국왕 펠리페 2세는 무적함대를 등에 업고 강한 힘을 과시했으며, 영국에서는 엘리자베스 1세가 절대 왕정을 확립했다. 프로이센의 프리드리히 2세나 러시아의 표트르 대제 또한 동유럽의 강력한 왕으로 등장하였다.

답 프랑스의 루이 14세

영국을 입헌 군주제로 만든 혁명은?

영국을 절대 왕권으로 통치하던 엘리자베스 1세의 사망 후, 17세기 영국의 정치는 혼란에 빠지게 된다. 뒤를 이은 찰스 1세는 의회에서 다수를 차지하고 있는 청교도를 탄압하고 의회를 소집하지 않은 채 단독으로 국정을 운영했다. 1628년 의회가 국왕의 자의적 과세를 금지하고 종교 강요를 금지하는 '권리 청원'을 제출했지만 찰스 1세는 의회를 해산해 버렸고, 이는 결국 군사적 충돌로 이어졌다. 이때 크롬웰이 이끄는 의회파가 강력한 철기군을 앞세워 승리하면서 1642년, 찰스 1세는 처형당하고 말았다. 이 사건을 청교도가 이끌었다 해서 '청교도 혁명'이라고 한다.

청교도 혁명으로 인해 영국에서는 최초의 공화정이 성립되었다. 그러나 크롬웰의 금욕적인 독재 정치에 국민의 불만이 높아졌고, 결국 크롬웰의 사망 후 찰스 2세가 왕위에 오르며 영국은 왕정으로 복귀하였다. 그의 뒤를 이은 제임스 2세가 의회와 충돌하다가 1688년 폐위되자 딸 메리와 남편 윌리엄이 왕위에 추대되었고, 이듬해 메리와 윌리엄이 의회의 권리를 보장하는 '권리 장전'에 승인하면서 국왕과 의회 사이의 오랜 대립은 마침내 의회의 승리로 끝났다. 이 과정이 유혈 사태 없이 명예롭게 이루어졌다 해서 '명예혁명'이라고 부른다. 이때부터 영국에는 지금과 같은 의회 중심의 입헌 군주제가 수립되었다.

답 1688년 명예혁명 후 승인된 권리 장전으로 의회 중심의 입헌 군주제가 수립되었다.

산업 혁명은 어느 분야에서 시작되었을까?

18세기 중반 이후 유럽의 경제에는 큰 변화가 생겼다. 이 변화가 최초로 일어난 곳은 시민 혁명이 먼저 일어나면서 정치가 안정된 영국이었다.

당시 영국은 농경지를 잃은 노동자가 도시로 몰려들면서 도시 노동력이 풍부해졌고, 식민지를 통해 값싼 재료와 시장을 확보했으며, 석탄이나 철 등의 자원도 비교적 풍부했다. 이런 환경에서 영국에서는 당시 유행하던 면직물을 빠르게 대량으로 생산할 수 있는 방법을 찾기 시작했다. 방적기가 발명되면서 대규모 공장제 기계 공업이 성장했고, 와트가 혁신적으로 개량한 증기 기관이 공업과 운송 수단의 동력으로 이용되기 시작하면서 대량 생산 체제가 시작되었다. 이렇게 시작된 산업 분야에서의 큰 변화를 '1차 산업 혁명'이라고 부른다. 영국에서 시작된 산업 혁명은 점점 확대되어 19세기 중반에는 프랑스, 독일, 미국 등으로, 후반에는 러시아와 일본에까지 확산되었다.

산업 혁명으로 눈부신 경제적 성장을 이룬 영국은 세계적인 경제 대국이 되었다. 하지만 산업 혁명으로 인해 노동자들의 삶은 오히려 힘들어졌고 이들의 분노는 기계 파괴 운동인 '러다이트 운동'으로 폭발했다. 이들의 움직임은 이후 노동자들의 참정권을 요구하고 정치적 권리를 획득하기 위한 '차티스트 운동', 임금 인상과 노동 조건 개선을 요구하는 노동조합 결성 등으로 이어졌다.

🔒 산업 혁명은 영국 면직물 공업에서 시작되었다.

세계 최초의 인권 선언은?

1715년, 절대 왕정을 대표하던 루이 14세가 사망한다. 당시 프랑스 왕실은 왕의 사치와 계속된 전쟁으로 심각한 재정 위기에 처해있었다. 이 문제를 해결하기 위해 1788년 루이 16세는 제1신분인 고위 성직자, 제2신분인 귀족, 제3신분인 평민이 모두 모이는 삼부회 소집을 선포한다.

1789년 개최된 회의에서 표결 방식을 둘러싸고 대립이 벌어지자 제3신분인 평민은 회장 밖의 테니스 코트에 모여 국민 의회를 독자적으로 구성한다. 왕실이 국민 의회를 무력으로 진압할 계획을 세우자 시민들은 스스로를 보호하기 위해 무장을 하고 힘을 모으기 시작했고, 7월 14일 성난 시민들이 바스티유 감옥을 습격하며 '프랑스 혁명'이 시작되었다. 이러한 격변 속에서 루이 16세는 왕으로서 적극적으로 대처하지 않고, 밤중에 몰래 파리를 빠져나와 도망치다 잡혀 결국 폐위되었다.

주변 유럽 왕정 국가들은 프랑스 혁명의 정신이 자국에 영향을 미치게 될까 걱정하여 1792년 프로이센과 오스트리아를 중심으로 동맹을 맺고 프랑스를 공격한다. 하지만 전쟁은 오히려 혁명을 급진화시켰고, 이에 따라 9월 1일 국민 공회는 프랑스 최초의 공화정을 선포하였다.

루이 16세는 혁명의 적으로 고발당하여 사형을 구형받았는데, 그의 처형에 대해 의견이 갈리면서 온건파인 지롱드파와 급진파인 자코뱅파 간의 갈등이 고조되었다. 결국 1793년 1월 루이 16세와 왕비 마리 앙투아네트가 단두대에서 처형되면서 자코뱅파에 힘이 실렸다. 자코뱅파의 지도자였던 로베스피에르는 반대파를 무자비하게 처형하는 공포 정치를 행해 반발을 산 결과 그 역시 단두대에서 처형되었다.

➕ 프랑스 혁명의 의의

프랑스 혁명은 절대 왕정을 타도하고 자유와 평등의 이념을 유럽에 전파하여 유럽 전역에 시민 사회를 형성하는 데 결정적 역할을 했다. 1789년 8월 26일에 발표된 '프랑스 인권 선언'은 프랑스 혁명의 목표와 의의가 잘 담겨 있는 세계 최초의 인권 선언이다. 인간의 자유와 평등, 국민 주권, 언론·출판·신앙의 자유와 법적 평등, 그리고 재산권의 불가침 등 혁명의 기본 원리를 제시했다. 현재 사용하고 있는 프랑스 국기 역시 프랑스 혁명으로부터 유래했는데, 파란색, 하얀색, 빨간색은 각각 프랑스 혁명의 정신인 '자유, 평등, 우애'를 상징한다. 이후 탄생한 시민국가의 국기 중에는 프랑스 삼색기의 영향을 받아 만들어진 것이 많다.

📖 세계 최초의 인권 선언은 프랑스 혁명 때 국민 의회가 발표한 프랑스 인권 선언이다.

영웅이었던 나폴레옹이 몰락하게 된 전투는?

로베스피에르의 공포 정치가 끝난 후 프랑스에는 5명의 총재가 행정부를 지휘하는 총재 정부가 들어섰다. 그러나 혼란은 계속되었고 혁명과 전쟁에 지친 프랑스 국민들은 나라의 위기를 끝내고 안정과 질서를 회복해줄 지도자를 갈망했다. 이때 등장한 것이 바로 나폴레옹이다.

나폴레옹은 혁명전쟁에서 활약한 외국 원정군 사령관으로, 1799년 쿠데타를 일으켜 정권을 장악하였다. 그는 전쟁에서 거둔 승리를 바탕으로 국가 재정을 안정시키고, 교육 제도를 개선했으며, 프랑스 혁명의 이념을 법제화한 《나폴레옹 법전》을 편찬했다. 강인한 지도자를 원했던 프랑스 국민은 그를 지지했고, 나폴레옹은 1804년 국민 투표를 통해 황제에 즉위했다. 공화정에서 다시 제정 시대로 바뀐 것이다.

나폴레옹은 주변국들과의 전쟁에서 승리하며 유럽 대륙을 제패했다. 하지만 영국 함대에 패배하고 모스크바 원정에 실패하며 전세가 기울어졌고, 이후 영국, 러시아, 오스트리아 등의 대 프랑스 연합군이 파리를 점령하자 엘바섬에 유배되었다. 탈출한 나폴레옹은 재기를 노렸으나 1815년 워털루 전투에서 영국-프로이센 연합군에게 패배하였고, 결국 세인트헬레나섬으로 유배되어 그곳에서 사망한다. 나폴레옹의 몰락 후, 유럽 각국의 대표들은 프랑스 혁명의 이념이 확산되는 것을 걱정하여 유럽의 영토와 정치적 상황을 이전 상태로 돌리는 데 합의한다.

답 나폴레옹은 영국-프로이센 연합군과 싸운 워털루 전투에서 패배하며 몰락했다.

프랑스 혁명 이후 다시 일어난 혁명은?

나폴레옹이 정복했던 유럽의 영토를 반환하고, 부르봉 왕실이 부활하자 국민들의 불만이 높아졌다. 이후 샤를 10세가 의회를 해산하자 1830년 7월 28일 파리 시민들은 7월 혁명을 일으켜 왕을 추방했고, 루이 필리프를 '시민의 왕'으로 추대하며 입헌 군주제를 수립하였다.

하지만 무능했던 루이 필리프 정부가 선거권조차 제한하면서 1848년 2월 다시 국민들이 일어났다. 이 2월 혁명으로 인해 제2공화정이 수립되면서 나폴레옹의 조카인 루이 나폴레옹이 대통령으로 당선되었다. 그는 1851년 쿠데타를 일으켜 공화정 체제를 붕괴시키고 스스로 황제에 즉위하여 나폴레옹 3세가 되었다. 그러나 1870년 프로이센과의 전쟁에서 패한 후 폐위되었고, 프랑스는 다시 공화제를 선언하며 제3공화정이 시작되었다. 7월 혁명과 2월 혁명을 거치며 변화해 가는 프랑스의 모습은 자유주의 국가로 발전해 나가는 과정이 얼마나 험난한지 잘 보여준다.

2월 혁명이 있었던 1848년은 유럽 혁명의 해였다. 프랑스에서 시작된 자유의 외침은 이탈리아와 오스트리아, 독일, 헝가리 등으로 번져 나갔다. 프랑스 혁명 정신인 자유, 평등, 우애가 퍼지고 개인의 자유와 평등을 중시하는 자유주의가 확산되면서 외세로부터 민족의 해방과 통일을 지향하는 민족주의가 대두하게 되었다.

🅰 부르봉 왕실을 무너뜨린 7월 혁명과 제2공화정이 수립된 2월 혁명이 있었다.

독일의 통일을 이룬 사람은?

오랫동안 분열되어 있던 이탈리아에서도 프랑스 2월 혁명의 영향을 받아 본격적인 통일 운동이 전개되었다. 이탈리아반도에 있는 사르데냐 왕국의 재상 카보우르가 북부 이탈리아를 통합하고, 의용군을 조직한 가리발디 장군이 이탈리아 남부를 통합한 후 점령지를 사르데냐의 국왕에게 바치면서 1861년 남북이 통일된 이탈리아 왕국이 세워졌다.

비슷한 시기 독일에서도 통일의 움직임을 보이기 시작했다. 1861년 빌헬름 1세가 프로이센의 왕위에 오르면서 적극적으로 독일 통일 사업에 착수하였고, 비스마르크를 수상으로 등용하였다. 빌헬름 1세가 군비 확장 문제로 의회와 대립하고 있을 때, 비스마르크는 의회에 출석하여 군비 확장 없이는 독일의 통일이 불가능하다는 것을 잘 알아야 한다고 역설하였다. 비스마르크가 독일 통일을 방해하는 오스트리아, 프랑스와의 전쟁에서 승리하면서 드디어 1871년 독일 제국이 탄생하였다.

프랑스 혁명이 시민으로부터의 개혁이었다면, 이탈리아나 독일의 통일은 가리발디, 비스마르크와 같은 지배층으로부터의 통일이었다. 이들은 민족과 국민을 중심으로 뭉치는 국민 국가를 세웠고, 이는 자국의 이익을 위해 약한 나라를 침략하는 제국주의로 발전하는 발판이 되었다.

🄰 독일 통일의 주역은 비스마르크이다.

미국의 독립 전쟁은 차 때문에 일어났다고?

17세기 이후 많은 유럽인, 특히 영국인들이 땅이나 일자리, 또는 종교의 자유를 찾아 북아메리카로 몰려들었고, 버지니아를 비롯한 동부 해안을 중심으로 13개의 영국 식민 주를 건설하였다. 새 땅에 정착하는 일은 쉬운 일이 아니었다. 그리고 그 땅에 살던 원주민들은 식민지에 이주한 주민들에 의해 원래 자신의 땅에서 쫓겨나는 아픔을 겪어야 했다.

당시 7년 전쟁으로 부채가 급증하여 재정난에 빠져 있던 영국 정부는 식민지에 대한 과세를 통해 재정난을 극복하려고 했다. 영국 정부가 자국의 동인도회사를 통해서만 차를 수입할 수 있도록 하자 그동안 불만이 쌓여왔던 식민지 주민들은 1773년 12월, 원주민으로 위장하고는 보스턴 항에 있는 동인도회사의 배에 실려있던 차를 모두 바다에 던져버렸다. 이 '보스턴 차 사건'은 미국 독립 전쟁의 불씨가 되었다.

식민지 대표들은 1776년 필라델피아에 모여 대륙 회의를 개최하여 조지 워싱턴을 총사령관으로 하는 식민지 민병대를 조직하였고, 토머스 제퍼슨이 기초한 '미국 독립 선언문'을 발표하였다. 이렇게 해서 미국 독립 전쟁이 시작되었다. 식민지군은 영국과 경쟁 관계에 있던 프랑스와 에스파냐 등의 지원을 받으며 여러 차례 전투에서 승리했고, 결국 영국은 1783년 파리 조약을 맺으며 미국의 독립을 공식적으로 인정하게 된다.

답 보스턴 차 사건을 계기로 영국과 아메리카 사이의 무력 충돌이 시작되어 미국 독립 전쟁으로 이어졌다.

미국 남북 전쟁을 북부의 승리로 이끈 전투는?

1789년 북아메리카의 13개 주가 새 헌법을 제정하고 조지 워싱턴을 초대 대통령으로 선출하면서 삼권 분립과 연방주의에 기초하는 세계 최초의 민주 공화국인 '아메리카 합중국', 즉 미국이 탄생했다.

미국은 독립 후 서쪽 태평양 연안까지 영토를 확장하면서 경제가 급속도로 발전하였다. 하지만 이 과정에서 북부와 남부 사이에 갈등이 일어났다. 임금 노동에 기초한 상공업이 발달한 북부는 자국 상품을 보호하는 보호 무역을 원했으나, 흑인 노예를 부려 목화를 재배하는 대농장이 발달한 남부는 유럽과 거래가 용이한 자유 무역을 선호한 것이다.

1861년 노예제 반대를 주장하는 공화당의 링컨이 대통령으로 선출되면서 남북부 간 갈등은 최고조에 달했다. 결국 노예제를 채택한 남부 7개 주가 분리 독립을 선언하고 북부를 공격하면서 남북 전쟁이 발발하였다. 전쟁 초기에는 남부가 승승장구하며 승기를 잡는 듯했다. 하지만 1863년 링컨이 '노예 해방 선언'을 하면서 국제 여론의 지지를 받고, 흑인들이 북부의 편에서 전쟁에 참여하면서 전세는 역전되었다. 그리고 1865년 게티즈버그 전투에서 북군이 결정적인 승리를 거두면서 결국 남부 연합은 항복을 선언했다. 이 전쟁으로 미국은 급속하게 산업화가 진행되면서 유럽 강대국과 맞설 정도로 발전해 나갔다.

답 1865년 게티즈버그 전투에서 북부가 승리하며 전세를 역전시켜 남부 연합의 항복을 끌어냈다.

라틴아메리카 독립의 아버지라 불리는 사람은?

중남아메리카, 즉 라틴아메리카는 대부분 에스파냐와 포르투갈의 식민지였다. 이들은 라틴아메리카에서 금과 은을 약탈하고 사탕수수와 담배 등을 키우는 대농장을 경영하면서 수탈을 일삼았다. 그러나 19세기 미국 혁명과 프랑스 혁명의 이념이 라틴아메리카로 전파되면서 이곳에서도 독립을 위한 움직임이 시작되었다.

라틴아메리카 현지에 정착한 에스파냐인들을 '크리오요'라고 했는데, 에스파냐 정부의 경제적 수탈이 강화되고 차별이 심해지자 자신들의 경제적, 정치적 독립을 위한 투쟁을 시작했다. 이들의 중심에는 '라틴아메리카 독립의 아버지'라 불리는 볼리바르가 있었다. 그는 에스파냐와의 독립 전쟁에서 1819년 콜롬비아, 1821년 베네수엘라, 1822년 에콰도르, 1824년 페루, 1825년 볼리비아를 해방시켜 '해방자'이자 '국부(國父)'라 불린다. 볼리비아는 그의 이름을 따서 지은 국가 이름이며, 베네수엘라의 화폐 단위는 그의 이름을 딴 '볼리바르'이다.

비슷한 시기에 라틴아메리카 남부에서는 산마르틴이 에스파냐군과 전쟁을 벌여 아르헨티나와 칠레 등 여러 나라가 독립하였으며, 프랑스의 식민지였던 카리브해의 섬나라 아이티에서는 사탕수수 농장에서 혹사당하던 흑인 노예들이 혁명을 일으켜 1804년 아이티 공화국을 세웠다.

답 에스파냐와의 독립 전쟁에서 여러 라틴아메리카 국가를 독립시킨 볼리바르를 라틴아메리카 독립의 아버지라 부른다.

전 세계를 식민지로 만든 제국주의란?

1898년 미국과 에스파냐 사이에 전쟁이 발발했다. 당시 에스파냐의 식민지였던 쿠바의 아바나 항에 있던 미국 함정 메인호가 폭발했는데, 미국이 이것을 에스파냐의 공격 때문이라며 선전 포고를 했기 때문이다.

이 전쟁의 승리로 미국은 쿠바뿐 아니라 필리핀과 괌을 손에 넣었으며, 이를 계기로 태평양에 진출하며 20세기 최강대국으로 성장하는 발판을 마련했다. 훗날 식민지 경쟁에서 유럽 열강에 밀리던 미국이 쿠바를 점령하기 위해 메인호 폭발을 조작했다는 주장도 제기되었다.

19세기 후반에 들어서 서양 열강들 사이의 식민지 경쟁이 치열해지면서 이처럼 전쟁도 불사하는 일들이 비일비재해졌다. 산업화가 급속도로 진행되면서 점점 더 많은 식민지가 필요했기 때문이다. 식민지는 값싼 원료와 노동력을 손쉽게 얻을 수 있는 곳이자, 국내에서 남는 상품을 수출하는 시장이기도 했고, 자국 내에 남아도는 자본을 투자할 수 있는 최적의 장소였다.

그래서 서양 열강은 경제력과 군사력을 앞세워 적극적으로 대외 팽창 정책을 추진했는데, 이를 '제국주의'라고 한다. 1880년대부터 가열된 식민지 경쟁으로 제1차 세계 대전이 발발할 즈음에는 아시아와 아프리카의 대부분이 서양 열강의 식민지가 되고 말았다.

답 서양 열강이 무력으로 약소국을 식민지로 만든 대외 정책이다.

아프리카와 동남아시아에서 식민지가
되지 않은 나라는?

18세기 유럽 열강들은 아프리카의 자원을 약탈하고 수많은 흑인을 노예로 잡아서 팔아넘겼다. 가장 선두에 있던 나라는 영국과 프랑스로, 뒤이어 독일, 이탈리아, 포르투갈 등이 아프리카 곳곳을 식민지로 삼았다. 처음에는 해안을 중심으로 하였으나 19세기에는 내륙으로 범위를 넓혀 식민지를 늘려나갔다. 이 과정에서 1898년 영국과 프랑스가 파쇼다에서 충돌하기도 하였고, 프랑스와 독일이 모로코를 중심으로 대립하는 일도 생겼다.

열강들은 아프리카를 분할 점령하면서 자의적으로 점령지의 경계선을 그었다. 부족들의 전통이나 거주지를 고려하지 않고 점령지를 나누면서 같은 부족이 나뉘거나 반대로 갈등이 잦은 부족들이 하나로 묶이는 일도 생겼다. 이런 제멋대로의 분할선은 지금까지도 아프리카 지역 갈등의 원인이 되고 있다.

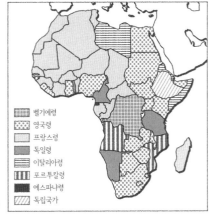

〈열강에 의한 아프리카 분할선〉

제국주의의 등장_아프리카와 아시아의 식민지화

유럽의 약탈과 탄압에 시달리던 아프리카에서는 19세기 후반부터 민족 운동이 일어났다. 이집트와 영국의 지배를 받던 수단에서는 1881년 무함마드 아흐마드가 군대를 일으켰으나 영국군에 진압되었다. 독일의 지배를 받던 나미비아 지역에서도 1904년 헤레로족의 무장봉기가 일어났으며, 탄자니아 지역에서도 1905년 마지막 봉기가 일어났으나 모두 독일군에 의해 무참하게 진압되었다.

열강의 침략에서 스스로를 지킨 나라도 있었다. 바로 에티오피아이다. 에티오피아의 군주 메넬리크 2세는 일찍부터 신식 군대를 양성하고 근대적 개혁을 추진해온 덕분에 1895년 이탈리아가 침략해 왔을 때 대등하게 맞서 싸울 수 있었고, 다음 해 아도와 전투에서 이탈리아 군대를 물리치면서 독립을 지킬 수 있었다. 그러나 1914년 제1차 세계 대전이 발발할 당시 라이베리아와 에티오피아를 제외한 전 아프리카 대륙이 열강의 식민지가 되어 있었다.

열강의 식민지 경쟁은 아시아에서도 치열하게 벌어졌다. 영국은 인도에서 프랑스를 밀어내고 말레이 연방을 세워 인도 주변의 아프가니스탄에서 말레이반도까지를 모두 지배했다. 영국에 밀린 프랑스는 베트남과 인도차이나를 차지했고, 네덜란드는 인도네시아를, 미국은 필리핀을 차지했다. 결국 동남아시아도 태국을 제외하고는 모두 열강의 식민지가 되었다. 또한 뒤늦게 제국주의에 합세한 일본도 우리나라를 식민지로 삼으며 식민지 경쟁에 뛰어들었다.

🄐 라이베리아와 에티오피아, 태국만이 식민지가 되지 않았다.

오스만 제국에서 근대화를 추진한 개혁 세력은?

이슬람 세계의 중심이었던 오스만 제국도 18세기에 들어서면서 신식 무기로 무장한 유럽 국가들과의 전쟁에서 패배하고 내부적으로 분열이 일어나면서 국력이 약해지기 시작하였다. 결국 유럽에 있던 영토 대부분을 잃었고, 이집트와 아랍에서도 민족 운동이 일어나기 시작했다.

위기의식을 느낀 오스만 제국은 유럽의 제도와 기술을 받아들이는 등 여러 분야에서 개혁을 추진해 나갔다. 1839년 술탄 압둘 마지즈는 서양의 제도와 문물을 받아들이고 나라를 근대적으로 개혁하겠다는 '탄지마트'를 실시하였는데, 이는 '은혜로운 개혁'이라는 뜻이다. 그는 유럽의 정치 체제를 받아들여 민족과 종교를 떠나 모든 백성을 평등하게 대하며, 행정과 제도를 유럽식으로 개혁하려 했다. 그러나 보수파와 서양 열강의 방해로 큰 성과를 거두지 못했다.

이후 술탄 압둘 하미드 2세가 보수 세력과 손잡고 헌법을 폐지하고 의회를 해산해 버렸다. 이에 1908년 청년 장교들과 학생, 젊은 지식인들이 청년 튀르크당을 조직하여 혁명을 일으켰다. 정권을 장악한 청년 튀르크당은 헌법과 의회를 부활시켰고, 법률과 제도를 유럽화하고, 여성의 지위 향상, 교육과 세제 개혁 등을 추진하였다. 하지만 피지배 민족의 독립운동이 거세어지고, 유럽 열강의 침략까지 더해지며 오스만 제국은 쇠퇴의 길로 들어섰다.

답 청년 튀르크당이 혁명을 일으켜 정권을 잡고 근대화 개혁을 추진했다.

이집트의 근대화를 추진한 총독은?

이집트는 16세기, 오스만 제국의 지배하에 들어가면서 오스만 제국이 파견한 총독의 지배를 받았다. 하지만 18세기 오스만 제국의 힘이 약해지면서 총독의 세력도 약해졌고, 이에 따라 1804년 민중 봉기를 일으켜 오스만 제국의 총독을 몰아내고 무함마드 알리를 새로운 총독으로 추대했다. 이집트 민중의 기세가 워낙 강했기 때문에 오스만 제국은 그를 총독으로 임명할 수밖에 없었다.

무함마드 알리는 새로운 이집트를 건설하기 위해 구세력을 제거하고 근대적인 개혁을 추진했다. 그러던 중 오스만 제국에서 일어난 아랍인들의 개혁 운동을 진압하는 데 힘을 빌려주면서 이집트가 아라비아반도를 지배하게 되었고, 이로 인해 일어난 오스만 제국과의 전쟁에서 우세한 위치를 차지하며 이집트의 자치권을 획득하였다.

1854년 이집트는 국가 재정을 늘리기 위해 프랑스의 자본금을 빌려 지중해와 홍해를 잇는 수에즈 운하를 건설하기 시작했다. 하지만 막대한 건설 비용으로 인해 오히려 재정이 악화되면서 운하에 대한 이집트의 권리를 영국에 판매하고 말았다. 결국 수에즈 운하의 소유권은 영국과 프랑스에 넘어가게 되었고, 이후 이집트는 1914년 영국의 보호국이 되어 지배를 받다가 1922년에 독립하였다.

답 이집트 민중 봉기로 총독이 된 무함마드 알리는 이집트의 근대화를 추진하고 오스만 제국을 위협할 정도의 힘을 키웠다.

세포이 항쟁이 인도를 식민지로 만들었다고?

유럽의 신항로 개척은 아시아, 특히 인도로 가는 새로운 길을 찾기 위한 것이었다. 유럽인들에게 있어 인도는 금과 은, 후추가 풍족한 동경의 나라였기 때문이다. 17세기 이후 본격적으로 인도에 진출하기 시작한 프랑스와 영국은 인도 무역에서 우위를 선점하기 위해 경쟁하다 1757년 플라시 전투를 벌였다. 이 전투에서 승리한 영국은 벵골 지역을 차지하고 인도에 대한 무역 독점권을 확보하였다. 이후 인도는 영국의 원료 공급지이자 상품 시장으로 전락하게 되었고, 식민지도 점점 넓어졌다.

영국이 지배하기 이전의 인도는 중국과 더불어 가장 발달한 문명과 경제력을 가진 나라였다. 그러나 영국의 식민 지배로 막대한 재정이 유출되자, 인도 민중들은 빈곤과 기아에 허덕이게 되었다. 영국의 식민 통치와 경제적 착취에 대한 인도인의 저항은 점점 거세지다가 결국 1857년 '세포이 항쟁'으로 폭발했다. '세포이'는 원래 동인도 회사에 고용된 인도인 용병을 부르던 말인데, 영국인의 심한 인종 차별과 종교적 탄압에 저항하여 봉기하였다. 여기에 수공업자나 농민, 지주까지 합세하며 세포이 항쟁은 대규모 민족 운동으로 확대되어 북인도를 장악할 정도로 규모가 커졌지만 결국 무력을 앞세운 영국군에게 진압되었다.

세포이 항쟁 이전에는 영국의 동인도 회사가 영국 정부의 위임을 받아 식민지를 경영하는 방식이었다. 그러나 항쟁 이후 영국 정부는 인도를 직접 통치하기로 결정하였다. 결국 무굴 황제가 폐위되면서 무굴 제국은 사라지게 되었고, 1877년 빅토리아 여왕이 영국령 인도 제국을 수립하고 인도 황제를 겸하면서 인도는 본격적인 영국의 식민 지배를 받게 되었다. 비록 세포이 항쟁은 실패로 끝났지만 이를 계기로 인도인들의 반영 의식과 민족의식이 깨어났다는 데 큰 의의가 있다.

인도의 종교 지도자와 지식인들은 영국의 식민 통치에 저항하는 민족 운동을 전개하였고, 이에 위기를 느낀 영국은 회유책으로 영국에 협조적인 지식인, 관리, 민족 운동가들을 모아 '인도 국민 회의'를 결성하도록 했다. 초기에 인도 국민 회의는 영국의 인도 지배를 인정하고 협조하면서 인도의 권익을 확보하는 데 주력했다. 이후 영국이 인도를 분열시키고자 1905년 '벵골 분할령'을 발표했지만 인도 국민 회의는 대규모 반영 운동을 펼쳤고, 1906년 '콜카타 대회'를 개최하여 4대 강령을 채택하며 민족 운동을 전개했다. 영국 통치에 대한 저항이 거세지자 영국은 결국 벵골 분할령을 취소하고 명목상 인도인의 자치를 인정하였다.

➕ 콜카타 대회의 4대 강령

인도 국민 회의는 콜카타 대회에서 민족 운동 전개를 위한 4대 강령으로 '영국 상품 불매, 국산품 애용(스와데시), 자치 획득(스와라지), 국민 교육 진흥'을 채택하였다. 영국 상품 불매, 국산품 애용은 영국으로부터 경제적 독립을 위한 것이었고, 자치 획득, 국민 교육 진흥은 인도인들의 힘을 키워 스스로 인도를 통치할 수 있도록 하기 위함이었다.

🔟 영국의 착취와 차별에 반발해 일어난 세포이 항쟁을 계기로, 영국은 무굴 황제를 폐위시키고 영국령 인도 제국을 수립해 인도를 식민지로 만들었다.

필리핀, 인도네시아 등의 국가명이
식민의 잔재라고?

유럽인들이 아시아에서 가장 원했던 것은 유럽에서 비싼 가격으로 거래되던 향신료와 설탕이었다. 이런 향신료와 사탕수수가 풍부한 동남아시아는 바로 서양 열강의 먹잇감이 되었다.

신항로 개척에서 우위를 점하던 에스파냐는 16세기 말 먼저 필리핀 지역을 점령하고 식민지로 삼았는데, 이후 미국과의 전쟁에서 패하면서 이곳을 미국에 넘겨주었다. 17세기 네덜란드는 영국과의 전투에서 승리하며 인도네시아를 차지하고 향신료와 사탕수수, 고무, 차 등을 재배했다. 프랑스는 영국과의 플라시 전투 패배로 인도에서 밀려난 후 베트남에 진출하였고, 청과의 전쟁에서 승리하여 베트남을 차지하고 연이어 캄보디아와 라오스를 점령하며 인도차이나 연방을 수립했다.

이 과정에서 유럽인들은 자신들이 차지한 동남아시아 지역에 제멋대로 이름을 지어 붙였다. '필리핀'은 원래 섬마다 각각의 종족이 붙인 고유의 이름이 있었는데 에스파냐가 섬들을 점령하면서 하나로 묶어 펠리페 왕자의 이름을 따 붙인 이름이다. '인도네시아'는 영국이 '인도'에 섬이라는 뜻의 '네시아'를 붙여 만든 이름이고, '인도차이나'는 '인도와 중국 사이에 있는 나라'라는 뜻으로 프랑스가 붙인 이름이다. 태국을 부르던 명칭인 '시암'은 '미개한 야만인의 나라'라는 뜻이다.

답 유럽 열강이 동남아시아 국가를 식민지화하면서 붙인 이름이다.

중국이 문호를 개방한 것이 아편 때문이라고?

18세기 청은 동아시아의 절대 강자로 군림하고 있었다. 하지만 실상을 들여다보면 인구 증가로 식량이 부족하고 관리들의 부정부패가 심했으며, 곳곳에서 농민 반란이 일어나는 등 국력이 쇠퇴하고 있었다.

당시 서양 열강들은 청의 시장에 관심이 많았다. 하지만 청은 광저우 한 곳만 무역 항구로 개방하고, 상거래도 정부의 공식 허가를 받은 상인 조합인 '공행'에게만 허용했기 때문에 무역이 쉽지 않았다. 영국은 청의 비단과 도자기, 차 등을 구입하고 대신 면직물을 팔았는데 면직물 판매가 저조하여 갈수록 적자가 늘어났다. 그러자 영국은 인도에서 재배한 아편을 몰래 들여와 팔기 시작했다.

아편으로 대량의 은이 영국으로 유출되면서 재정에 타격을 입고 아편 중독자가 늘어나 사회적인 문제가 되자, 청은 아편을 금지하고 영국 상인이 가지고 있던 아편을 모두 압수해 처분하였다. 이 일을 빌미로 영국은 1차 아편 전쟁을 일으킨다. 청은 이 전쟁에서 패하면서 1842년 난징 조약을 맺게 되었고, 엄청난 배상금과 함께 상하이, 닝보, 샤먼, 푸저우를 추가로 개항하고, 공행을 없앴으며, 홍콩도 넘겨주고 말았다.

이후 영국은 프랑스와 연합하여 다시 2차 아편 전쟁을 일으킨다. 이 전쟁마저 패하면서 청은 자신들에게 불리한 텐진 조약과 베이징 조약을 체결해야 했고, 그 결과 서양 열강에게 내륙 침략의 길을 열어주었다.

답 청은 영국의 아편을 금지하여 일어난 아편 전쟁에서 패하여 개항했다.

중국이 서양 문물을 도입하려 한 최초의 시도는?

청은 아편 전쟁에서 패하면서 중국이 세상의 중심이라는 중화사상에 큰 타격을 입게 되었다. 더욱이 청 정부가 배상금을 내기 위해 세금을 늘리고 서양 열강의 횡포가 심해지면서 백성들의 삶은 점점 어려워졌다. 불만이 쌓인 백성들은 각지에서 비밀 결사를 조직했는데, 광시성에서 비밀 결사를 이끌던 홍수전이 만주족의 청 정부를 타도하고 한족 국가를 세우자고 주장하는 '태평천국 운동'을 일으켰다. 하지만 시간이 지나면서 내분이 일어나고 지방의 한족 관료나 지주, 학자들이 이끄는 의용군과 서양 군대의 공격을 받아 사그라든다.

중국은 아편 전쟁과 태평천국 운동에서 서양 무기와 군대의 위력을 경험하게 되었다. 그래서 태평천국 운동을 진압하는데 앞장섰던 증국번과 이홍장은 서양의 우수한 기술을 도입하여 부국강병을 이루자는 양무운동을 추진했다. 이들은 신식 무기 공장과 조선소를 세우고 미국에 유학생을 파견했지만, 보수 세력의 반대가 심해 국가적 차원에서의 개혁을 이루지 못했다. 더욱이 1894년 조선의 종주권을 두고 일본과 치른 청일 전쟁에서 이홍장 등이 만든 신식 부대가 패하면서 양무운동은 실패로 돌아갔다. 양무운동은 추진 과정에서 한계가 드러나며 제대로 된 근대적 개혁에는 이르지 못했지만 중국의 산업화를 시작하는 계기가 되었다.

답 증국번, 이홍장 등이 서양의 무기와 기술을 도입하고자 한 양무운동이다.

신해혁명은 중국을 어떻게 변화시켰을까?

서양 열강과 일본의 계속된 압력으로 위기를 느낀 중국인들은 근본적인 개혁이 필요하다고 생각했다. 캉유웨이, 량치차오 등 개혁 성향이 강한 지식인들은 당시 청의 황제인 광서제의 지원을 받아 '법을 고쳐서 스스로 강하게 한다'는 뜻의 '변법자강 운동'을 추진하였다. 일본의 근대화 개혁이었던 메이지유신을 참고하여 정치 제도를 고치고 과거제를 개혁하고자 했으며, 상공업 부흥, 서양식 교육 보급, 법률 및 행정 개혁 등을 추진하여 부국강병을 꾀했다. 하지만 당시 실권자였던 서태후를 비롯한 보수 세력들은 자신들의 기득권을 지키기 위해 반대 정변을 일으켰고, 변법자강 운동은 100일 만에 실패로 끝나고 말았다.

이후 열강의 중국 침략은 더욱 가속화되어 영국뿐 아니라 독일, 러시아, 프랑스, 일본 등이 중국 영토를 점령해 나갔다. 이런 상황은 중국인들에게 민족주의를 불러일으켰고, 일부 백련교도가 중심이 되어 의화단을 조직하여 열강에 대항하기 시작했다.

1899년 의화단은 서양인들이 세운 철도와 교회를 파괴하고, 외국 공관을 습격했다. 서태후와 보수 세력은 이들을 이용해 외국 세력을 견제하고자 의화단을 지원했지만, 영국, 미국, 일본 등 8개국의 연합군이 자국민을 보호한다는 명분으로 투입되어 의화단을 진압하였다. 이로 인해 1901년 청은 열강과 신축 조약을 체결하면서 엄청난 배상금을 지불하고 외국 군대의 베이징 주둔을 승인해야 했다.

의화단이 열강의 연합군에게 진압되자, 청에서는 개혁에 대한 요구가 강해졌으며, 청을 타도하고 새로운 나라를 세우자는 혁명의 움직임이 나라 안팎에서 일어났다. 특히 쑨원은 일본 도쿄에서 중국 동맹회를 결성하고 민족, 민권, 민생의 삼민주의를 바탕으로 혁명을 준비했다.

1911년 청 정부가 재정난을 해결하기 위해 민영 철도를 국유화하려고 시도하자 이를 반대하는 봉기가 일어났다. 우창에서 중국 동맹회가 근대식 군대인 신군과 손을 잡고 무장봉기를 일으켰는데, 이 혁명 운동은 순식간에 중국 전역으로 확대되었다. 우창 봉기는 신해혁명의 시작을 알리는 사건으로, 중국에서는 지금까지도 봉기가 일어난 1911년 10월 10일을 '쌍십절'이라고 하여 국경일로 기념하고 있다.

신해혁명이 일어난 다음 해인 1912년 1월 1일, 혁명 세력은 쑨원을 임시 대총통으로 추대하고 난징을 수도로 하는 중화민국을 수립하였다. 이로써 중국 최초로 공화정 체제 국가가 세워졌다.

🔳 신해혁명으로 중국 최초의 공화정 국가인 중화민국을 수립되었다.

메이지유신은 일본에 어떤 변화를 가져왔을까?

17세기 초에 세워진 일본의 에도 막부는 200여 년간 엄격한 쇄국 정책을 고수하며 평화로운 시절을 유지했다. 하지만 19세기에 들어서면서 개항을 요구하는 서양 열강의 선박이 출몰하고, 아편 전쟁에서 중국이 패했다는 소식을 들으며 입장이 바뀌게 된다.

1853년, 미국의 페리 제독이 이끄는 동인도 함대가 무력시위를 하며 개항을 요구해왔다. 미국과의 충돌을 피하고 싶었던 에도 막부는 1854년 3월 미일 화친 조약을 체결하며 개항했고, 이후 1858년 추가로 미일 수호 통상 조약을 체결했다. 이 두 조약 모두 일본에 불리한 불평등 조약으로, 일본은 항구를 개항하고 자유 무역을 허락해야 했으며, 미국에 최혜국 대우와 치외 법권까지도 허용해야 했다. 이후 에도 막부는 네덜란드, 러시아, 영국, 프랑스 등과도 비슷한 불평등 조약을 맺었다.

개항 이후 막부의 권위는 추락했고 불평등 무역으로 일본의 경제는 어려워졌으며 중앙 정치에서 소외된 하급 무사들의 불만이 높아졌다. 결국 농민들과 하급 무사들을 중심으로 서양 오랑캐를 몰아내자는 양이론(洋夷論)을 내세운 '막부 타도 운동'이 일어났다. 이들이 에도 성을 차지하고 1868년 1월 왕정복고를 선언하면서 천황 중심의 신정부가 수립되었다. 신정부는 연호를 '메이지'로 바꾸고 수도 에도의 이름을 도쿄로 바꾸었으며, 부강한 나라를 만들기 위한 개혁을 시작했다. 이렇게 1868년에 이루어진 왕정복고와 개혁을 '메이지유신'이라고 부른다.

메이지 정부는 적극적인 서구화 정책을 펼치며 근대화 개혁을 실행했다. 서양 문물과 산업을 받아들여 영주의 지위에 있던 다이묘를 없애고 조세 제도를 개혁했으며, 서양의 군사 제도와 교육 제도를 도입하고, 의무 교육을 실시했다. 서양 문물이 들어오고 서양식 옷차림을 따라 하면서 도쿄는 점차 서양 도시와 같은 모습으로 변해갔다.

이와 함께 일본도 서양처럼 의회를 개설하고 헌법을 제정하여 국민이 참여하는 입헌 정치를 하자는 운동이 전개되었는데, 이를 '자유 민권 운동'이라고 한다. 메이지 정부는 자유 민권 운동을 탄압했지만 이들 의견의 일부를 받아들여 1889년 천황의 이름으로 '일본제국 헌법'을 선포하였다. 형식은 근대적 헌법 같았으나 내용을 보면 주권은 천황에게 있으며 모든 권력이 천황과 국가에 집중되는 한계를 가졌다. 이 헌법으로 일본에는 천황 중심의 입헌 군주제가 수립되었으며, 천황과 국가를 중심으로 하는 사고가 자리잡게 되었다.

➕ 메이지유신으로 등장한 돈가스

근대화 이전 일본인의 체격은 매우 작았다. 메이지 정부는 왜소한 일본인들의 체격을 서양인처럼 키우기 위해 고기와 우유 등의 음식을 장려했다. 그러면서 먹기 시작한 음식이 '스키야키(일본 전골)'와 같은 고기 요리와 돈가스, 카레라이스, 고로케(크로켓) 등이다. 1929년에는 도쿄에 처음으로 돈가스 가게가 문을 열었다.

> 🗓 메이지유신으로 일본의 근대화가 진행되었으며,
> 천황을 중심으로 하는 입헌 군주제가 수립되었다.

일본은 왜 우리나라를 침략했을까?

일본은 우리나라나 중국보다 서양의 문물을 받아들이고 근대화를 진행하는 데 적극적이었다. 그러다 보니 열강의 제국주의 정책을 따르기에 이르렀다. 산업 근대화로 열강의 식민지와 같은 더 큰 시장이 필요했고, 개혁 과정에서 소외된 하급 무사들의 불만을 다른 곳으로 돌려야 했기 때문이다. 그래서 일본이 목표로 삼은 곳이 바로 조선이었다.

1875년 9월 20일, 일본은 해안선을 측량한다는 핑계로 군함 운요호를 강화도 앞바다에 침투시킨 후 해안 경비를 서던 조선 수군의 방어 공격을 받자 보복 공격을 가하였다. 당시 조선 수군의 수가 500여 명에 달했으나 대포와 소총을 가진 20여 명의 일본군을 당해내지 못했다. 이 사건으로 일본은 1876년 불평등 조약인 강화도 조약을 맺어 조선을 강제로 개항시켰고, 본격적으로 조선을 공략하기 시작했다. 1894년 조선에서 동학농민운동이 일어나자 청과 일본은 군대를 파견했고, 그 결과 조선 땅에서 청일 전쟁이 일어났다. 이 전쟁이 일본의 승리로 끝나면서 일본은 만주까지 세력을 넓혔으며 조선에 대한 간섭을 강화하였다.

일본이 동아시아의 새로운 강자로 떠오르자 위기를 느낀 러시아가 일본을 견제하기 시작하면서 결국 1904년 러일 전쟁이 일어났다. 이 전쟁 역시 일본이 승리하면서 일본은 대한제국을 독점적으로 지배할 권리를 가지게 되었다.

답 제국주의 정책에 따라 우리나라를 침략했다.

제1차 세계 대전이 일어나게 된 사건은?

식민지 경쟁이 치열하던 19세기, 유럽 열강은 서로를 견제하기 위해 다른 나라들과 손을 잡았다. 1871년 통일을 이룬 독일은 프랑스를 견제하기 위해 1882년 오스트리아·헝가리, 이탈리아와 3국 동맹을 맺었다. 이후 독일이 본격적으로 식민지 경쟁에 뛰어들자 이에 위기감을 느낀 영국과 프랑스가 러시아를 끌어들여 1907년 3국 협상을 맺는다.

이 시기 발칸반도에서는 오스만 제국의 힘이 약해진 틈을 타 여러 민족이 독립하였다. 지중해와 흑해 사이에 있는 발칸반도는 유럽과 중동, 아시아를 연결하는 곳으로 다양한 민족과 종교가 얽혀 있어 '유럽의 화약고'라 불릴 만큼 분쟁이 잦은 곳이었다. 독일과 오스트리아는 범게르만주의를 내세우고, 러시아와 세르비아는 범슬라브주의를 내세우며 발칸반도에서 잦은 충돌을 벌였다.

그러던 1914년, 세르비아의 청년이 사라예보에서 오스트리아·헝가리 황태자 부부를 저격하면서 불이 붙었다. 오스트리아·헝가리가 세르비아에 선전 포고하자 러시아는 세르비아를 지원했고, 독일은 오스트리아·헝가리를 지원하는 등 개전 1주일 만에 이탈리아를 제외한 동맹국과 협상국이 모두 참가하면서 마침내 제1차 세계 대전이 시작되었다.

전쟁 초기에는 독일이 주도권을 잡는가 싶었지만, 협상국의 반격으로 전쟁이 길어졌다. 또한 점점 규모가 커져 유럽을 넘어 다른 대륙의 국가들까지 참전했다. 오스만 제국과 불가리아는 동맹국에 가담하였고, 전쟁으로 세력을 확대하려는 속셈을 가진 일본과 이탈리아도 협상국

편에서 참전하였다. 독일의 잠수함 작전으로 미국의 여객선이 격침되자 이를 계기로 미국도 협상국에 참전하였다. 세계 대전 도중 혁명이 일어난 러시아는 전쟁에서 빠졌지만 미국의 참전으로 협상국의 전력이 증강되었고, 결국 독일에서 혁명이 일어나 새로운 공화국이 세워지면서 1918년 11월 독일은 무조건 항복을 발표했다. 이로써 제1차 세계대전은 협상국의 승리로 끝났다.

이 전쟁은 모든 유럽인이 총동원된 최초의 총력전이었다. 전차, 전투기, 잠수함, 독가스와 같은 새로운 무기가 사용되면서 1,000만 명 이상의 인명이 살상되는 등 인적으로도 물적으로도 큰 피해를 입었다.

📖 사라예보에서 오스트리아·헝가리 황태자 부부가 저격당한 사건을 계기로 제1차 세계 대전이 시작되었다.

제1차 세계 대전으로 무엇이 달라졌을까?

전쟁이 끝난 후 전후 문제를 처리하기 위해 승전국인 미국, 영국, 프랑스의 주도하에 1919년 '파리 강화 회의'가 열렸다. 여기에서 독일과 승전국 사이에 영토와 배상금, 군대의 보유 문제 등에 대해 합의한 '베르사유 조약'이 맺어졌다. 이후 국제 사회는 승전국 중심으로 움직이게 되는데 이를 '베르사유 체제'라고 부른다. 1920년에는 베르사유 조약에 따라 전쟁 방지와 평화 유지를 위해 국제 연맹이 창설되었다.

제1차 세계 대전이 끝나고 나타난 큰 변화 중 하나는 유럽 열강의 세력이 약해지고 미국과 함께 일본이 새로운 강자로 떠올랐다는 것이다. 또한 열강의 정치 체제에도 큰 변화가 생겼다. 전쟁 중 국민의 역할이 커지면서 황제 중심의 전제 국가에서 국민이 선출한 대표가 나라를 다스리는 공화국들이 대거 등장했다. 오스만 제국에서는 무스타파 케말이 600년간 지속한 전제 정치를 타도하고 터키 공화국을 수립해 대통령으로 취임했다. 패전국이었던 독일과 오스트리아에서도 제정이 무너지고 공화정이 수립되었으며, 패전국의 식민지였던 동유럽과 북유럽의 나라들이 독립하면서 민주주의를 바탕으로 하는 공화국들이 세워졌다.

또한 전쟁터에 나간 남성을 대신해 여성의 사회적, 경제적 활동이 늘어나면서 마침내 여성들도 참정권을 획득하게 되었다.

📘 국제 사회가 승전국인 미국, 영국, 프랑스를 중심으로 움직이게 되었으며, 미국과 일본이 새로운 강대국으로 떠올랐다.

세계 최초로 사회주의 정부를 수립한 나라는?

러시아에서는 19세기 후반부터 국가 주도로 산업화가 진행되었다. 덕분에 공업은 발달했지만 노동자의 삶은 점차 피폐해졌다. 1904년 일어난 러일 전쟁에서 러시아의 패색이 짙어지자 국민의 불만이 점점 높아졌고, 1905년 1월 22일 상트페테르부르크에서 대규모 노동자 시위가 일어났다. 그런데 평화적 시위를 정부가 무력으로 진압하면서 수백 명의 노동자가 학살되는 일이 벌어졌다. 이것이 '피의 일요일 사건'이다. 이 일로 인해 국민의 저항이 더욱 심해지자 당시 러시아의 황제, 즉 차르였던 니콜라이 2세는 국민의 자유와 권리를 인정하고 의회를 설치하는 등의 개혁을 추진했다. 그러나 러시아 노동자의 삶은 여전히 개선되지 않았다.

제1차 세계 대전에서 협상국 편에 참전한 러시아는 여러 전투에서 패배를 거듭했고, 이는 바로 국민의 불만으로 이어졌다. 1917년 2월 전제 정치 타도와 전쟁 중지를 주장하는 파업과 시위가 일어났고, 노동자와 군인들은 소비에트(평의회)를 결성하여 혁명을 추진했다. 결국, 황제가 물러나고 임시 정부가 수립되었는데 이를 '2월 혁명'이라고 한다.

그러나 임시 정부가 혼란을 해결하지 못하자 레닌이 중심이 된 볼셰비키(다수파)가 봉기하였다. 볼셰비키는 '평화와 빵과 토지'를 약속하며 민중의 지지를 얻어내어 임시 정부를 무너뜨리고 최초의 사회주의 정부인 소비에트 정부를 수립하는데, 이를 '10월 혁명'이라고 한다.

혁명 이후 레닌은 남아 있던 귀족과 지주, 자본가들의 저항을 무력으로 탄압하고 모든 산업과 토지를 국유화하는 등 사회주의 경제 개혁을 추진했다. 또한 러시아 주변에 있던 소비에트 정부를 흡수하여 러시아 공화국을 포함한 15개의 공화국이 모여 중앙 정부의 통제를 받는 '소비에트 사회주의 공화국 연방'을 수립하였다. 우리가 '소련'으로 기억하는 나라가 탄생한 것이다.

소련은 주변 약소국을 흡수하는 한편 사회주의 확산을 위해 코민테른(국제 공산당 기구)을 조직해 세계 각국에 사회주의 국가가 세워지는 것을 지원하면서 전 세계 사회주의 국가의 중심이 되었다. 이렇게 거대한 규모의 사회주의 국가가 세워지자 세계는 자본주의와 사회주의 두 진영으로 갈라져 오랜 시간 대립하게 되었다.

➕ 러시아 혁명 관련 단체들

◇ **소비에트** | '평의회'라는 뜻. 노동자, 농민, 군인 대표로 구성된 민주적인 자치 기구이다. 유럽 각지에서 혁명을 지도하는 기관으로 활동했다.

◇ **볼셰비키** | '다수파'란 뜻. 레닌이 이끈 러시아 사회 민주 노동당의 한 분파로, 혁명 후 '러시아 공산당'으로 이름을 바꾸었다. 마르크스주의 정당인 러시아 노동당은 볼셰비키와 소수파를 의미하는 멘셰비키로 나뉘어 있었다.

◇ **코민테른** | 레닌 주도로 만든 국제 공산당 기구. 여러 나라에서 사회주의자 및 정당 단체를 모아 조직했다. 식민지가 된 약소국의 해방과 독립 투쟁을 지도하고 원조하여, 식민지 지배를 받던 아시아 지역에 사회주의를 확산시키는 데 결정적 역할을 했다.

🔳 러시아에서 1917년 10월, 세계 최초의 사회주의 정부를 수립하였다.

인도의 반영 운동을 이끈 사람은?

1919년 제1차 세계 대전의 뒤처리를 위해 열린 파리 강화 회의에서 미국의 제28대 대통령 윌슨은 '민족자결주의'를 주창하였다. 그러자 이에 힘입어 반제국주의, 민족 운동이 활발히 일어났다.

제1차 세계 대전 때 영국은 인도인들이 전쟁에 협조해주면 자치를 허용하겠다고 약속하였다. 당시 인도의 정신적인 지도자였던 간디는 그 약속을 믿고 인도인들의 단합과 영국 지원을 호소하였다. 그러나 전쟁이 끝난 후에도 그 약속은 전혀 이행되지 않았고, 간디는 비폭력주의를 원칙으로 납세 거부, 영국산 제품 불매, 국산품 애용 등의 운동을 벌였다. 인도 민중은 간디를 지지하였으며 힌두교도는 물론 이슬람교도까지 전국적으로 반영 운동에 동참했다.

중국에서는 대학생들을 중심으로 노동자와 상인, 농민 등이 합류한 '5·4 운동'이 일어났고, 쑨원과 그의 뒤를 이은 장제스의 국민당과 마오쩌둥의 공산당이 손을 잡고 군벌 정부에 대항하며 항일 투쟁을 벌였다. 베트남에서도 프랑스에 독립을 요구하던 호찌민이 베트남 청년 혁명 동지회를 결성하고 민족 운동을 이끌었다. 그는 1927년 베트남 공산당을 결성하여 사회주의 사상 전파와 함께 독립운동을 전개했다. 네덜란드의 식민지였던 인도네시아에서도 수카르노가 '하나의 인도네시아'를 호소하며 세운 국민당을 중심으로 독립운동이 일어났다.

📖 인도의 정신적 지도자 간디가 비폭력 반영 운동을 이끌었다.

세계 대공황을 극복한 미국의 정책은?

제1차 세계 대전을 통해 엄청난 경제적 이윤을 남긴 미국이 세계 경제의 중심이 되면서 1920년대 미국 경제는 대호황을 누렸다. 하지만 과잉 생산으로 재고가 쌓이자 기업들이 문을 닫고 실업자가 늘어나게 되었다. 결국 1929년 10월 24일 뉴욕 월가의 뉴욕 주식거래소에서 주가가 폭락하면서 대공황이 시작되었다. 이날을 '검은 목요일'이라고 부른다.

미국의 은행과 기업, 공장이 연쇄적으로 도산하면서 미국 국민 4명 중 1명이 일자리를 잃을 정도로 실업자가 급증했으며, 농산물 가격이 크게 떨어지면서 농민도 몰락했다. 대공황은 미국 경제에 의존하고 있던 유럽과 아시아 등으로 확산되어 전 세계 경제는 혼란에 빠졌다.

이때 미국 제32대 대통령으로 선출된 루스벨트는 대공황 극복을 위해 '뉴딜(New Deal) 정책'을 폈다. 기존 자본주의를 수정해서 정부가 적극적으로 경제 활동을 조절하는 정책이었다. 정부 주도하에 생산량을 조절하고 공공사업을 벌였으며, 최저 임금제와 사회 보장제를 실시해 노동자를 보호했다. 또한 식민지가 많은 영국과 프랑스는 본국과 식민지를 하나의 시장으로 묶어 자국과 타국에 다른 관세를 책정하는 등 자국 산업을 보호하는 '블록 경제'를 형성했다. 하지만 패전국이었던 독일이나 식민지가 많지 않았던 이탈리아, 일본은 대공황을 쉽게 극복하지 못했고, 사회적 불안과 혼란 속에서 전체주의가 자라나게 되었다.

📋 미국은 대공황 극복을 위해 뉴딜(New Deal) 정책을 폈다.

제2차 세계 대전을 일으킨 나라는 어디일까?

제1차 세계 대전 이후 유럽의 주된 정치사상은 민주주의와 사회주의였으나 한쪽에서 전체주의가 등장하기 시작했다. 그러던 와중 대공황이 덮치자 경제 기반이 튼튼하지 못하던 나라들에서 공황의 혼란을 기회로 전체주의 정부가 세워졌다. '전체주의'란 강력한 국가 권력으로 국민 개개인의 생활을 통제하는 독재 체제를 말한다. 국가의 이익을 위해 다른 희생을 당연시했으며, 자국의 이익을 위해 다른 나라에 대한 침략 전쟁까지 정당화했다.

이탈리아에서는 무솔리니를 중심으로 결성된 파시스트당이 결성되어 1922년 국가 정권을 장악했다. 무솔리니는 국가의 이익을 위한다는 명목 하에 개인을 억압하는 국가 지상주의 정책을 추진했다. 또한 독일에서는 1933년 나치당을 이끄는 히틀러가 정권을 장악했다. 나치당은 원래 소수 정당이었으나 대공황 당시 독일 국민의 우수성을 강조하면서 강력한 정부와 지도자를 원하던 독일인들의 지지를 받았다. 히틀러는 경제 혼란의 원인을 유대인에게 돌려 유대인을 박해했다. 일본은 1차 대전 이후 강대국으로 급부상했으나 대공황으로 경제가 어려워지면서 국민의 반감이 높아졌다. 이런 상황에서 군부가 정권을 장악하며 군국주의 정부를 수립하고 국민을 통제하기 시작했다.

1930년대가 되자 전체주의 국가들의 대외 침략이 본격화되었다. 일본은 1931년 만주 사변을 일으켜 만주를 점령한 후 1937년에는 중일 전쟁으로 중국 본토를 침략했다. 이탈리아는 1935년 아프리카의 에티오피아를 침공하면서 국제 연맹을 탈퇴했다. 1936년 에스파냐에서 자유주의자와 사회주의자가 연합한 인민 전선 정부와 프랑코가 이끄는 군부 사이에 내전이 벌어지자 독일과 이탈리아가 군부를 지원하면서 동맹을 맺었다.

독일은 1935년 국제 연맹에서 탈퇴하면서 독일군 재건에 나섰고, 1938년 오스트리아와 체코슬로바키아를 합병하는 등 주변 국가를 침략하기 시작했다. 앙숙 관계이던 소련과는 서로를 침공하지 않는다는 불가침 조약을 맺은 후 일본, 이탈리아와 3국 동맹을 맺었다.

전쟁 준비를 끝낸 독일이 1939년 9월 1일 폴란드를 침공하자 이에 영국과 프랑스가 독일에 선전 포고하면서 제2차 세계 대전이 발발했다.

🄓 전체주의 국가인 독일, 이탈리아, 일본이 3국 동맹을 맺고 전쟁을 일으켰다.

제2차 세계 대전은 어떻게 끝나게 되었을까?

제2차 세계 대전 초기에는 독일과 일본이 승기를 잡는 듯 보였다. 독일은 덴마크와 네덜란드, 노르웨이, 벨기에 등을 침공하고 기세를 몰아 프랑스 파리까지 점령하였고, 프랑스는 드골을 중심으로 영국에 망명 정부를 세워야 했다. 이때 이탈리아가 참전하면서 그리스를 침공하였고, 중국을 침략하던 일본은 프랑스령 인도차이나까지 점령했다.

1941년이 되자 전쟁은 더욱더 확대되었다. 독일은 불가침 조약을 어기고 소련을 공격하였고, 일본은 미국 하와이의 진주만을 기습하여 미국을 최전선으로 끌어내면서 태평양 전쟁을 일으켰다.

그러나 미국과 소련이 연합군에 합세하면서 전쟁의 판도가 바뀌기 시작했다. 미국은 미드웨이 해전에서 일본군을 물리쳤고, 소련은 스탈린그라드 전투에서 독일군을 물리쳤다. 1943년 영국과 미국의 연합군은 이탈리아에 상륙해 항복을 받아냈으며, 1944년 미국·영국·프랑스 연합군은 노르망디 상륙 작전으로 프랑스를 해방하는 한편 독일을 압박하였다. 1945년 5월, 소련군의 베를린 포위가 임박하자 히틀러는 자살하고 독일은 무조건 항복하였다. 마지막까지 버티던 일본도 미국이 히로시마와 나가사키에 원자 폭탄을 투하하자 무조건 항복하였다. 이렇게 해서 1945년 8월 15일, 제2차 세계 대전은 연합국의 승리로 끝났다.

하지만 기술과 무기의 발달, 더 광범위해진 참전 범위 등으로 인해 제2차 세계 대전은 제1차 세계 대전을 능가하는 피해가 발생했다. 유럽은 폭격과 전투로 폐허가 되었고, 수많은 인명 피해를 냈으며, 홀로코스트와 같은 독일의 유대인 학살, 난징 대학살과 같은 일본의 중국인 학살, 생체 실험 등 반인륜적 범죄가 난무했다. 패전국인 일본 역시 원자 폭탄의 후유증으로 오랜 시간 고통받았다.

전쟁 중부터 전후 처리를 준비하던 연합군은 전쟁이 끝난 후 카이로, 얄타, 포츠담 회담을 거쳐 전후 처리 과정을 논의하였다. 그 결과 독일은 미국, 영국, 프랑스, 소련에 분할 점령되었다가 동·서독으로 분단되었고, 일본은 미군정의 지배를 받았다. 그리고 전쟁 방지와 평화 유지를 위해 무력 제제력을 갖춘 국제 연합(UN)이 결성되었다.

➕ 제2차 세계 대전 이후 달라진 국경선

제2차 세계 대전이 끝나자 아시아와 아프리카에서는 패전국의 식민지를 비롯한 여러 나라가 독립운동을 전개하였다. 그 결과 아시아에서는 필리핀, 미얀마, 인도네시아 등이 독립하였고, 우리나라와 베트남은 분단된 상태로 독립을 맞았다. 인도는 독립 후 종교 갈등으로 힌두교의 인도와 이슬람교의 파키스탄으로 분리되었다. 아프리카에서는 이집트가 공화국을 세웠으며, 이후 여러 국가가 독립운동을 벌였다. 특히 1960년에는 17개의 나라가 독립하여 '아프리카의 해'라고 부를 정도이다. 유대인들은 1948년 팔레스타인 지방에 이스라엘을 건국했는데, 이후 팔레스타인 지방 아랍인들과의 갈등이 계속되고 있다.

답 연합군의 공격으로 이탈리아, 독일이 항복하고 1945년 8월 미국이 일본에 원자 폭탄을 투하하면서 일본의 항복을 받았다.

전쟁이 아닌데 왜 냉전(cold war)이라고 부를까?

제2차 세계 대전이 끝나자 전후 처리를 하는 과정에서 동유럽 국가들에는 소련의 지원을 받은 사회주의 정권이 세워졌다. 1946년 그리스와 터키에서 공산주의 세력이 확대되자 미국 33대 대통령 트루먼은 공산주의 위협을 받는 국가들에 대한 군사와 경제 원조를 약속하는 '트루먼 독트린'을 선포하였다.

미국은 유럽에 사회주의가 확산하는 것이 경제적 어려움 때문이라고 생각하고 유럽 경제의 재건을 원조하는 마셜 계획을 추진했다. 소련과 동유럽은 이를 거부했으나, 서유럽은 이를 받아들이면서 빠르게 경제 재건을 이룰 수 있었고, 미국과 서유럽 국가들은 상호 군사 원조와 집단 방어를 위한 '북대서양 조약 기구(NATO)'를 창설하였다. 그러자 소련은 이에 대항하여 동유럽 국가들과의 상호 경제 지원을 위해 '경제 상호 원조 회의(COMECON)'를 만들고, 군사 동맹인 '바르샤바 조약 기구(WTO)'를 설립했다.

이렇게 해서 세계는 미국을 중심으로 하는 자본주의 진영과 소련 중심의 사회주의 진영으로 나뉘었다. 당시 양 진영의 대립으로 인해 전쟁 못지않은 긴장과 위기감이 고조되었기 때문에 '냉전(cold war)'이라는 표현을 사용하였다.

🔲 냉전은 미국 중심 민주주의 진영과 소련 중심 사회주의 진영의 대립 상황으로 전쟁 못지않은 위기와 긴장감 때문에 붙은 이름이다.

베트남은 왜 통일 전쟁을 미국과 벌였을까?

냉전 체제가 시작된 이후, 세계 곳곳에서 두 진영의 갈등이 심해졌다. 이를 가장 극명하게 드러낸 것은 베를린 봉쇄였다. 제2차 세계 대전이 끝나고 독일과 그 수도 베를린은 승전국 4개국이 각각 분할하여 점령했다. 하지만 두 진영의 갈등이 심화되자 1948년 6월 소련은 자신이 점령한 동독 안에 위치한 서베를린을 봉쇄해 버렸다. 약 1년 후인 1949년 5월 봉쇄를 해제하였으나, 그동안 물자 부족에 시달리는 서베를린을 위해 미국은 비행기로 생필품을 실어날라야 했다. 이 베를린 봉쇄는 동서 대립을 대표하는 사건으로 꼽힌다.

한반도에서 일어난 6·25 전쟁으로 냉전은 더욱 심화되었다. 표면상으로는 남한과 북한의 전쟁이었지만, 그 배후에 있는 자본주의 진영과 사회주의 진영이 대립하면서 여러 나라가 참전하는 국제전의 양상을 보였다. 유엔군, 중국군 등의 참전으로 전세는 계속 뒤집혔고, 결국 양 진영의 갈등으로 인해 6·25 전쟁은 종전하지 못하고 휴전되고 말았다. 이때 남북으로 나누어진 한반도는 아직까지 분단 상태로 남아 있다.

베트남 전쟁은 냉전으로 인해 발발한 가장 심각한 전쟁이었다. 제2차 세계 대전 이후 베트남은 호찌민을 대통령으로 하는 베트남 민주 공화국을 수립했으나, 프랑스의 지배를 벗어나지 못하고 있었다. 프랑스는 남부에 베트남국을 세우고 북부의 호찌민 정부와 전쟁을 벌였으나 패하고 물러나야 했다. 이때 동남아시아의 사회주의화를 우려한 미국의 지원을 받아 베트남 남부에 자본주의 정부가 세워지면서 북부의 호찌

현대 사회의 전개_냉전 체제

민 정부와 다시 대립하게 되었고, 결국 베트남 전쟁으로 이어졌다. 하지만 남베트남 정권은 민심을 얻지 못했고 미국의 무차별 공격은 북베트남 사람들을 더 단결하게 했다. 미국 내에서도 강력한 반전 여론이 일어나면서 1973년 미국은 베트남에서 철수하였고, 1975년 북베트남이 베트남을 통일하면서 사회주의 정권이 세워졌다.

냉전이 절정에 달한 것은 쿠바 사태였다. 미국 바로 남쪽에 있는 쿠바에는 사회주의 정권이 들어서 있었는데, 소련이 쿠바에 미사일 기지를 건설한 것이다. 이를 알게 된 미국은 바로 반격에 나섰다. 1962년 10월 미국과 소련의 대립은 핵무기 발사 직전까지 치달았지만, 소련이 미사일 철거에 동의하면서 다행히도 핵전쟁은 일어나지 않았다.

➕ 제3 세계의 등장

아시아와 아프리카의 여러 신생 독립국은 냉전 체제에 반하여, 어느 쪽에도 가담하지 않는 비동맹 중립 노선을 추구하였다. 이들은 1955년 인도네시아 반둥에서 29개국이 참가한 '제1회 아시아·아프리카 회의'를 개최하고 1961년 유고슬라비아의 베오그라드에서 비동맹국 회의를 열었다. 이 국가들을 '제3 세계'라고 하는데 이들은 냉전 체제가 해체되는 데 중요한 역할을 했다.

답 베트남이 남북으로 분단되어 전쟁이 일어났을 때 아시아의 사회주의 확산을 걱정한 미국이 남베트남을 지원하며 참전했기 때문이다.

소련은 어떻게 무너졌을까?

쿠바 사태 이후 미국과 소련은 '핵전쟁 회피'라는 공동 과제로 협력하게 되었다. 또한 스탈린의 사망 후 정권을 잡은 흐루쇼프가 평화 공존론을 내세우며 서구 지도자들을 만났고, 미국이 아시아 내란에 개입하지 않겠다는 '닉슨 독트린'을 발표하면서 베트남에서 철수하자, 냉전 체제가 완화되는 분위기가 조성되었다.

당시 유럽에서는 미국과 소련의 영향력을 벗어나려는 움직임이 나타났다. 서유럽 국가들은 '유럽 공동체(EC)'를 만들었고, 유고슬라비아 등 여러 동유럽 국가들도 소련과 분리된 독자 노선을 추구했다. 특히 소련과 중국은 사회주의에 대한 이념 논쟁과 국경 분쟁으로 관계가 악화되었다. 이 와중에 소련은 공산당 관료의 부정부패, 과도한 국방비 지출, 사회주의 계획 경제 체제의 비효율성 등으로 생필품마저 부족할 정도로 심각한 경제적 침체 상태에 빠져 있었다.

1985년 소련 정권을 잡은 고르바초프는 위기를 타개하기 위해 '페레스트로이카(개혁)와 글라스노스트(개방) 정책'을 실시했다. 그는 정치적으로 민주화를 단행하고, 경제적으로 시장 경제 체제를 도입하면서 미국과 협의 하에 날 선 냉전 체제를 종식했다.

고르바초프의 개혁은 위기를 극복하고 사회주의 체제를 개선하려는 것이었으나 오히려 사회주의의 몰락을 가져왔다. 고르바초프의 개혁에 반대하던 보수 관료들이 쿠데타를 일으켰고, 이를 진압하는 과정에서 러시아 공화국의 옐친이 권력을 잡았다. 이 일로 연방 정부의 힘이 약해지자 소련 각지에서 민족 운동이 일어났고, 제일 먼저 발트 3국, 즉 에스토니아, 리투아니아, 라트비아가 독립했다. 이어 소련을 이루는 연방 공화국 전체가 독립을 선언하고, 11개국이 1991년 러시아 공화국을 중심으로 '독립국가연합(CIS)'을 결성하면서 소련은 해체되었다.

표면상으로는 소련이나 독립 국가 연합이 비슷해 보이지만 내용은 다르다. 소련은 강력한 중앙 정부가 각 공화국을 통제하는 형태로 연방이 하나의 국가로 인정받고 구성국은 독립 국가의 지위를 갖지 못했지만, 독립국가연합은 각 공화국이 각각 하나의 독립국으로 독자적인 법률, 정책, 외교 관계를 가지고 있다.

🗂 소련의 세력이 약해지자 고르바초프는 개혁을 단행했으나 그 과정에서 민족주의가 부상하면서 소련을 구성하는 공화국들이 독립을 선언했다.

동서 대립의 상징인 베를린 장벽은
어떻게 되었을까?

동독과 서독의 분단이 고착되자 베를린을 통해 동독에서 서독으로 넘어가는 일이 많아졌다. 그러자 1961년 8월 동독 정부는 동베를린과 서베를린 사이에 40km에 이르는 두꺼운 콘크리트 벽을 쌓고, 브란덴부르크 문을 통해서만 서로 왕래가 가능하도록 했다.

　이후 소련의 힘이 약해지면서 주변 국가에 대한 간섭이 약해지자, 동유럽에도 정치 민주화와 경제 자유화를 추진하는 분위기가 형성되었다. 1989년 헝가리와 폴란드, 체코슬로바키아, 루마니아 등 여러 나라에서 시장 경제가 도입되고 사회주의 정권이 무너지며 민주주의 정부가 들어섰다. 동독에서도 경제적으로 풍족하고 자유로운 서독을 동경하는 분위기가 형성되었으며, 경제 불황과 공산당 독재를 비판하는 시위가 계속되었다. 그러던 중 헝가리와 오스트리아 국경의 철조망이 제거되자, 대규모의 동독 사람들이 오스트리아를 거쳐 서독으로 탈출하기에 이르렀다. 이로 인해 동독 내에서 반정부 시위가 극렬해졌고, 결국 11월 9일 민중들은 동·서독의 경계선과 베를린 장벽을 무너뜨렸다.

　1990년 동독에서 치러진 총선거에서 통일을 주장한 독일 연맹이 승리하면서 동독이 서독에 흡수되는 형태로 독일 통일이 이루어졌고, 마침내 동서 분단의 상징이었던 베를린 장벽은 철거되었다.

🈳 독일 통일 후 장벽은 대부분 철거되고 브란덴부르크 문 주변만 기념물로 남아 있다.

1989년 톈안먼 광장에서는 어떤 일이 벌어졌을까?

제2차 세계 대전이 끝난 후 중국에서는 장제스(장개석)의 국민당 세력과 마오쩌둥(모택동)의 공산당 세력이 대립했다. 장제스는 타이완으로 밀려나 별도의 '중화민국'을 세웠고, 중국 본토에는 사회주의 국가인 '중화인민 공화국'이 수립되었다. 정권을 잡은 마오쩌둥은 중국식 사회주의를 주장하며 사회주의 개혁을 추진했다. 이 과정에서 그는 전근대적인 중국의 문화와 자본주의를 타파하고 사회주의를 실현하자는 문화대혁명을 일으켰다. 많은 문화유산을 파괴하고, 지식인과 예술인들을 억압한 문화대혁명은 정치·경제적인 혼란으로 이어졌다.

마오쩌둥 사망 후 정권을 잡은 덩샤오핑(등소평)은 1980년대에 들어서면서 시장 경제 체제를 도입하고 외국 자본을 들여오는 등 경제 발전을 추구했다. 하지만 경제가 발전하면서 특권층이 부와 지위를 독점하자, 학생과 지식인들을 중심으로 부정부패 근절과 민주화를 요구하는 시위가 벌어졌다. 1989년 봄에 일어난 시위는 전국적으로 확산되었다. 이에 위기를 느낀 정부는 6월 3일 밤 학생과 시민이 모여 시위를 벌이고 있는 톈안먼(천안문) 광장으로 무장한 군대를 보내 무차별 발포를 하여 많은 사상자를 냈다. 이 사건이 해외로 보도되자 중국은 국제적 비난을 받았으며 당시 공산당 서기였던 자오쯔양이 자리에서 물러났다. 이 사건은 중국 민주화운동이 얼마나 비극적인지를 보여주는 상징이 되었다.

답 민주화를 요구하며 시위를 벌이던 학생과 시민을 무력으로 진압했다.

국가 공동체는 왜 생기는 걸까?

미국 중심의 자본주의 경제가 전 세계를 주도하면서 국제 무역의 자유화가 추진되었다. 이를 배경으로 지역별로 경제협력을 목적으로 한 국가 공동체나 협력체가 등장하기 시작했다.

가장 먼저 공동체를 이룬 것은 유럽이었다. 유럽의 여러 나라는 관세를 철폐하고 자본과 노동의 자유로운 이동을 위해 1967년 경제 공동체인 '유럽 공동체(EC)'를 만들었다. 유럽 공동체는 1970~80년대를 거쳐 회원국을 늘려가면서 경제 분야 통합을 가속하였다. 마침내 1993년 유럽 단일 시장을 완성하였고, 이름을 '유럽 연합(EU)'으로 바꾸며 정치 경제 연합체로 발전했다.

유럽 공동체가 등장하자 다른 지역에서도 경제 공동체나 협력체를 만들기 시작했다. 동남아시아에서는 5개국이 모여 '동남아시아 국가 연합(ASEAN)'을 설립했고, 아시아 내에서 단일 시장을 목표로 하는 '아세안 경제 공동체(AEC)'를 출범했다. 또한 아시아-태평양 연안 국가들도 경제 협력을 위해 '아시아 태평양 경제 협력체(APEC)'을 만들었다. 남아메리카의 12개국은 정치 경제 공동체를 위해 '남아메리카 국가 연합(UNASUR)'을 조직했고, 미국, 캐나다, 멕시코도 '북아메리카 자유 무역 협정(NAFTA)'을, 아프리카에서도 '아프리카 연합(AU)'을 창설했다.

🅐 자본주의 시장에서 경쟁력을 강화하기 위해 지역별 경제 공동체나 협력체를 만들고 있다.

냉전 체제가 끝나면서 전쟁도 사라졌을까?

냉전 체제가 끝나면서 전 세계를 위협하는 큰 대립은 줄어들었을지 몰라도 분쟁이 사라진 것은 아니다. 전 세계 곳곳에서는 여전히 인종이나 민족, 종교, 자원이나 경제적 이권, 지역이나 영토 등에서 발생하는 갈등과 분쟁이 계속되고 있다.

다른 민족 사이에서 일어난 분쟁의 대표적인 예가 유고슬라비아 내전이다. 유고슬라비아는 제2차 세계 대전 이후 6개의 공화국이 모여 연방을 수립했으나 이후 연방이 해체되면서 각 민족이 서로 격렬한 싸움을 벌였고, '인종 청소'라는 이름으로 다른 민족을 쫓아내거나 학살하였다. 그리스인과 터키인 사이에 일어난 키프로스 분쟁이나 아프리카 르완다에서 후투족과 투치족 간에 일어난 내전도 민족 간 분쟁이다. 체첸과 티베트 등 독립을 원하는 소수 민족의 투쟁도 계속되고 있다.

민족 간의 분쟁 못지않게 심한 분쟁이 종교 간의 대립이다. 인도 연방은 제2차 세계 대전 이후 힌두교와 이슬람교의 갈등으로 인도와 파키스탄으로 분리되었는데, 이 두 나라는 사이에 있는 카슈미르 지역의 영유권을 둘러싸고 지금까지도 분쟁 중이다.

종교 간의 대립은 민족이 얽혀 있는 경우가 많다. 이스라엘과 팔레스타인 사이의 분쟁은 종교와 인종의 대립이자 지역과 영토에 대한 대표적인 분쟁으로, 그 지역을 둘러싼 경제적 이권과 배후의 국제 관계가 복잡하게 얽히면서 분쟁이 심해지고 있다.

우리나라의 4·19 혁명이나 6월 민주 항쟁처럼 독재자의 퇴진을 요구하는 반정부 민주화 운동도 세계 각지에서 일어나고 있다. 1990년대 말 콩고에서는 독재 정권과 민주화 세력 간에 여러 차례 내전이 일어났다. 또한 튀니지에서는 2010년 장기 집권한 독재자인 벤 알리 대통령의 퇴진을 요구하는 혁명이 일어났는데, 이 혁명이 주변국으로 퍼져나가 리비아의 카다피, 이집트의 무바라크, 예멘의 살레 등에서 장기 군사 독재 정권을 무너뜨리는 반정부 시위가 일어났다.

특히 중동은 석유가 풍부하게 매장되어 있어 그 지역 국가들 사이에서 끊임없는 갈등이 일어나고 있는데, 경제적 이권을 노린 열강들이 관계하여 복잡하고 다국적인 갈등 양상을 보이고 있다. 이러한 이권 싸움은 1990년 이라크가 쿠웨이트를 침공하면서 미국을 중심으로 한 34개 다국적군과 벌인 걸프 전쟁처럼 큰 규모의 전쟁으로 폭발하기도 했다.

지금도 서방에서는 이슬람 급진파 세력과 미국을 중심으로 한 자유 민주주의 국가들 사이의 갈등이 심화하면서 군대가 동원되는 무력 충돌뿐 아니라 2001년 9·11 테러나 2015년 샤를리 테러, 파리 테러와 같이 민간인을 대상으로 하는 테러나 무력 도발이 계속 일어나고 있다.

🅐 세계 여러 곳에서 민족, 종교, 경제 등의 이유로 분쟁이 계속되고 있다.

한국사

한국사 지식이 학창 시절에 머물러 있는 사람이라면 흥선 대원군의 '쇄국 정책'이 '통상수교거부정책'으로 바뀌었다든가 통일신라 시대를 이제는 남북국 시대라고 부른다는 사실을 잘 모를 수 있다. 지나간 역사일지라도 현재의 해석에 의해 의미와 용어가 바뀌기 때문이다.

《어른 교과서-한국사》는 최신 교과 개정 내용이 반영된 역사 교과서를 토대로 한 번만 읽어도 한국사의 흐름을 쉽게 이해할 수 있도록 풀어썼다. 우리가 이미 학교에서, 그리고 교과서에서 배웠지만 기억 저 너머로 사라진 한국사 지식을 상기하는 것은 현재 우리가 접하고 고민하는 여러 시사 문제와 개념들에 대한 답을 찾는 데에 큰 도움이 된다. 또한 우리나라의 국민으로서 민심의 중요성을 새삼 깨닫게 된다. 역사상 모든 시작과 변화는 그 시대 국민의 요구에서 비롯되었기 때문이다.

우리나라에서 가장 오래된 유적지는?

지금으로부터 약 390만 년 전, 최초의 인류 오스트랄로피테쿠스가 출현하여 선사 시대의 문을 열었다. 당시 인류는 무리를 지어 다니며 동물을 사냥하거나 식물을 채집하면서 살았고, 동굴이나 바위 그늘, 나뭇가지를 얹어 만든 막집에서 추위와 비바람을 피했다. 불을 지폈던 화덕의 흔적이 발견된 것을 보면 약 180만 년 전에 살았던 호모 에렉투스를 비롯한 구석기 인류는 불을 이용해 음식을 익혀 먹었던 것으로 보인다.

구석기 시대는 지역별로 발생 시기가 다른데 우리나라의 경우 약 70만 년 전부터 시작된 것으로 여겨진다. 우리나라 거주지 유적 중에 가장 오래된 것으로 밝혀진 '평양직할시 상원 검은모루 동굴 유적'에서 발견된 동물 화석 및 석기의 모양, 만든 방법 등을 분석하여 추정한 결과이다. 약 30만 년 전 유적지로는 '경기 연천 전곡리 유적'이 있는데 여기에서는 동아시아 최초로 주먹도끼가 출토되었다. 그 외 우리나라에서 발견된 구석기 시대 유적지로는 웅기 굴포리, 공주 석장리, 제주 빌레못 동굴 등이 있다.

구석기 시대에는 주로 동굴이나 강가에서 생활했기 때문에 내륙 지역에 유적지가 있으며, 전국적으로 분포하고 있는 것이 특징이다. 반면 신석기 시대 유적은 대체로 강가나 바닷가에 위치하고 있다.

🔲 우리나라에서 가장 오래된 유적지는 평양직할시 상원 검은모루 동굴 유적이다.

뗀석기가 그냥 돌과 다른 점은?

구석기 시대 초기에는 '찍개'나 '주먹도끼'처럼 뗀석기를 사냥이나 채집 등 여러 가지 용도로 사용했다. 그러다 후기로 갈수록 화살이나 창 등에 매달아 사용한 '슴베찌르개'처럼 정교하게 연마한 석기를 사용하였다.

그냥 보면 흔한 돌처럼 보이는 뗀석기를 자연적으로 깨진 돌과 어떻게 구분할까? 뗀석기에는 사람이 인위적으로 타격을 가한 흔적인 '타격흔'이 남아 있다. 또한 이렇게 만든 석기로 동물의 가죽을 벗기거나 무엇을 자르는 데 사용하였기 때문에 '사용흔'이 남게 된다. 이런 타격흔이나 사용흔을 통해 전문가들은 그냥 돌과 뗀석기를 구분하는 것이다.

뗀석기의 생김새는 그 용도에 따라 미세하게 다른데 '긁개'는 짐승의 가죽을 벗겨 손질할 때, '자르개'는 자를 때, '뚜르개'는 구멍을 뚫을 때 사용하였다.

❶ 주먹도끼
❷ 찍개
❸ 긁개
❹ 슴베찌르개

답 뗀석기는 타격 흔적과 사용 흔적으로 일반 돌과 구분한다.

선사 시대_구석기

빗살무늬 토기와 민무늬 토기 중
뭐가 먼저 만들어졌을까?

약 1만 년 전, 한반도에서 신석기 시대가 시작되었다. 신석기 시대 사람들은 주로 강가나 바닷가에 땅을 움푹하게 파서 만든 움집을 짓고 살면서 고기잡이, 사냥, 채집 등을 하였고 농사도 지었다. 이들은 돌을 갈아서 날카롭고 정교하게 만든 간석기를 사용하였는데, 돌화살촉, 돌창과 같은 사냥 도구뿐만 아니라 돌괭이나 돌낫 같은 농사 도구를 만들어 사용하였다. 농사를 지으니 정착 생활이 시작되었고, 저장한 곡물로 음식을 만들어 먹기 위해 토기를 만들기 시작했다. 따라서 구석기 시대와 신석기 시대를 구분하는 중요한 단서 중의 하나가 '토기'이다.

신석기 시대를 대표하는 유물인 빗살무늬 토기는 그릇 표면에 다양한 빗살 무늬를 새긴 그릇을 말한다. 그리고 민무늬 토기는 아무 무늬가 없는 토기이다. 이 둘 중에 어떤 토기가 먼저 만들어졌을까? 언뜻 생각하면 민무늬 토기 같지만, 사실은 민무늬 토기를 만들기 전에 빗살무늬 토기를 만들었다.

빗살무늬 토기 이전에도 민무늬 토기가 있었으나 이 토기는 '이른 민무늬 토기'라 불린다. 이른 민무늬 토기는 아무 기술 없이 그냥 흙으로 빚은 그릇을 불에 넣고 구웠기 때문에 약하고 잘 깨졌다. 오랜 고민 끝에 고안해낸 방법이 토기 위에 흙을 덧붙여 튼튼하게 만드는 것이었다. 그렇게 만들어진 것이 '덧무늬토기'이다. 그 이후 '빗살무늬 토기'가 탄생한다. 여러 차례 토기를 굽다 보니 토기에 음각으로 줄무늬를 넣으면 토기가 더 단단해진다는 사실을 알아냈기 때문이다.

그러다 청동기 시대에 들어서 소성 기술, 즉 토기를 굽는 기술이 발전하면서 전보다 고온에서 토기를 구울 수 있게 되었고, 덕분에 토기에 흙을 덧대거나 줄을 긋지 않아도 충분히 튼튼한 토기를 만들 수 있게 되었다. 비로소 무늬가 없는 진정한 '민무늬 토기'가 탄생하게 된 것이다.

색깔에서도 차이가 나타났는데, 빗살무늬 토기는 가마 없이 야외의 불에 넣고 구웠기 때문에 흙색이 남아 있지만, 민무늬 토기는 가마 속에서 온도가 1,000℃가 넘는 상태로 구워서 흑회색이 난다.

➕ 빗살무늬 토기의 바닥은 왜 뾰족할까?

서울 암사동 유적지에서 발견된 빗살무늬 토기들은 신석기 시대 한반도의 가장 전형적인 토기이다. 빗살무늬 토기의 바닥이 뾰족한 이유는 당시 살던 곳이 강가나 바닷가라서 모래나 진흙으로 된 땅에 토기를 꽂아두고 사용하는 것이 안전했기 때문이다.

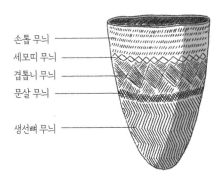

손톱 무늬
세모띠 무늬
겹톱니 무늬
문살 무늬

생선뼈 무늬

답 빗살무늬 토기가 먼저 만들어졌다.

청동기 시대와 철기 시대 중
어느 시대가 먼저일까?

한반도에서 살던 인류는 기원전 2000년경에서 기원전 1500년 사이에 청동기를 사용하기 시작했다. 이때는 이전보다 농사기술이 발달하여 생산량이 늘어났고 남는 식량이 생겼다. 남는 식량은 자연스레 집단을 이끄는 힘 있는 사람들이 차지하였는데, 이들에게 부와 권력이 집중되면서 빈부의 격차가 생겼고 계급이 생겼다. 군장(족장)을 중심으로 생겨난 지배층은 농경사회에서 중요하게 여겨진 자연신에 대한 제사의 제사장 역할까지 겸하면서 권력이 더욱 집중되었다.

이들의 힘을 더욱 강하게 만들어준 것이 청동기이다. 청동은 구리에 주석이나 아연을 섞은 뒤 고온에서 녹여 만드는 것으로 재료를 구하기도, 만들기도 어려웠다. 따라서 오직 지배층만이 청동기를 가질 수 있었다. 이들은 청동기로 만든 무기의 힘을 이용하여 주변의 약한 집단을 정복하고 세력을 넓혀나갔고, 이 과정에서 우리 역사상 최초의 국가인 고조선이 등장하였다.

그러나 청동은 물러서 단단한 무기나 농기구를 만들 수 없었다. 청동기 시대에 반달돌칼과 같은 석기를 이용해 농사를 지었던 것도 이 때문이었다. 그와 비슷한 시기에 등장한 것이 철이다. 철은 합금을 해야 하는 청동과는 달리 철광석에서 추출하기만 하면 얻을 수 있었다. 그러나 철은 녹는점이 높아 그만큼 높은 열이 필요하였고, 단단해서 연마가 쉽지 않았다. 그런 이유로 인류는 청동기를 먼저 사용하게 된 것이다. 점차 철을 연마할 수 있는 기술이 발달하면서 그동안 청동으로는 만들 수 없었던 단단한 무기와 농기구를 만들 수 있게 되었고, 철기구 덕분에 농업 생산량이 급격히 늘어나자 수공업, 상업, 무역이 발전하였다.

무엇보다 큰 변화를 일으킨 것은 철제 무기였다. 강력한 철제 무기로 인해 전쟁이 활발해지면서 넓은 영토를 차지하는 국가가 등장하게 된다. 이러한 청동기와 철기의 역사가 고조선의 역사와 고스란히 연결된다. 청동기 시대에 세워져 국가의 모습을 갖추어 가던 고조선은 철기를 받아들이면서 더욱 강해졌다. 기원전 2세기 위만이 무리를 이끌고 고조선으로 와 준왕을 몰아내고 왕이 되는데, 위만 조선은 이 철기 문화를 바탕으로 세력을 넓혀 나간다.

➕ 우리나라는 고인돌 왕국이다?

고인돌은 우리나라 청동기 시대의 대표적인 무덤이다. 보통 큰 돌을 몇 개 둘러 세우고 그 위에 넓적한 돌을 덮은 형태가 많다. 우리나라는 '고인돌의 왕국'이라 할 만큼 고인돌이 많이 발견되었는데, 지금까지 남한에서 약 3만여 기, 북한에서 약 1만 기 이상이 발견되었다. 이는 세계에서 발견된 고인돌의 40% 이상이다. 고인돌 안에서 돌검, 돌화살촉, 비파형 동검 등의 껴묻거리(시신과 함께 묻는 여러 가지 물건들)가 많이 나오는데다가 거대한 고인돌을 세울 때 많은 사람의 힘이 필요했을 테니, 고인돌은 청동기 시대 지배층의 무덤일 것이라고 추정하고 있다.

🅳 청동기 시대 다음이 철기 시대이다.

우리 조상이 곰에게서 태어난 이유는?

고조선을 세운 단군의 신화는 단순한 이야기가 아니라 실재한 역사에 기반한 기록이다. 단군 신화는 《삼국유사》, 《제왕운기》, 《세종실록지리지》, 《동국여지승람》 등에 실려 있는데, 가장 대표적인 형태로 알려진 《삼국유사》에 실린 당시의 기록을 살펴보자.

"지금으로부터 2천 년 전에 단군왕검이 있어서 아사달에 도읍을 세우고 나라를 열어 조선(朝鮮)이라 불렀으니 요 임금과 같은 때였다."

"옛날에 환인의 서자 환웅(桓雄)이 있어서 자주 천하에 뜻을 두어 인간 세상을 구하기를 탐냈다. 웅은 무리 3천을 이끌고 태백산정의 신단수 아래로 내려왔으니, 그곳을 신시라 부르고 이분을 환웅천왕(桓雄天王)이라고 부른다. 풍백(風伯), 우사(雨師), 운사(雲師)를 거느리고 곡식, 운명, 질병, 형벌, 선악 등을 주관하였다."

"이때 한 범과 한 곰이 있어서 같은 굴에 살았는데, 항상 신웅(神雄)에게 기도하기를 변화하여 사람이 되기를 바라는 것이었다. 신이 신령한 쑥 한 줌과 마늘 20매를 주면서 '너희가 이것을 먹으면서 백일 동안 햇빛을 보지 않으면 사람의 모습을 얻을 것이다.'라고 하였다. 곰과 범이 받아서 이를 먹고 100일이 아닌 3·7일(21일) 동안 삼갔더니 곰은 여자의 몸을 얻었지만 범은 삼가지 못해서 사람의 몸을 얻지 못했다. 웅녀(熊女)는 함께 혼인을 맺지 못하므로 매양 단수 아래에서 아이 가지기를 바라며 빌었다. 웅이 이에 가화하고 그와 혼인하여 아이를 배니 아들을 낳으므로 단군왕검이라 불렀다."

단군 신화를 잘 들여다보면 당시 사회상을 짐작할 수 있다. 환웅이 바람(風), 구름(雲), 비(雨)를 다스리는 사람들을 데리고 왔다는 내용에서 고조선 당시 사람들이 농사를 지었고, 그에 따라 날씨를 중요하게 여겼음을 알 수 있다. 또한 곰이 성공하여 사람으로 변했다는 이야기에서 당시 사람들이 동물을 신으로 여기는 토테미즘 신앙을 갖고 있었다는 것을 알 수 있다. 신화에 나오는 곰과 호랑이는 각각 곰과 호랑이를 섬기는 부족으로, 처음엔 곰 부족과 호랑이 부족이 서로 연합하였으나 이후 곰 부족이 지배권을 차지하고 나라를 만들었다고 해석할 수 있다.

웅녀가 환웅과 혼인하여 단군왕검을 낳았다는 구절은 곰 부족이 하느님의 선택된 백성이란 것을 알려준다. 즉 단군왕검이 세운 고조선은 하느님의 선택을 받은 곰 부족이 세운 땅인 것이다.

➕ 단군이 1천 년을 넘게 살았다고?

《삼국유사》의 기록에는 단군이 1,908세를 살았다고 하며, 그 외의 여러 역사서에도 천 년 이상을 살았다고 나와 있다. 단군이 천 년 이상 살았다는 것이 사실일까? 여기에서 단군은 특정한 한 사람을 가리키는 게 아니라 '고조선의 군장', 혹은 '임금'을 지칭하는 일반적인 단어로 해석하는 것이 옳다. 그러니 단군 한 사람이 1,908년을 살았다기보다는 1,908년 동안 단군이라는 칭호를 가진 왕이 고조선을 다스렸다고 볼 수 있다.

🅐 곰을 섬기는 부족이 고조선을 세웠기 때문이다.

고조선의 8조법에는 어떤 내용이 담겨있을까?

단군이 세운 고조선은 중국과 경쟁하고 교류하는 과정에서 중국의 전국 시대 제후국이었던 연과 맞설 만큼 강한 나라로 성장하였다. 고조선은 우리나라 최초의 국가이지만 후에 만들어진 일부 연맹왕국보다 완성된 국가의 모습을 가지고 있었는데, 단군이라는 왕을 중심으로 부자 상속이 이루어졌으며, 왕 아래로 여러 관직이 있었다. 또한 사회 질서 유지를 위한 '8조법'이 있었다. 그 내용을 살펴보면 '사람을 죽인 자는 즉시 죽인다', '남에게 상처를 입힌 자는 곡식으로 갚는다', '도둑질한 자는 노비로 삼는다' 등 백성 사이의 갈등을 국가가 법에 따라 해결할 만큼 통치 체계를 갖추고 있었음을 보여준다.

기원전 2세기 무렵, 중국에서 진과 한이 대립하는 혼란스러운 시기에 위만이 연나라에서 1천여 명의 무리를 이끌고 고조선으로 온다. 당시 고조선을 다스리고 있던 준왕은 위만을 신임하여 높은 관직을 내리고 국경 부근의 땅을 다스리게 했는데, 힘을 얻은 위만은 기원전 194년, 자신의 군대를 모아 준왕을 몰아내고 왕의 자리에 앉았다. 당시 고조선에는 아직 철기가 널리 보급되지 않았는데, 철기를 보유한 위만의 무리가 이를 활용하여 고조선을 더욱 강한 국가로 만들었다.

위만이 왕위에 오른 이후 고조선은 중국의 한과 기원전 3세기부터 기원전 2세기경 한반도 중남부에 있던 정치 세력인 진(후일 삼한) 사이에서 중계 무역을 하면서 경제적으로 이익을 얻었다. 고조선의 힘이 점차 강해지자 기원전 109년 한 무제는 고조선에 사신을 보내어 자신의 나라를 섬기기를 강요했다. 고조선의 힘을 경계하기 시작한 것이다.

고조선은 이러한 한의 요구를 수용하지 않았고, 그러던 중 한의 사신이 고조선의 장수를 죽이는 사건이 일어났다. 화가 난 고조선의 우거왕이 한의 사신을 죽이자 한은 이를 빌미로 고조선에 쳐들어왔고, 결국 1년여의 전쟁 끝에 수도인 왕검성이 함락되면서 기원전 108년 고조선은 멸망하였고, 백성들은 한반도 곳곳으로 흩어졌다.

고조선이 멸망한 이후 한반도에는 새로운 나라들이 등장했다. 이들 중 가장 먼저 힘을 키운 나라는 고조선이 멸망하기 전, 고조선 북쪽에 자리잡고 있던 부여이다. 그 뒤를 이어 고구려와 옥저, 동예가 생겨났다.

➕ 위만은 중국 사람일까? 고조선 사람일까?

위만을 중국 연나라 사람으로 보는 견해와 연나라에 살던 고조선계 사람으로 보는 견해가 있다. 중국의 역사서 《사기》는 위만이 고조선으로 망명할 당시 상투를 틀고 조선 옷을 입었다고 기록하고 있는데, 이를 근거로 위만이 순수한 연나라 사람이 아니라 고조선 계통의 인물일 것으로 추정하는 것이다. 그러나 지도자였던 위만의 출신지 논란과는 별개로 당시 고조선의 토착민들이 그대로 유지되었으며, 국호와 통치 방법 역시 고조선의 틀을 그대로 계승하였다는 점만은 분명한 사실이다.

답 '사람을 죽인 자는 즉시 죽인다, 도둑질한 자는 노비로 삼는다' 등의 내용이 담겨있어서 고조선의 사회상을 알 수 있다.

우리나라 역사상 두 번째 나라는?

고조선이 멸망할 무렵 만주와 한반도에는 부여와 고구려, 옥저, 동예, 삼한 등 여러 나라가 생겨났다. 이 나라 중 부여와 고구려, 가야는 철제 무기를 이용해 힘을 키워 주변 부족을 정복하거나 연합하면서 국가로 발전하여 '연맹왕국'이 되었다.

연맹왕국 중 가장 먼저 등장한 부여는 우리나라 역사상 두 번째 국가로, 만주의 너른 벌판 위에 세워졌다. 고조선이 멸망하기 전부터 부여는 만주 일대에서 가장 힘센 나라로 자리잡고 있었다. 다섯 부족이 힘을 합쳐 하나의 나라를 이루었는데, 다섯 부족 족장들의 논의 하에 가장 강력한 부족에서 왕을 선출하였다. 중앙은 왕이 다스리고, 주변은 가축의 이름을 딴 '마가, 우가, 저가, 구가' 등 '가(加)'라는 통치자가 다스렸다. 네 부족의 족장들은 각자 자신의 지역을 맡아 다스리되, 중요한 일은 회의에서 결정하였다.

부여에는 매년 12월마다 열리는 '영고'라는 제천행사가 있었으며, 고조선의 '8조법'처럼 '살인자는 사형에 처한다'는 규정과 '도둑질을 하면 12배를 물어주어야 한다' 등의 내용을 담은 '1책 12법'이 있었다. 왕이 죽으면 많은 가솔들과 껴묻거리를 함께 묻는 '순장'이라는 풍습도 있었다.

답 부여

옥저와 동예는 왜 멸망했을까?

부여가 발달하던 시기, 지금의 함경도 동해안에는 옥저가, 강원도 동해안에는 동예가 생겨났다. 이 지역은 토지가 비옥하여 농사를 짓기 좋았으며, 해산물이 풍부했다. 옥저에는 어린 여자아이를 데려다 키워서 며느리로 삼는 '민며느리제'가 있었고, 동예에는 같은 씨족끼리는 결혼하지 않는 '족외혼'이라는 풍속이 있었다. 또한 서로의 경계를 침범하면 노비나 소, 말로 배상하는 '책화'라는 제도도 있었다. 그러나 옥저와 동예는 동북부에 치우쳐 있어서 다른 나라의 문물을 받아들이는 데 한계가 있어 크게 성장하지 못했다.

왕이 있었던 부여나 고구려와는 달리 옥저와 동예에는 왕이 없었다. 대신 '읍군'과 '삼로'라고 불리는 족장(군장)이 자기가 속한 부족을 다스렸다. 하지만 읍락 단위의 체제로는 왕을 중심으로 한 고구려에 당할 수 없었고, 결국 이들은 고구려에 병합되고 말았다.

한반도 남부에서는 여러 개의 작은 나라들이 모여 삼한을 형성했다. 삼한은 마한, 진한, 변한을 뜻하는데, 마한은 54개, 진한과 변한은 각각 12개 소국으로 이루어져 있었다. 후일 마한의 소국이었던 백제국이 백제로 발전하고, 진한의 소국이었던 사로국은 신라로, 변한의 소국이었던 구야국은 가야로 발전하였다.

답 옥저와 동예는 군장국가에 머물렀기 때문에 강력해진 연맹왕국 고구려에게 멸망하고 말았다.

가장 먼저 중앙 집권 체제를 확립한 나라는?

고구려는 부여에서 내려온 주몽 세력과 압록강 중류 일대의 토착 부족이 결합하여 세운 나라이다. 주몽이 자리잡은 졸본(현재 중국 환인시)은 대부분 산간 지역이라 농사를 짓기 힘들었다. 따라서 고구려인들은 평야지대를 차지하기 위해 주변을 정복하며 세력을 넓혀나갔고, 이후 수도를 압록강 근처 국내성 지역으로 옮기면서 본격적으로 성장하게 된다.

부여와 고구려는 똑같이 군장국가에서 힘을 키워 연맹왕국으로 발전했지만 고구려만 살아남을 수 있었던 이유는 고구려가 영토 확장에 성공했을 뿐만 아니라 일찍이 중앙 집권 체제를 갖추었기 때문이다.

1세기 후반 고구려 태조왕은 다섯 부족장 회의(제가회의)에서 선출하던 왕을 오로지 주몽의 혈통인 고 씨만 될 수 있도록 하였고, 2세기 후반 고국천왕은 왕위를 아들에게만 물려주는 부자 상속 제도를 시행하여 왕권을 더욱 강화하였다. 그는 원래 있던 다섯 부족을 해체하고 방위에 따라 5부로 개편하였고, 봄에 백성들에게 곡식을 빌려주고 수확이 끝난 가을에 돌려받는 '진대법'을 실시해 농민들의 신임을 받았다.

이어 고구려의 17대 소수림왕은 372년 불교를 도입하여 사상 통일을 통한 왕권 강화에 힘썼다. 또한 최초의 국립 교육 기관인 태학을 설립하였으며, 법률인 율령을 반포하였다. 이렇게 중앙 집권 체제를 정비함으로써 5세기 고구려 전성기의 기틀을 마련할 수 있었다.

답 가장 먼저 중앙 집권 체제를 확립해 발전한 나라는 고구려이다.

마한의 소국이었던 백제가 강해진 이유는?

《삼국사기》에 실린 백제 건국 설화에 의하면 주몽의 아들인 비류, 온조 형제가 남쪽으로 내려와 형인 비류는 미추홀(현재 인천)에 정착하였고, 동생인 온조는 위례성(현재 서울)에 정착하였다. 한강 유역의 비옥한 토지를 바탕으로 강성한 온조의 나라 십제가 비류의 사망 후 그 백성들을 통합하며 백제가 세워졌다.

당시 한반도 남쪽에 세워진 삼한, 그중에서도 마한의 소국 중 하나였던 백제는 한강 유역에 위치해 넓은 평야가 많아 농사짓기에 좋았고, 서해의 바닷길을 이용하여 중국 및 왜와 교류하기 좋았다. 농경과 교통의 중심지인 한강 유역이라는 지리적인 이점을 발판으로 백제는 주변의 여러 소국을 병합하며 성장했다. 3세기 중엽 고이왕 때 백제는 마한을 대표하는 국가가 되었고, 왕의 권력도 강해졌다. 백제는 강해진 왕권을 바탕으로 국가의 체제를 정비하는데, 관리의 등급을 나누어 지배층이 왕보다 아래에 있도록 했으며, 율령의 기초적인 틀도 마련하였다.

고구려, 백제, 신라 삼국이 연맹왕국에서 고대 국가로 자리잡는 과정은 모두 이와 비슷했다. 정복 전쟁으로 영토를 확장하고, 왕위를 아들에게 상속하며, 율령을 반포하고, 관등제를 정비하였다. 또한 불교를 수용하여 사상을 통일하고, 외래 문물을 수용하여 문화를 발전시켰다. 삼국은 각각 이러한 과정을 거쳐 중앙 집권 국가로 거듭날 수 있었다.

답 한강 유역이라는 지리적 이점을 발판으로 삼아 국력을 강화하였기 때문이다.

신라의 왕호는 어떻게 변했을까?

신라는 진한의 소국 중 하나인 사로국에서 태동한 나라이다. 초기 신라는 중요한 일을 귀족들의 회의인 화백회의에서 처리하였기 때문에 왕권이 약하고 귀족의 권한이 강했다. 게다가 신라가 자리잡은 경주는 한반도 중에서도 동남쪽에 치우쳐 있어서 다른 나라의 문물을 받아들이기도 힘들었다.

그러나 신라는 점차 주변 소국들을 정복하여 4세기 후반 내물 마립간 때는 낙동강 동쪽 진한 지역 대부분을 차지하며 강력한 국가로 성장하였다. 처음에는 박 씨, 석 씨, 김 씨 등이 번갈아 가며 왕위에 오를 정도로 왕권이 안정되지 못했으나 내물 마립간 이후에는 김 씨가 왕위를 계속 이어가면서 중앙 집권 국가로서의 기틀을 마련하게 되었다.

이러한 과정에서 신라의 왕호는 '거서간 → 차차웅 → 이사금 → 마립간 → 왕'으로 바뀌었다. 이는 신라 왕권의 위상이 어떻게 달라지는지를 단편적으로 보여주는 것이다. '거서간'은 '군장'이라는 의미로 신라가 작은 공동체로 시작하였음을 알 수 있고, '차차웅'은 '무당'이라는 뜻으로 군장이 제사장의 역할을 겸했음을 알 수 있다. '이사금'은 '이가 많은 사람'이라는 뜻으로 '경험과 지혜가 많은 사람'이라 할 수 있고, '마립간'은 '회의를 이끄는 지도자'를 뜻하므로 왕호의 의미를 살펴보면 왕권이 서서히 강해졌음을 알 수 있다.

답 거서간 → 차차웅 → 이사금 → 마립간 → 왕

가야까지 4국 시대가 아니냐고?

낙동강 동쪽에 신라가 한창 성장하고 있을 때 서쪽 변한에서는 가야가 생겨났다. 변한 지역은 농업이 발달하고, 질 좋은 철이 생산되어 우수한 철기 문화를 가지고 있었다. 가야는 변한의 소국들이 모여 성립한 연맹 왕국으로, 금관가야, 대가야, 아라가야, 소가야, 성산가야, 고령가야, 이렇게 6개의 나라로 이루어져 있었다.

여러 가야 중 가장 먼저 발달한 나라는 변한의 소국 중 하나인 구야국에서 발달한 금관가야로, 김해 지역에 자리잡은 덕분에 활발한 해상 활동을 펼쳐 경제적으로 풍요로웠다. 이 금관가야를 중심으로 성립한 것이 '전기 가야 연맹'이다. 그러나 금관가야는 4세기 말, 신라를 침입한 왜구를 물리치러 온 고구려군에게 큰 피해를 보고 쇠퇴한다.

'후기 가야 연맹'은 금관가야가 쇠퇴한 틈을 타 세력을 확장하기 시작한 대가야가 주도한 가야 연맹이다. 그러나 후기 가야 연맹은 백제와 신라의 압박에 점차 세력이 약해졌고, 532년에는 금관가야가, 562년에는 대가야가 신라의 공격에 멸망함으로써 막을 내렸다.

가야는 뛰어난 철기 문화와 경제력으로 화려한 문화를 꽃피웠으나, 변한의 소국을 통합하여 왕조를 이루지 못하고 연맹왕국에 머물렀다. 즉, 가야는 중앙 집권 국가로 발전하지 못했기 때문에 '4국 시대'가 되지 못한 것이다.

답 가야는 중앙 집권 국가로 발전하지 못했기 때문에 4국 시대가 아니다.

고구려를 동북아 강국으로 이끈 왕은?

고구려의 19대 광개토왕은 4세기 말 왕위에 오르자마자 백제를 공격하여 한강 이북 지역을 차지하였다. 이어 만주 지방으로 진격했으며, 신라의 요청으로 신라에 침입한 왜구를 격퇴하고 가야까지 공격했다. 서쪽으로는 후연을 물리치고 동부여를 병합하였으며, 만주 동북부 지역의 숙신이라는 종족을 토벌해 일부를 귀속시키고 거란 역시 지휘 아래에 두었다.

광개토왕은 고구려를 천하의 중심이라고 여겼다. 그래서 자신에게 중국 황제에 버금가는 호칭인 태왕과 성왕이라는 호칭을 사용했다. 또한 중국에서 새로운 황제가 즉위하면 연호를 붙이듯, 우리 역사 최초로 독자적인 연호인 '영락'을 사용했다.

광개토왕의 뒤를 이은 장수왕은 427년에 수도를 국내성에서 평양으로 옮긴다. 장수왕은 중국과 활발히 교류하는 한편 남쪽으로는 영토 확장에 힘썼다. 장수왕의 공격에 위협을 느낀 백제와 신라는 나제 동맹을 맺었으나 고구려는 이에 아랑곳하지 않고 475년, 백제의 수도 한성을 함락시켰다. 이렇게 한강 유역을 모두 차지함으로써 5세기 고구려는 만주 한반도 일대에서 가장 힘센 나라이자 동북아 강국의 하나가 되었다.

➕ 광개토 대왕릉비를 중국 황제의 비로 알고 있었다고?

광개토 대왕릉비는 광개토왕의 업적을 기념하기 위해 아들인 장수왕이 414년에 세운 비석이다. 중국 지린성(길림성)에 광개토왕의 능과 함께 세

위졌으나 고려, 조선 시대에는 국경 바깥에 있었기 때문에 사람들은 이 비석을 금나라 황제의 비로 여겼다. 그러다 1880년대에 만주 지역에 대한 거주 금지가 풀리고 난 후, 비석에 관한 연구가 시작되었다.

이 비석은 높이가 약 6.39m에 달하며, 거대한 돌의 네 면에 약 1,775개의 글자가 새겨져 있다. 고구려 건국 이야기와 제3대 대무신왕부터 제19대 광개토왕까지의 계보 및 약력이 기록되어 있으며, 광개토왕의 재위 시기에 있었던 영토 확장과 행적이 기술되어 있다. 고구려 왕이 하늘의 자손이며, 백제, 신라, 거란, 동부여 등 주변 국가들을 고구려가 이끌어야 한다는 생각이 잘 나타나 있다.

〈5세기 고구려의 영역〉

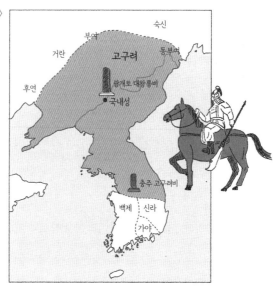

📄 5세기 광개토왕과 장수왕의 활약으로 고구려가 만주 대부분의 지역과 연해주 일부, 한강 유역까지 차지했다.

삼국 시대_고구려의 전성기

중국은 왜 고구려사를 자기 역사라고 우길까?

중국의 고구려사 왜곡에 대해 알기 위해서는 먼저 '동북공정'에 대해 알아야 한다. '동북공정'이란 2002년부터 중국 정부가 추진한 '동북쪽 변경지역의 역사와 현상에 관한 연구 프로젝트'를 말한다. 이는 현 중국의 국경 안에서 펼쳐졌던 고조선, 고구려, 발해 등 한반도와 관련된 역사를 중국의 역사로 편입시키려는 시도로, 후일 한반도가 통일되었을 때 고대 한민족 역사가 전개된 영토를 온전히 중국의 소유로 만들려는 속내가 숨어 있었다. 프로젝트는 5년 동안 진행되고 끝났지만 역사 왜곡은 아직도 진행 중이다. 따라서 우리나라 역시 중국의 역사 왜곡에 대처하기 위해 2006년부터 동북아역사재단을 운영하고 있다.

한반도가 통일되면 분쟁이 발생할 가능성이 가장 높은 곳은 고구려의 영토였던 '간도'이다. 간도는 현재 중국의 영토이지만 조선족이 모여 연변 조선족 자치주를 이루고 살고 있다. 간도는 조선 세종 때 중국으로부터 조선의 영토로 인정받은 곳이다. 당시 간도에는 여진족이 살고 있었는데, 여진족에 대한 지배권이 조선에 있었으므로 분명히 우리 땅이었다.

1712년 청이 간도를 자기 땅이라고 주장하자 조선은 조선과 청의 영토를 확실하게 구분하기 위해 청과의 합의 끝에 백두산 동남쪽 기슭에 '서쪽은 압록강, 동쪽은 토문강을 국경으로 삼는다'는 내용을 새긴 '백두산정계비'를 세웠다. 이후 많은 수의 조선인이 간도에 자리를 잡고 살기 시작했으나 1882년, 청이 간도에 사는 조선인의 철수를 요구하면서 갈등이 생긴다. 토문강을 두만강으로 해석하느냐, 쑹화강(송화강)으로 해석하느냐에 따라 영토가 달라지기 때문이다.

그러던 1909년, 청과 일본이 '간도 협약'을 맺으면서 간도가 중국 땅이 되고 만다. 제국주의의 열망을 키워가던 일본이 만주의 철도, 광산 개발권 등을 얻으려고 중국에 간도를 넘겨준 것이다. 하지만 당시 조선은 외교권을 빼앗겨 협약에 참여하지 못했기 때문에 이 협약은 원칙적으로 효력이 없다.

➕ 발해도 중국 역사라고?

발해는 옛 고구려의 장수인 대조영이 세운 나라이다. 그런데 중국은 발해가 '말갈국'이라 불렸다며 중국의 소수 민족 말갈족이 세운 중국 지방 정권이었다고 주장한다. 그러나 발해는 건국할 때 '진국'이라 불렸고, 고구려를 이은 나라임을 선포했기 때문에 이는 명백히 그릇된 주장이다.

🅐 한반도 통일 이후 중국 국경 안에서 전개된 모든 나라의 역사를 자기 역사로 만들어 그 땅을 중국 소유의 영토로 만들기 위해서이다.

백제의 영토가 가장 넓었을 때는 언제였을까?

중앙 집권 국가로의 체제를 갖춘 백제는 4세기 후반 13대 근초고왕 때 전성기를 맞이하였다. 근초고왕은 마한 지역을 통합하여 지금의 전라도 지역 전체를 차지했고, 북진 정책으로 고구려를 밀어내고 영토를 황해도 일부 지역까지 넓혀 백제 최대의 영토를 확보했다. 또한 중국의 동진과 교류하면서 새로운 문물을 받아들이고, 왜와의 관계에도 힘썼다.

그러던 백제는 고구려 장수왕의 공격으로 수도 한성을 함락당하면서 475년에 수도를 웅진(공주)으로 옮긴다. 하지만 무령왕 때 다시 지방제도를 정비하고 중국 남조와 교류하며 국력을 회복하고, 그 뒤를 이은 성왕 때 부흥기를 맞는다. 성왕은 수도인 웅진이 나라를 발전시키기에 한계가 있다고 여겨 538년에 농업과 교통이 유리한 사비(부여)로 수도를 옮긴다. 그 후 중앙에 22개의 실무 관청을 두고, 수도와 지방의 통치 제도를 재정비하였으며, 불교를 장려하여 왕권을 강화하였다.

국력을 회복한 백제는 고구려가 왕위 다툼으로 혼란한 틈을 타 551년 신라와 힘을 합쳐 한강 하류 지역을 되찾는다. 그러나 신라 진흥왕이 백제가 되찾은 한강 하류 지역을 다시 빼앗으면서 433년 맺었던 나제 동맹은 120년 만인 553년에 깨지고 만다. 이에 분노한 성왕이 신라를 공격하지만 554년 관산성 전투에서 패하고 전사한다. 이후 백제와 신라의 치열한 싸움은 계속되었다.

답 4세기 후반 근초고왕 때 백제 최대의 영토를 가졌다.

신라의 전성기는 어느 왕 때였을까?

신라는 내물 마립간 이후, 김 씨가 왕위를 꾸준히 이어가며 왕권을 강화하였다. 본격적으로 체제를 정비하기 시작한 것은 6세기 초 22대 지증왕 때이다. 지증왕은 공식 국호를 '신라'로 정하고 왕의 호칭도 '마립간'에서 '왕'으로 바꾸었다. 농경을 발전시키고, 지방관을 직접 파견하였으며, 우산국(울릉도, 독도)을 정복하여 따르게 하였다.

23대 법흥왕은 관리들의 등급을 17등급으로 하여 체계를 갖추고, 율령을 반포하였으며, 527년에는 불교를 공인하였다. 불교의 공인으로 백성들의 사상이 통합되면서 왕권이 더욱 강화되었고, 532년에는 김해 지역의 금관가야를 병합하여 낙동강 하류까지 영토를 확장하였다.

법흥왕의 뒤를 이은 24대 진흥왕은 543년 불교를 장려하고, 화랑도를 국가 조직으로 만들어 인재를 양성하였다. 또한 553년 백제를 공격해 한강 유역을 모두 차지하면서 전성기를 맞이하였고, 그 후 562년에는 대가야까지 정복함으로써 신라 역사상 최대의 영토를 가지게 된다.

신라의 이런 정복 활동에 고구려와 백제가 가만있을 리 없었다. 고구려와 백제는 신라에 대한 공격을 계속했고, 삼국의 관계는 날로 치열해졌다.

답 6세기 중반 진흥왕

　삼국 시대_신라의 전성기

신라에도 금수저, 흙수저가 있었다?

신라는 여러 소국을 병합해 세운 나라이므로 부족장이 여럿이었고, 각각의 세력이 달랐다. 따라서 이들을 중앙 귀족으로 편입시킬 때 세력의 크기에 따라 등급을 나누었는데, 이 과정에서 생겨난 것이 '골품제'이다. 부모의 신분에 따라 골(骨)과 품(品)으로 등급을 나누었는데, 신분이 가장 높은 순서부터 '성골, 진골, 6두품, 5두품, 4두품, 3두품, 2두품, 1두품, 평민'으로 구분하였다.

성골은 부모가 모두 왕족인 경우로 가장 높은 신분이었다. 왕은 성골에서만 나올 수 있었기 때문에 순수 혈통을 지키기 위해 성골끼리 결혼하는 경우가 많았다. 진골은 부모 중 한쪽은 왕족, 한쪽은 귀족인 경우로 중요 관직을 차지하였다. 그 아래로 4~6두품은 관리를 담당했고, 1~3두품은 평민에 가까웠다. 신라에만 여왕이 있었던 이유도 골품제 때문이었다. 여성이 왕이 되는 일은 쉽지 않았지만, 성골만이 왕이 될 수 있는 골품제 덕분에 선덕, 진덕, 진성 여왕이 왕위에 오를 수 있었다.

골품제로 정해진 신분은 대대로 이어졌기에 아무리 뛰어난 재능이 있어도 신분이 낮으면 높은 벼슬을 할 수 없었다. 결혼도 같은 신분끼리 했고, 옷차림, 집의 규모까지 기준이 있었다. 골품제는 처음에는 왕권 강화에 도움을 주었지만 높은 관직에 오를 수 없어 불만을 품게 된 세력들이 생겨나면서 신라 멸망의 한 원인이 되었다.

답 골품제라는 신분 제도가 있어 신분에 따른 제약이 많았다.

첨성대의 창문은 별을 관측하던 곳이었다?

국보 제31호 첨성대는 신라의 과학 기술과 건축 기술을 대표하는 천체 관측대이다. 높이 9.17m, 밑지름 4.93m, 윗지름 2.85m로 우물 '정(井)' 자 모양으로 쌓은 벽돌의 각 면이 동서남북을 가리키고 있다.

첨성대 중간에는 정사각형의 창문이 있는데 이곳에 들어오는 햇빛으로 절기를 알 수 있다. 춘분과 추분 때는 햇빛이 창문을 통해 첨성대 밑바닥을 완전히 비추며, 하지와 동지 때는 햇빛이 완전히 사라진다. 이 창문은 출입구의 역할을 겸했다. 사다리를 놓고 창을 통해 안으로 들어간 후 다시 안쪽에서 사다리로 꼭대기까지 올라가 하늘을 관찰했던 것으로 보인다.

가운데 창문을 기준으로 위쪽 12단과 아래쪽 12단으로 나뉘는데 이는 각각 1년의 12달, 합치면 24절기와 같으며, 몸통부의 석재 27단은 달의 공전 주기 27.3일과 첨성대를 세운 27대 선덕여왕을 의미한다. 상부 정자석 2단을 합치면 29단이 되는데 이는 음력 1달의 날 수와 같다. 몸통 석재는 총 362개로 음력 1년 날 수와 같다.

🔷 꼭대기로 올라가기 위해 사다리를 놓고 들어가는 곳이다.

무덤만 봐도 나라를 구분할 수 있다고?

삼국 시대에는 돌이나 벽돌을 쌓아 만든 고분 문화가 발달했다. 고구려와 백제 초기에는 시신을 넣은 널(관) 위에 돌을 쌓은 '돌무지무덤'을 만들다가 후기에는 '굴식 돌방무덤'이 나타났다. 돌을 이용해 널로 들어가는 '널길'과 널을 보관하는 '널방'을 만들고, 그 위를 흙으로 덮었다. 널방의 벽과 천장에는 벽화를 그렸는데 무용총의 '수렵도'처럼 유독 고구려의 고분 벽화가 많이 발견되는 것도 이러한 무덤 양식 때문이다. 남북국 시대 통일신라와 발해에서도 '굴식 돌방무덤'이 나타나는 것을 보면 남북국이 고구려와 백제의 영향을 받았다는 것을 알 수 있다.

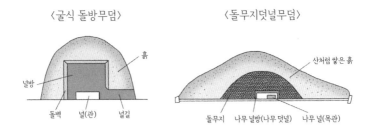

〈굴식 돌방무덤〉　　　　〈돌무지덧널무덤〉

신라에서는 고구려, 백제와는 다른 형태의 '돌무지덧널무덤'을 만들었다. 나무로 널방을 만들고, 그 위에 돌을 쌓은 후 흙을 덮은 무덤 양식이다. 돌방무덤과는 달리 출입구가 없어서 도굴이 어려웠다. 또한 방이 있어 경주 천마총의 '천마도'처럼 벽화가 그려져 있다는 것이 특징이다.

답 신라에서는 삼국의 다른 나라와는 달리 돌무지덧널무덤을 만들었다.

삼국 시대에는 왜 절을 많이 지었을까?

삼국 시대 이전, 각 부족이 믿던 토속 신앙은 집단이나 지역에 따라 달랐기 때문에 종교를 통해 사상적 통일을 이루어 중앙 집권 체제를 강화하려는 삼국에는 적합하지 않았다. 그때 중국을 통해 받아들인 종교가 불교이다. 불교는 체계적인 교리를 갖추고 있어 백성

의 사상을 통합할 수 있었으며, 불교 경전에 '왕이 곧 부처'라는 말이 있었기 때문에 왕 중심의 통치를 하는 근거로 삼기에도 좋았다.

고구려는 372년 소수림왕, 백제는 384년 침류왕 때 불교를 받아들였고, 삼국 중 도입이 제일 늦었던 신라는 5세기 중반 눌지 마립간 때 불교를 받아들인 후 527년 법흥왕 때 이차돈의 순교로 불교를 공인하였다.

삼국의 왕실은 불교를 장려하기 위해 큰 노력을 기울였고, 사찰과 탑, 불상을 만드는 데 지원을 아끼지 않았다. 고구려 소수림왕은 인천 강화도에 전등사를 지었고, 백제 무왕은 익산 미륵사와 부여 정림사를, 신라 진흥왕은 황룡사를, 선덕 여왕은 분황사를 지었다. 이때 지어진 절은 대부분 소실되어 현재 미륵사와 정림사, 황룡사는 절터만 남아 있지만, 다행히도 석조 구조물로 지었던 분황사가 경주에 남아 있다.

🔲 중앙 집권 체제를 강화하기 위해 불교를 권장하고 절을 지었다.

고구려에서 국립학교인 태학을 지은 이유는?

삼국 시대에는 국가를 통치하기 위한 수단으로 불교 외에도 유교를 활용하였다. 372년 고구려의 17대 소수림왕 때 지어진 국립학교 태학은 우리나라 최초의 교육 기관으로 전해지는데, 주로 지배층의 자제들이 다니는 귀족 학교로 유교 사상에 기반을 둔 충실한 관리를 기르는 것이 교육 목표였다. 즉, 임금에게 충성하는 관리를 길러 왕권을 강화하고자 한 것이다. 태학에서는 주로 중국의 경학과 문학, 무예 등을 가르쳤는데 실제로 고구려가 중앙 집권적 정치 체제를 갖추는 데 큰 도움이 되었다.

백제에는 '오경박사' 제도가 있었다. 오경박사는 중국 한나라 때 유교의 다섯 개 경, 즉 '시(詩), 서(書), 주역(周易), 예기(禮記), 춘추(春秋)' 마다 박사관을 두고 제자를 양성하여 유학의 보급을 도모하는 제도였는데, 이를 백제에서도 시행한 것이다.

신라에는 잘 알려진 화랑도가 있었으며, 삼국통일 이후 신문왕은 관리를 양성하기 위해 국학을 설립하였다.

유교와 함께 전해진 도교는 주로 귀족을 중심으로 퍼졌는데 산천 숭배 신앙이나 불로장생을 추구하는 신선 사상 등이 유행하였다. 고구려의 '사신도'와 백제의 금동대향로에는 도교 신앙의 요소들이 잘 나타나 있다.

답 유교를 가르쳐 임금에게 충성하는 관리를 길러 왕권을 강화하는 것이 목표였다.

우리나라가 일본에 문화를 전수한 증거는?

삼국과 가야는 중국을 비롯해 중국 서쪽 지역에 있는 여러 나라(서역)와 지속해서 교류하면서 이들의 문화를 받아들이고 독자적으로 발전시켰다. 고구려 고분 벽화에 중국 신화에 등장하는 신과 동물, 서역인으로 보이는 인물이 그려져 있는 것은 당시의 교류를 증명한다.

　삼국의 문화는 일본에 전해지기도 했는데, 고구려는 종이와 먹, 벼루 만드는 기술 등을 가르쳐주었고, 삼국 중 일본과 가장 활발히 교류한 백제는 한문과 논어, 천자문, 불교 등을 전해주었다. 나뭇가지 모양으로 생긴 '칠지도'는 백제와 일본의 교류를 알려주는 증거이다. 이렇게 전해진 백제의 문화는 일본의 아스카 문화 발달에 영향을 주었다.

　특히 놀라운 것은 국보 83호 금동미륵보살반가사유상과 똑같이 생긴 목조미륵보살반가사유상이 일본의 국보라는 사실이다. 두 불상은 재질만 다를 뿐 모양은 한 사람이 만들었다고 할 정도로 비슷하다. 금동미륵보살반가사유상이 삼국 시대에 먼저 만들어진 것으로 보아 일본의 목조미륵보살반가사유상은 우리의 영향을 받아서 만들어졌다는 것이 정설이다. 혹은 우리나라에서 만든 불상이 일본에 전해졌다는 주장도 있다. 일본의 다른 목조불상과는 달리 목조미륵보살반가사유상의 재료가 우리나라에서만 나는 적송(춘향목)이라는 점도 이를 뒷받침한다.

답 일본에 우리 삼국 시대에 만들어진 것과 거의 똑같은 불상이 있다.

살수대첩을 승리로 이끈 장군은?

신라의 진흥왕이 한강 유역을 차지한 이후 삼국의 대립은 더욱 치열해졌다. 이 무렵 중국은 수나라가 남북조를 통일하여 다스리고 있었다. 고구려의 독자성을 인정했던 이전의 남북조 시대 중국 왕조들과는 달리 수는 고구려에 복종을 강요하였다. 이에 반발한 고구려 영양왕이 요서 지역을 공격하고, 수의 문제가 고구려를 침략하는 등 전쟁이 계속된다. 그러던 중 수의 양제가 다시 복종을 요구하였고, 고구려가 이에 불응하자 612년 양제는 직접 113만 대군을 이끌고 쳐들어온다.

양제는 평양성으로 가는 길목의 요동성을 겹겹이 포위했지만, 고구려는 수의 보급로를 끊어 굶주리게 하였다. 이에 양제는 30만여 명의 별동대를 편성해 평양성을 직접 공격하려 하였다. 그러나 고구려의 장수 을지문덕이 수의 군대를 살수(지금의 청천강)로 유인한 후, 군대가 살수를 건널 때 강물을 막았다가 열어 공격했다. 이때 살수를 건너던 30만 병사의 대부분이 물에 휩쓸려 죽고, 살아 돌아간 군인은 2천7백여 명밖에 되지 않았다. 단 한판의 싸움으로 적의 99% 이상을 섬멸한 것이다. 이 싸움이 우리나라 3대 대첩 중 하나인 '살수대첩'이다.

수는 이후 거듭 고구려를 침공하지만 모두 실패하였고, 무리한 침략으로 국력이 약해지고 내부가 분열하면서 멸망하였다. 고구려 또한 수와의 전쟁으로 큰 피해를 보아 소극적인 대외정책을 선택하게 되었다.

답 을지문덕

왕을 쫓아내고 대막리지가 된 장군은?

618년, 고구려에서는 수와의 전쟁에서 공을 세운 고건무(영류왕)가 영양왕의 뒤를 이어 왕위를 계승한다. 다음 해 중국에서는 수가 멸망하고 이연이 세운 당이 그 뒤를 잇는다. 당 고조 이연은 고구려를 정벌하려 하지 않았으나 626년, 왕자 이세민이 형제들을 죽이고 아버지를 위협하여 왕위를 물려받아 2대 왕 태종이 되면서 상황이 달라진다. 그는 고구려를 정복의 대상으로 삼고 무리한 요구를 계속했다.

영류왕은 수와의 전쟁 이후 피해 복구 시간을 벌고자 당 태종의 요구를 맞추고 있었는데 장군 연개소문은 이를 못마땅하게 여겼다. 연개소문은 천리장성을 지으면서 힘을 키웠고, 결국 영류왕을 쫓아내고 허수아비와 다름없는 보장왕을 세운 후, 스스로 대막리지라는 최고의 관리가 되어 고구려 정권을 장악하였다.

645년, 당 태종은 연개소문의 정변을 구실 삼아 고구려로 쳐들어온다. 당군은 요동성, 백암성 등을 차례로 함락시키고 안시성을 포위하였으나 안시성 성주와 백성들의 저항으로 물러났다. 이후 연개소문은 여러 차례 계속된 당의 공격을 막아냈다.

그러나 고구려도 연개소문의 사망 후 그의 동생과 아들들 사이에 권력 다툼이 일어나면서 분열이 시작되었다.

답 연개소문

신라는 왜 당과 손을 잡았을까?

7세기 중반 신라는 고구려의 압박을 받고 있었다. 그러던 중 백제 의자 왕의 공격으로 대야성을 비롯한 40여 개의 성을 빼앗기면서 낙동강 서쪽 지역 대부분이 백제의 땅이 되었다. 이후에도 백제의 공격이 계속되자 신라는 여기저기 도움을 청하기 시작했다.

선덕 여왕은 먼저 김춘추를 고구려의 실권자 연개소문에게 보내어 도움을 청했다. 연개소문은 신라가 백제에 빼앗았던 한강 유역을 고구려에 돌려주면 동맹을 맺겠다고 했으나 김춘추가 이를 거절하면서 협상이 실패로 돌아간다. 이후 김춘추는 왜에게도 도움을 청하지만 왜는 백제와의 친선관계 때문에 신라의 요청을 거절한다.

이 무렵 당은 고구려를 여러 차례 공격하였으나 번번이 실패하던 상황이었다. 때마침 김춘추가 당의 도움을 요청하자 서로의 이해관계가 맞아떨어진 양국은 군사적으로 힘을 합쳐 동맹을 맺게 된다. 당은 신라의 지원을 받아 고구려를 멸망시키고, 신라는 백제를 멸망시켜 그 땅을 차지하기로 한 것이다. 이것이 바로 648년에 맺어진 나당 동맹이다.

나당 동맹에 맞서 고구려와 백제, 왜는 연계를 강화하였다. 그러나 수적 열세를 극복하지 못하고 660년에는 백제가, 668년에는 고구려가 무너지고 만다.

📝 고구려를 공격하고 싶은 당나라와 백제를 공격하고 싶은 신라의 뜻이 맞아서 나당 동맹이 체결되었다.

백제의 마지막 왕은 누구일까?

백제의 마지막 전투는 계백장군이 이끌던 황산벌(논산) 전투이다. 그는 황산벌에서 5천 명의 군사로 5만여 나당연합군에게 맞선다. 누가 봐도 질 법한 싸움이었으나 백제군의 의지가 얼마나 대단했던지, 처음 네 번의 싸움에서는 백제가 승리를 거둔다. 그러나 결국 김유신이 이끄는 신라군에 패하고 만다.

당시 신라를 위협하던 백제의 왕이 의자왕이다. 흔히들 의자왕을 무능력하고 부패한 왕이라고 여기지만 사실 의자왕은 집권 초기 직접 전투 현장을 진두지휘하여 신라의 영토를 빼앗은 용맹스러운 왕이었다. 사비성이 함락되자 의자왕의 궁녀 3천 명이 낙화암에서 뛰어내렸다는 이야기 역시 그대로 믿기는 어렵다. 당시 사비성의 인구가 불과 5만 명이었는데 궁녀가 3천 명이나 되진 않았을 터이니 말이다. 삼천궁녀(三千宮女)는 중국 역사서에서 으레 수많은 궁녀를 지칭할 때 쓰던 표현이다. 그러니 의자왕의 삼천궁녀도 실제로 숫자를 헤아려 3천 명이 아니라, 많은 수의 궁녀가 낙화암에서 뛰어내려 죽었다고 해석하는 것이 옳다.

계백이 무너지고 당 군사가 사비성에 들이닥치자 의자왕은 웅진성으로 피신한다. 그러나 믿었던 신하의 배신으로 성 밖으로 나와 항복을 하게 된다. 이로써 백제는 멸망하였고, 이어진 백제 부흥 운동 역시 실패하면서 많은 백제 귀족들이 왜로 망명하였다.

답 백제의 마지막 왕은 의자왕이다.

삼국통일이 민족통일인 이유는?

당은 백제를 멸망시킨 후 곧바로 백제 땅에 웅진도독부를 포함한 다섯 개의 도독부를 설치하였고, 신라에는 계림도독부를, 고구려 땅에는 9도독부 외에 평양에 따로 안동도호부를 설치하였다. 도독부는 당이 지방에 설치하던 통치기관이고, 도호부는 군사기관이다. 이런 기관을 설치한다는 것은 당이 한반도 전체를 다스리겠다는 것과 진배없었다.

이 상황에서 신라는 당에 굴하지 않고 왜와 화친을 맺고 고구려 부흥 운동 세력을 받아들이며 당과 맞선다. 고구려 부흥 운동의 중심세력인 안승에게 영토를 주고 고구려 유민이 세운 보덕국의 왕으로 임명하여 당과 싸우게 한 것이다. 이후 신라는 백제의 유민도 포섭하여 백제의 옛 수도 사비성을 점령하고 있던 당의 군대를 매소성과 서해 기벌포에서 몰아낸다. 이를 나당 전쟁이라고 한다.

드디어 676년, 육군과 수군이 모두 패한 당이 한반도에서 물러나면서 신라는 우리 민족 최초의 통일 국가를 이루었다. 그 과정에서 비록 당의 힘을 빌리긴 했으나 결과적으로 삼국이 힘을 합쳐 당을 몰아낸 것이다. 이는 각기 다른 방식으로 살아가던 사람들이 하나의 체제와 문화를 누리며 뚜렷한 민족공동체를 형성하였다는 점, 후에 삼국의 문화를 통합해 발전시켰다는 점에서 민족통일로서의 의의가 크다.

답 신라가 고구려, 백제의 유민을 모두 신라의 백성으로 아우르고, 한반도 최초의 통일 국가를 이루었기 때문이다.

통일신라 시대가 아니라 남북국 시대라고?

668년 고구려가 멸망한 뒤 고구려의 지배층 중 많은 수가 당으로 끌려갔다. 그중 일부는 요서 지방에 머무르고 있었는데, 7세기 말 거란족의 반란으로 이 지역에 대한 당의 관리가 소홀해지자 이 틈을 타 옛 고구려의 장수였던 대조영을 중심으로 한 무리가 동쪽으로 탈출하였다.

대조영은 추격하는 당의 군대를 물리친 후 698년, 동모산에 도읍을 정하고 발해를 세운다. 새로운 나라가 세워진 것을 알게 된 고구려인과 말갈인들이 이곳에 모여들어 발해의 기틀을 마련하였다.

이러한 발해의 역사는 조선 후기 실학자 유득공이 1784년, 한국, 중국, 일본의 역사서 22종을 참고하여 쓴 역사서 《발해고》에 소개되어 있다. 그러나 발해의 역사는 오랫동안 우리 역사에서 빠져 있었다. 신라가 편찬한 역사책에서는 발해를 다루지 않았고, 발해의 위치가 현재 중국의 영토여서 제대로 된 연구가 이루어지지 못했던 것이다.

이에 역사학자 신채호는 1908년에 발표한 《독사신론》에서 《삼국사기》에서 발해를 우리 역사로 기록하지 않은 것을 비판하고, 신라와 발해의 양국 시대를 주장하였다. 이후 1970년 무렵부터 식민지 사관 극복 노력이 거세져 민족 주체 의식이 고조되고, 많은 역사학자의 연구 결과가 남북국 시대론을 증명하면서, 현재는 교과서에서도 이 시대를 '남북국 시대'라고 부른다.

답 발해에 대한 연구가 이루어지면서 현재는 남북국 시대라고 부른다.

발해를 왜 '해동성국'이라고 불렀을까?

발해가 발전한 것은 대조영의 아들 무왕 때부터였다. 무왕은 북만주 일대까지 세력을 확대하였고, 돌궐 및 일본과 친선 관계를 맺어 당과 신라를 견제하며 나라를 안정시켰다. 무왕의 뒤를 이은 문왕은 당과 친선 관계를 맺고 제도와 문물을 받아들였으며, 중앙 정치 제도를 정비하였다. 또한 유학을 통치 이념에 반영하여 교육 기관인 주자감에서 가르쳤다.

9세기 전반, 발해의 10대 선왕은 요동 지방에서 만주와 연해주에 이르는 발해 최대의 영토를 확보하였다. 당시 당은 발해를 '바다 동쪽의 융성한 나라'를 뜻하는 '해동성국(海東盛國)'이라고 불렀다. 그러나 9세기 말, 힘이 약해진 발해는 926년, 급속히 세력을 키워나가던 거란에 의해 멸망하고 만다. 이 시기 지배층인 고구려인과 피지배층인 말갈인 사이에 생긴 갈등이 발해 쇠퇴의 주요 원인이었을 것으로 추정하고 있다.

이후 발해 유민들은 여러 차례 발해를 계승한 나라를 만들고자 하였으나 실패하였고, 발해 유민의 상당수가 고려로 귀화하였다.

〈9세기 발해의 영역〉

답 9세기 전반 발해가 넓은 영토와 강한 국력을 가진 나라였기 때문에

신문왕은 어떻게 통일신라를 안정시켰을까?

삼국통일을 이룬 신라는 넓어진 영토를 효율적으로 관리하고 민족 통합을 이루기 위해 제도를 정비하고 중앙 집권 체제를 강화했다.

무열왕의 아들인 30대 문무왕은 옛 백제 및 고구려의 지배층을 등용하여 삼국 백성이 어우러지게 하였고, 문무왕의 뒤를 이은 신문왕은 중앙 정치 조직을 개편하였다. 왕의 비서실 역할을 하는 집사부에 10개의 관청을 두어 정부 역할을 하도록 했는데, 이는 왕과 집사부의 힘을 강화하여 자연스레 귀족들이 주최하던 화백회의의 권한을 약하게 만들고자 함이었다.

신문왕은 또한 넓어진 영토와 늘어난 인구에 맞게 지방 행정 조직을 정비하였다. 전국을 9주로 나누고 그 아래 군과 현을 두었으며, 지방에는 5소경을 두어 수도가 동남쪽에 치우쳐 있는 점을 보완하였다. 군과 현 밑에는 '촌'이라는 행정 조직을 두어 촌주에게 3년마다 중앙 정부에 보고서를 내도록 하였고, 촌주의 권력 남용을 막기 위해 일정 기간 촌주를 수도에 머무르게 하는 '상수리 제도'를 도입하였다.

또한 중앙군 9서당과 지방군 10정을 두어 군사를 관리하였고, 귀족들이 나라에서 하사 받은 토지인 '녹읍'으로부터 얻는 여러 가지 혜택을 없애기 위해 이를 폐지하였다. 이 외에도 유학 교육 기관인 '국학'을 설치해 왕에게 충성하는 인재를 육성하는 등 중앙 집권 체제를 완성하였다.

답 집사부를 통해 왕권을 강화하고, 행정 및 군사, 교육 제도를 정비하였다.

신라는 왜 후삼국으로 나뉘었을까?

신문왕 이후 안정된 국정을 운영하던 신라는 8세기 후반에 접어들면서 왕권이 약해지고 정치적으로 혼란스러워지기 시작한다. 이는 36대 혜공왕이 왕위에 오르면서부터이다. 혜공왕의 나이가 8살에 불과하여 어머니가 섭정을 했는데, 이때부터 귀족들이 본격적으로 반란을 일으키고 왕위 쟁탈전을 벌이기 시작한 것이다. 이후 150년 동안 무려 20여 명의 왕이 바뀔 정도였으니 그 혼란스러움을 짐작할 만하다.

중앙에서 밀려난 일부 세력은 각 지역에서 반란을 일으켰는데 9세기 전반 김헌창이 난을 일으켰고, 51대 진성여왕 때에는 원종과 애노가 사벌주(상주)에서 농민을 이끌고 반란을 일으켰다.

중앙의 통제력이 약해지자 관리가 소홀한 틈을 타 지방 호족 세력이 강해졌다. 호족은 지방의 귀족을 뜻하는데, 세력을 키운 촌주나 군사력을 가진 장수가 호족으로 성장하였다. 중앙에서 밀려 지방으로 내려온 귀족도 호족이 되었다.

호족들은 자신의 영역에서는 왕과 같은 권력을 누렸고, 성을 쌓고 군대를 양성했으며, 백성들에게 세금도 걷었다. 신라 중앙 정부의 통제에서 벗어나 독자적인 힘을 기른 것이다. 골품제로 고위 관직에 오를 수 없었던 6두품 출신의 일부 지식인도 정치에서 물러나 호족과 손을 잡고 사회 개혁을 꿈꾸었다.

호족 중에서도 세력이 컸던 견훤과 궁예는 신라로부터 독립해 나라를 세웠다. 군인 출신인 견훤은 신라 말 전라도 지방에서 일어난 농민

봉기 세력을 받아들여 세력을 키운 후, 900년에 백제 부흥을 내세우며 완산주(전주)를 중심으로 후백제를 건국하였다. 신라 왕족 출신인 승려 궁예는 901년에 고구려 부흥을 내세워 송악(개성)을 수도로 후고구려를 세웠다.

이렇게 견훤과 궁예에 의해 후백제와 후고구려가 세워지면서 한반도에는 다시 삼국의 구도가 형성되었다.

통일신라에서 불교 문화가 발달한 이유는?

삼국통일 이후 신라의 불교 문화는 한층 성숙해진다. 고구려, 백제, 신라 삼국의 불교 문화가 통합되고 당의 문화까지 합쳐지면서 독자적인 양식으로 발전한 것이다.

승려 혜초는 직접 인도에 다녀와 그 경험을 기록한 《왕오천축국전》을 남겼고, 원효와 의상 등의 활약으로 불교 신앙이 민간에도 널리 퍼졌다. 원효는 '모든 것이 오직 한마음에서 비롯된다'는 일심 사상을 제시하여 불교계 내 사상의 대립을 비롯한 문제를 해결하려 하였다. 의상은 '하나가 전체요, 전체가 하나다'라는 화엄 사상을 강조하여 모든 존재는 상호 의존적 관계에 있으며 서로 조화를 이룬다고 하였다. 이들이 설파한 불교 교리는 신라 사회를 통합하는 데 큰 역할을 했다.

불교가 융성하면서 사원과 탑, 불상, 범종 등 예술미가 뛰어난 불교 문화가 발달하였다. 당시 지어진 불국사는 부처가 사는 이상 세계를 아름답게 표현한 절로, 신라 석탑 예술의 정수로 불리는 석가탑과 다보탑이 있다. 또한 석굴암은 정교한 조각과 뛰어난 건축 기술을 바탕으로 만들어진 인공 석굴 사원으로, 그 안의 본존불 역시 완벽한 비례와 균형미를 보여준다. 맑은 종소리와 종 표면의 아름다운 비천상으로 유명한 성덕대왕신종도 신라 불교 미술의 우수성을 대표하는 범종이다.

답 삼국의 불교 문화가 통합되고 당의 불교 문화까지 융합되어 독자적이고 뛰어난 불교 문화가 발달하였다.

완도에 청해진을 설치한 이유는?

통일신라는 시간이 지나면서 당과의 관계를 회복한 후 사신을 파견하고 유학생과 승려를 보내는 등 당과 활발히 교류하였다. 산둥반도와 창장강 하류에 신라인 마을인 신라방, 관청인 신라소 등을 만들 정도였다.

일본 역시 통일 과정에서는 적대 관계였지만 나당 전쟁을 치르는 과정에서 다시 연대하고 교류를 시작하였다. 생활용품과 수공업 제품을 일본에 수출하는 대신 금이나 직물 원료를 수입하였다. 또 당과 동남아시아, 서아시아 등에서 들어온 물품을 일본에 전달하는 중계 무역도 하였다. 이처럼 국제 교역이 활발해지면서 울산항과 당항성(경기도 화성)을 통해 중앙아시아, 서아시아 지역의 물품도 들어왔다.

그러나 9세기 이후 당나라 해적의 약탈이 매우 심해져 신라인을 잡아다 노예로 거래하기에 이른다. 당시 당에서 무장으로 지내던 장보고는 비참하게 학대받는 신라인 노비를 보고 분개하였고, 신라에 돌아와 흥덕왕에게 오늘날의 완도인 청해에 해적을 상대할 진영을 설치해 달라고 요청했다.

청해진을 설치한 후 장보고는 1만 명의 군사로 해적들을 소탕하고 남해와 서해의 해상을 장악하였다. 그는 당과 신라, 일본을 잇는 무역을 독점하면서 커다란 정치 세력이자 동아시아 무역의 큰손으로 성장했다.

답 신라인이 당 해적에게 끌려가 노비가 된 것을 보고 분노한 장보고의 요청으로 청해진을 설치한다.

고려 태조 왕건에게 부인이
29명이나 있었던 이유는?

후고구려를 세운 궁예의 부하였던 왕건은 여러 전쟁에서 승리를 거두며 백성들의 지지를 얻었다. 그리고 918년 폭정을 일삼던 궁예를 몰아내고 왕이 되어 나라의 이름을 '고려'라고 짓는다. 고려의 태조가 된 왕건은 차츰 힘을 키워 935년 신라 경순왕에게 나라를 넘겨받고, 936년 내분이 일어난 후백제를 무너뜨리며 후삼국을 통일하였다.

태조 왕건은 고려를 세우는 데 도움을 준 호족들을 통합하기 위해 혼인 정책을 썼다. 즉 지방의 유력 세력인 호족의 딸과 혼인하여 가족 관계를 맺음으로써 이들의 공을 치하하고 견제하는 수단으로 삼은 것이다. 호족들 중 중앙관리로 임명된 사람들을 출신 지역의 '사심관(책임을 지고 관리하는 사람)'으로 임명해서 그 지역을 책임지게 하였고, 그 자식들을 개경으로 불러 왕실의 호위를 맡겼다. 태조는 모두 29명의 아내를 두고 그 사이에서 무려 34명의 자식을 얻었는데, 이는 태조의 사망 직후 시작된 피비린내 나는 왕위 다툼의 이유가 된다.

태조는 이 외에도 오랜 전쟁으로 지친 민심을 달래기 위해 세금을 줄여주었고 백성들의 통합과 안정을 위해 불교 행사를 열었다. 또한 고려가 고구려를 계승한 나라임을 천명하기 위해 북진정책을 추진하여 북쪽으로 영토를 확장하고 발해를 멸망시킨 거란과는 국교를 끊었다.

답 태조 왕건은 호족을 통합하기 위해 혼인 정책을 펼쳤다.

노비안검법은 사실 왕을 위한 법이었다?

왕건이 사망하자 예고되었던 왕위 다툼이 벌어졌다. 큰아들 혜종이 왕위를 이어받았지만 2년 만에 의문사를 당했고, 둘째 아들 정종 역시 일찍 죽는다. 이 상황에서 4대 왕이 된 광종은 섣불리 왕권을 강화하는 대신 치밀한 계획을 세웠다. 그 결과가 '노비안검법'이다.

이 법의 취지는 억울하게 노비가 된 사람을 양인으로 돌아가게 하는 것이었지만, 숨겨진 의도는 호족의 세력 약화였다. 당시 호족들은 전쟁 포로로 붙잡은 노비를 사병으로 이용하고 있었는데, 이들을 양인으로 돌려보냄으로써 호족의 군사력과 경제력을 약화시켰다. 동시에 세금을 내는 양인의 수가 늘어나면서 그만큼 국가 재정이 튼튼해졌다.

958년 광종은 호족의 반발에도 불구하고 '과거제'를 도입하였다. 당시 고려에는 왕족이나 고위 관료, 공신의 자제가 벼슬을 세습하는 '음서제'가 있었으나, 유교적 학식이 있는 신진 관료를 뽑는 과거제를 실시하여 양인 이상이면 누구나 응시할 수 있도록 한 것이다. 이렇게 능력 위주로 선발된 관리들은 왕에게 충성을 바쳤다.

노비안검법과 과거제를 통해 광종은 호족의 세력을 약화하고 왕권을 강화하는 데 성공한다. 그리고 이어진 것이 왕의 정책에 불만을 보인 호족들에 대한 대대적인 숙청이었다. 그 결과 광종이 집권하는 내내 호족들은 목숨을 보전하려고 전전긍긍할 수밖에 없었다.

답 호족의 노비를 양인으로 바꾸어 호족 세력을 약화하고 왕권을 강화하는 법이다.

이자겸이 난을 일으킨 이유는?

안정기를 맞이했던 고려는 12세기에 들어 몇몇 가문이 권력을 독점하면서 분열이 시작되었다. 그중 경원 이 씨 가문은 왕실과 혼인하여 세력을 키우고, 외척으로 80년간 권세를 잡는 등 횡포가 심했다. 특히 이자겸은 예종과 인종에게 딸들을 시집보내면서 막강한 권세를 잡았다.

17대 왕 인종은 이자겸에게 위협을 느끼고 그를 제거하려 하였으나 이를 먼저 눈치챈 이자겸이 고려 최고의 무사인 척준경과 함께 난을 일으켜 궁궐을 태우고 인종을 붙잡아 자신의 집에 가둔다. 이것이 1126년에 벌어진 '이자겸의 난'이다. 그러나 인종이 척준경을 설득하여 이자겸을 붙잡아 전라도 법성포로 유배 보낸 후, 신진 관료 세력을 이용하여 척준경마저 제거하고 반란을 진압하였다.

인종은 이후 약해진 왕실의 힘을 되찾기 위해 정치 개혁을 추진하는데 이 과정에서 묘청, 정지상을 중심으로 한 서경 세력과 김부식을 중심으로 한 개경 세력이 대립하게 된다. 서경 세력의 주장은 풍수지리설을 근거로 서경(지금의 평양)으로 천도를 하자는 것과 중국의 금을 정벌하자는 것이었다. 그러나 개경 세력의 반발로 뜻을 이루지 못하자 묘청 등은 1135년에 서경에서 반란을 일으키는데 이것이 '묘청의 난'이다. 이들은 김부식이 이끄는 군대에 진압되었지만 그동안 쌓인 문제들은 해결되지 않은 채 고려의 혼란은 더욱 심해졌다.

답 인종이 자신을 죽이려 하는 것을 알고 미리 난을 일으켰다.

보현원이 문신들의 피로 물든 이유는?

1170년 8월 30일, 고려의 18대 왕 의종이 즐겨 찾던 보현원이 피로 물든다. 정중부를 비롯한 무신들이 정변을 일으켰기 때문이다. 정중부는 그날 이의방, 이고와 함께 보현원에 있던 문신들을 모조리 죽여 버렸고, 의종을 쫓아내고 명종을 임금으로 세운 뒤 사실상 최고 권력자가 되었다. 하지만 곧 무신들 사이에서도 권력 다툼이 일어나면서 혼란이 이어졌고, 이 혼란을 수습한 최충헌이 권력을 잡으면서 이후 60여 년간 최 씨 정권이 고려를 지배했다.

무신정변은 하루아침에 일어난 것이 아니었다. 무신은 대개 문신보다 신분이 낮았고, 군사 지휘권 역시 문신에게 있었다. 우리가 잘 아는 서희나 강감찬도 문신 출신 장군이다. 문신들은 과거를 치르지 않아도 관직에 나갈 수 있는 음서제나 세습 토지인 공음전과 같은 특권을 누린 반면 무신은 직급별 토지 지급액에서도 차별을 받았으니 무신들의 불만이 쌓일 수밖에 없었다.

무신들이 정변에 성공할 수 있었던 이유는 문벌 귀족의 횡포 아래에서 힘든 생활을 하고 있던 농민과 일반 병사들의 지지를 얻었기 때문이었다. 그러나 무신 정권 시기, 중앙 정부의 힘이 약해지면서 되려 권력자들의 수탈이 심해졌다. 땅을 빼앗고 과도한 세금을 부과하여 농민들의 삶이 더 피폐해지자 결국 곳곳에서 봉기가 일어났다.

답 정중부를 비롯한 무신들이 문신들을 죽이고 정변을 일으켰기 때문이다.

고려는 거란(요)과 몇 번이나 싸웠을까?

고려가 세워질 무렵인 916년, 유목 민족인 거란은 부족을 통일하고 거란국(요)을 세운다. 고려는 건국 초기부터 북진 정책을 추진하고 있었기 때문에 발해를 멸망시키고 세력을 확장하던 거란과 충돌하게 된다.

거란이 처음 우리나라에 쳐들어온 것은 중국의 송나라 때문이었다. 거란은 세력을 키우기 위해 송을 치려고 했는데, 그전에 송과 교류하고 있는 고려를 먼저 제압하기 위해 무려 80만에 달하는 대군을 이끌고 쳐들어왔다. 이것이 거란의 1차 침입이다.

거란은 무서운 속도로 고려의 성들을 함락했다. 이에 고려의 일부 대신들은 서경과 서경 이북의 땅을 주면 거란이 물러갈 것이라며 화친을 주장했지만, 장군 서희는 영토를 내줄 수 없다고 반대하며 거란의 수장 소손녕을 직접 찾아갔다. 서희는 거란이 원하는 것이 고려가 송과 외교를 단절하고 거란과 교류하는 것임을 알고 있었기 때문에, 송과 외교 관계를 단절하고, 거란과 국교를 맺겠다고 약속했다. 이 과정에서 거란과 교류하지 못하는 이유가 여진이 가로막고 있기 때문이라며, 여진과 고려 사이에 성과 보를 쌓고 길을 통해야 하니 여진을 몰아낼 때 도와주는 것을 조건으로 하여 압록강 동쪽에 여섯 개의 마을인 강동 6주를 설치하였다. 피를 흘리지 않고 외교로 영토를 넓히는 실리를 얻은 것이다.

그로부터 5년이 지난 후, 고려의 무신 강조가 반란을 일으켜 목종을 폐위하고 현종을 즉위시켰다. 거란은 이것에 대한 책임을 묻겠다며 고려를 침략한다. 사실 이것은 구실에 불과했다. 이때까지도 고려가 송이 비공식적인 교류를 계속하고 있었기 때문에 두 나라의 관계를 완전히 끊으려고 침략한 것이다.

고려는 2차 침입에서 양규 등의 활약으로 거란군을 격파했고, 그 후로도 거란에 고개를 숙이지 않았다. 그러자 거란은 3차 침입을 한다. 이에 강감찬 장군이 압록강 근처 홍화진에서 강줄기를 막았다가 터뜨리는 방법으로 거란군을 대파하였다. 이어 퇴각하는 거란군을 귀주에서 또다시 격파하는데 이것이 바로 유명한 귀주대첩이다.

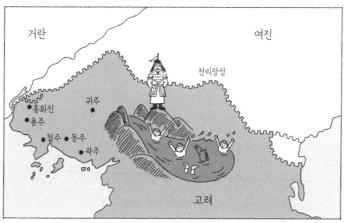

〈강동 6주와 귀주대첩〉

고려는 거란과 싸우면서도 북방 민족의 침입에 대비해 개경에는 나성을, 북쪽 국경에는 천리장성을 축조하였고, 이후 송과 거란 사이에서 힘을 조정하는 균형자 역할을 함으로써 국제적 위상이 크게 높아졌다.

답 3번

동북 9성은 고려의 골칫덩어리였다?

11세기에 거란의 침입이 있었다면 12세기에는 여진의 침입이 있었다. 원래 여진족은 '말갈'이라고 부르던 중국 변방의 유목 민족으로, 고려를 부모의 나라로 섬기며 말, 가죽 등 조공을 바치는 관계였지만 12세기 들어 여진의 세력이 강해지면서 나라를 세우고 고려로 쳐들어온 것이었다.

고려는 여진에 맞서기 위한 특별부대인 '별무반'을 만들어 여진을 정벌하고 동북 지역에 9성을 쌓았다. 그런데 이렇게 쌓은 동북 9성을 나중에 그대로 여진에게 돌려주게 된다. 동북 9성을 유지하기 위해서는 사람이 살아야 하는데 그 지역에 여진족이 계속 출몰하여 재산을 약탈하고 살인을 저지르는 바람에 아무도 살고 싶어 하지 않는 지역이 되었기 때문이다. 여진은 동북 9성을 돌려주면 고려에 대한 약탈을 멈추겠다고 했고, 우리로서는 동북 9성을 지키는 데 국력을 소모할 필요가 없었기 때문에 동북 9성을 여진에게 돌려주고 말았다.

이후 세력이 더욱 강해진 여진은 국호를 '금'으로 바꾸고, 거란의 요를 멸망시킨 뒤 송을 공격하며 동북아시아의 강자로 떠올랐다. 금이 고려에 군신 관계를 요구하자 고려는 금과의 무력 충돌을 피하고자 금과 사대 관계를 맺는다.

답 여진을 정벌하고 동북 9성을 쌓았으나 여진족의 출몰로 관리가 어려워지자 돌려주었다.

고려는 왜 원의 간섭을 받았을까?

13세기 새로운 중국의 지배자로 떠오른 몽골은 고려에 공물을 요구하며 갈등을 일으켰다. 그러던 중 몽골 사신이 살해되는 사건이 일어나자 이를 빌미로 1231년 몽골이 고려를 침공하였다. 당시 정권을 잡고 있던 최충헌의 아들 최우는 결사 항쟁을 외치면서 수도를 강화로 옮겼다. 지도층이 섬에 숨어버렸으니 몽골군에 맞서 싸울 사람들은 가장 약자였던 고려 백성뿐이었다. 30년에 걸친 몽골의 약탈로 나라 전역이 잿더미가 되자, 결국엔 몽골과 화의를 맺자는 의견에 힘이 실렸다.

1260년, 칭기즈 칸의 손자인 쿠빌라이가 대칸이 되어 중국 통일에 나서면서 고려에서 군대를 철수하게 되었다. 몽골은 전쟁을 끝내는 조건으로 개경 환도를 강요했고, 이에 고려 정부는 1270년 개경으로 돌아왔다.

1271년 몽골이 국호를 '원'으로 바꾸고 중국의 통일 왕조로 자리잡으면서 원의 내정 간섭은 점점 심해졌다. 고려의 세자는 원에 볼모로 끌려가야 했으며, 무조건 원의 공주와 결혼함으로써 고려는 원의 부마국이 되었다. 물질적인 수탈도 광범위하게 이루어졌다. 막대한 양의 인삼과 금, 은 등의 공물뿐만 아니라 많은 고려 처녀들을 공녀로 바치게 했다. 원의 세력에 기생하여 권력을 차지한 권문세족의 횡포도 날로 극심해졌다. 가난한 농민들을 약탈하여 땅을 빼앗고 노비로 삼는 일이 비일비재해지면서 고려 백성들의 삶은 극도로 피폐해졌다.

답 쿠빌라이 칸이 이끄는 강력한 몽골군에 대적할 힘이 부족했다.

삼별초가 고려 왕실과 싸운 이유는?

삼별초는 처음엔 최우의 사병 부대인 '야별초'로 조직되었다. 이후 몽골의 침략이 시작되자 좌별초, 우별초에 몽골에 원한이 깊은 자원 군대인 신의군으로 규모가 확대되면서 '삼별초'라 불렸다. 이들은 선봉에 서서 몽골을 막아냈으며, 강화도읍의 방위도 책임지고 있었다.

1270년 고려 왕실이 몽골과 화의하여 개경으로 돌아가기로 하자 삼별초는 끝까지 몽골과 싸우기를 주장하였다. 삼별초는 몽골에 항복한 이상 원종은 더는 고려의 왕이 아니며, 잔혹하기가 말할 수 없는 몽골의 노예가 되느니 차라리 싸워서 나라를 지켜야 한다고 주장하며 몽골과 고려 왕실을 상대로 반기를 들었다. 그리고 이러한 명분 덕분에 백성들의 지지를 얻을 수 있었다.

강화도에서 봉기한 삼별초는 왕온을 왕으로 추대하며 반몽 정권을 수립하고, 1270년 6월 남해안의 진도로 이동하여 몽골과 맞서는 한편, 일본에 외교 문서를 보내 군사 지원을 요청하였다. 그러자 원은 고려의 군사와 함께 연합군을 조직하여 삼별초를 공격하였다. 진도의 삼별초군은 여러 차례 여몽 연합군과의 싸움에서 승리하였고, 1271년 5월 여몽 연합군의 공격에 패퇴하였으나 잔여 세력은 제주도로 거점을 옮겨 항전을 지속하였다. 그러나 1273년 4월, 제주 삼별초 역시 무너지며 40여 년간 이어진 대몽 항전의 최후를 맞이하였다.

답 끝까지 몽골(원)에 대항하고자 하였기 때문이다.

공민왕은 어떤 개혁 정책을 펼쳤을까?

원에 대한 저항 세력이 모두 사라지자 원의 간섭이 더 심해졌다. 정동행성을 설치해 일본 원정을 하는 데 필요한 물자와 군인을 요구했으며, 쌍성총관부, 동녕부, 탐라총관부를 두고 고려의 일부를 직접 지배하였다. 고려에서는 원의 세력을 등에 업은 친원 세력이 권세를 누렸다. 이들은 기존의 문벌 세력과 함께 권문세족을 형성하여 새로운 지배층이 되었다.

1294년 쿠빌라이 칸이 사망하자 원은 황위 계승 분쟁과 재정난으로 국력이 약해지기 시작했다. 왕위에 오르기 전 10여 년을 원에 끌려가 살았던 31대 공민왕은 원의 내정을 잘 알고 있었기 때문에 원에는 형식적으로 사대를 하고 명과 교류하며 반원 개혁을 추진하였다. 그는 친원 세력을 제거하고 쌍성총관부를 폐지하여 철령 이북 땅을 탈환하였고, 정동행성을 축소해 원의 간섭을 막았으며, 변발과 같은 몽골식 풍습을 금지하였다. 또한 권문세족으로부터 권리를 빼앗고, 승려였던 신돈을 등용해 토지와 노비를 본래대로 돌려놓는 전민변정도감을 설치하였다.

공민왕은 명이 원의 수도를 함락한 이후, 원과의 관계를 완전히 끊고 명과 정식으로 국교를 수립한다. 그러나 권문세족의 강한 반발에 부딪힌 데다 홍건적과 왜구의 침략으로 정세가 불안한 상황에서 공민왕이 살해당하며 개혁은 막을 내린다. 하지만 그의 노력은 고려의 전통을 되살리고 나라의 자주성을 찾는 계기가 되었다.

🈲 친원 세력을 제거하고 쌍성총관부를 폐지하였으며 몽골식 풍습을 금지하였다.

신흥 무인 세력과 신진 사대부란?

공민왕이 개혁을 시도하던 14세기 중반, 고려는 원뿐만 아니라 홍건적과 왜구의 침입에도 시달렸다. 홍건적은 머리에 붉은 두건을 둘렀다고 해서 붙은 이름으로, 원이 약해진 틈을 타 일어난 한족 반란군이었다. 이들 중 일부가 고려에 침입하면서 고려는 한때 개경을 빼앗기고, 공민왕이 안동으로 피란을 가기도 하였다. 또한 왜구는 바다를 넘어 해안뿐 아니라 내륙, 심지어 개경까지 위협할 정도로 쳐들어와 행패를 부렸다.

이런 시기에 최영과 이성계 등이 홍건적과 왜구를 물리치며 큰 공을 세우자 백성들의 신임을 얻게 된다. 이렇게 힘을 얻은 세력을 '신흥 무인 세력'이라고 한다.

원 간섭기에 고려에는 또 다른 세력이 등장하는데 바로 '신진 사대부'이다. 이들은 원의 학자들에게서 성리학을 받아들인 고려의 지식인들로, 권문세족에게 대항하는 새로운 정치 세력으로 등장하였다. 신진 사대부는 주로 과거를 통해 중앙 관직에 진출하였고, 성리학을 바탕으로 고려의 문제점을 해결하기 위해 노력하였다.

그러나 같은 신진 사대부들끼리도 개혁의 방향이 달랐는데, 고려 왕조를 유지하면서 개혁을 추진해야 한다는 세력과 고려 왕조를 없애고 새로운 왕조를 세워야 한다는 세력으로 나뉘었다.

🔒 신흥 무인 세력은 외적을 물리치며 백성의 신임을 얻은 사람들이고, 신진 사대부는 과거로 중앙 관직에 진출한 지식인들이다.

고려 시대, 우리나라가 Corea로 알려진 배경은?

고려 말, 동북아시아의 정세는 매우 혼란스러웠다. 중국에서는 907년에 당이 멸망하고 5대 10국 시기를 거쳐 960년에 송이 등장했다. 926년에 세력이 커진 거란이 발해를 멸망시켰고, 1115년에는 거란이 지배하고 있던 여진이 금을 세웠다. 이러한 상황 속에서 고려는 여러 나라와 교류하며 새로운 문물을 받아들이고 실리를 추구하였다.

송과는 우호적인 관계를 유지하며 사신 및 상인이 왕래하였고, 송으로 건너간 유학생도 많았다. 주로 금, 은, 인삼, 나전 칠기 등의 물품을 송으로 수출하고 비단, 약재, 서적과 같은 물품들을 수입하였다. 고려와 송은 주로 바닷길을 이용해 교류하였기 때문에 개경과 가까운 예성강 입구의 벽란도가 국제 무역항으로 성장하였다. 거란에는 주로 농기구, 곡식 등을 보내고 은, 모피, 말 등을 받아 왔다. 거란에서 받은 대장경은 고려 대장경 편찬에 영향을 주기도 하였다. 일본과도 인삼, 곡식, 서적 등의 물품을 수출하고 유황, 수은을 수입하며 교류하였다.

특히 아라비아 상인들과 많이 교류하였는데, 수은, 향신료 등을 받고 금이나 비단으로 교환하였다. 이들은 주로 개경과 가까운 무역항인 벽란도를 통해 고려를 오갔으며 일부는 고려에 귀화하기도 하였다. 이 아라비아 상인들에 의해 고려는 'Corea(코리아)'라는 이름으로 서방 세계에 알려지게 되었다.

답 아라비아 상인들과의 교류로 고려가 Corea란 이름으로 서방 세계에 알려졌다.

고려 시대에는 여성도
자신의 재산을 가질 수 있었다?

고려 시대 여성의 지위는 조선 시대와는 완전히 달랐다. 고려 시대에는 여성도 한 집안의 호주가 될 수 있었다. 호적에 성별을 구분하지 않고 이름을 적었기 때문이다. 재산도 똑같이 상속하였으며, 부모를 모시는 것이나 제사도 성별에 상관없이 자식들이 돌아가면서 맡았다.

여자는 18세, 남자는 20세 전후에 같은 신분이나 계층끼리 결혼하는 경우가 많았고, 결혼 후에는 남자가 여자의 집에서 지내는 처가살이가 일반적이었다. 결혼 후에도 여성이 자신의 재산을 가질 수 있었는데 친정에서 물려받은 재산도 여성의 소유였다. 결혼할 때 데려온 노비를 재혼할 때 데리고 갈 수 있었고, 노비를 자식에게 물려주기도 하였다. 재혼도 큰 제약 없이 자유롭게 할 수 있었다.

이런 문화는 조선 초기까지 이어져서 남자가 여자의 집으로 장가를 가서 처가에서 1~5년 정도 사는 것이 일반적이었다. 재산 상속 역시 구별 없이 받았다. 그러나 17세기 이후 성리학이 일상생활 속에 깊이 파고들면서 부계 중심의 가족 제도가 강화되었다. 따라서 조선 후기에는 족보에 남자를 먼저 기록하였고, 여자는 재산 상속에서 제외되었으며, 장남이 아닌 아들 역시 차별받았다.

답 고려 시대에는 성별에 구분 없이 호적에 올랐고 상속도 똑같이 받았으며 재혼을 하더라도 자기 재산을 가져갈 수 있었다.

《삼국사기》와 《삼국유사》는 뭐가 다를까?

고려는 잦은 전쟁으로 혼란을 겪으면서 계승성을 밝히기 위해 역사 서술을 중요하게 여겼다. 국가에서 기록한 실록은 아쉽게도 전해지지 않고 있지만, 현재까지 전하는 가장 오래된 역사서로 1145년 17대 인종의 명을 받아 김부식 등이 편찬한 《삼국사기》와 1281년 승려 일연이 신라·고구려·백제 3국의 유사를 모아서 지은 《삼국유사》가 전해진다.

《삼국사기》는 신라를 중심으로 삼국 시대의 역사를 서술하였는데 신라를 고구려나 백제보다 우위에 놓았으며, 고려가 신라의 뒤를 이은 나라라고 기록하였다. 또한 김부식은 유학자였으므로 유교의 관점에서 충과 효를 강조하며 서술하였고, 신라 역사에 필요한 몇 개의 설화만을 다루었다. 그래서 《삼국사기》에는 단군왕검 이야기가 없다.

반면 《삼국유사》에는 삼국의 불교 관계 설화, 단군의 고조선 건국 신화, 향가 등과 가야의 역사가 수록되어 있다. 《삼국사기》에 빠진 고기(古記)의 기록들을 원형대로 모아 놓은 데에 큰 가치가 있다.

이외에도 고려 시대에는 무신정변과 몽골과의 항쟁을 거치면서 자주의식이 반영된 여러 역사서들이 등장했는데, 주몽을 찬양하는 내용이 담긴 이규보의 《동명왕편》, 고조선부터 고려 시대의 역사가 담긴 이승휴의 《제왕운기》 등이 전해진다.

🔲 《삼국사기》는 왕의 명령에 따라 써낸 공식적인 역사책이지만 《삼국유사》는 일연이 개인적으로 쓴 역사서이기 때문에 내용과 형식이 좀 더 자유롭다.

《직지심체요절》은 왜 프랑스에 있을까?

우리나라의 목판 인쇄술은 통일신라 시대에 불경의 보급이 확산되는 과정에서 발전했다. 세계에서 가장 오래된 목판 인쇄물로 알려진 《무구정광대다라니경》은 신라 경덕왕 10년인 751년에 만들어져 불국사 석가탑 안에 봉안되었다.

고려 시대에 들어서는 과거제로 인해 책이 필요한 사람들이 많아지면서 인쇄술이 더욱 발달하였다. 또한 《초조대장경》이 몽골의 침략으로 불에 타 버린 후 민심을 잡고 대몽 항쟁의 뜻을 다지기 위해 《팔만대장경》을 제작하였는데, 불교의 경전을 정리한 대장경을 조판하면서 인쇄술의 수준이 이전보다 매우 높아졌다.

목판 인쇄술의 발전은 금속으로 활자를 만들어 인쇄하는 금속 활자의 발명으로 이어졌다. 금속 활자는 책의 내용에 따라 필요한 활자를 하나씩 옮겨 심는 방식이어서 다른 책을 인쇄할 수 있다는 면에서 목판 인쇄술보다 유용했다.

금속 활자로 인쇄한 최초의 책은 1234년에 만들어진 《상정고금예문》이지만 전해지지 않았기에 현재까지 전해지는 세계에서 가장 오래된 금속 활자 인쇄본은 1377년 고려 시대 청주 흥덕사에서 만들어진 《직지심체요절》이다. 《직지심체요절》은 상·하 2권인데, 흥덕사에서 간행된 책은 하권의 2장부터 39장까지 총 38장이 프랑스 국립도서관 동양문헌실에 보관되어 있다. 취암사에서 간행된 《직지심체요절》은 목판본으로, 상·하권이 완전한 1책이 국립중앙도서관과 한국중앙연구원 장서각 및 영광 불갑사에 소장되어 있다.

    흥덕사에서 발행한 금속 활자 인쇄본《직지심체요절》은 19세기 말, 주한 프랑스 공사로 근무하였던 콜랭 드 플랑시가 본국으로 돌아가면서 수집해 간 고서 및 각종 문화재의 하나였다. 이후 골동품 수집가 앙리 베베르에 의해 프랑스 국립도서관에 기증된 것으로 밝혀졌다. 세계에서 가장 오래된 금속 활자 인쇄본인 만큼 문화재로의 가치가 크지만 플랑시가《직지심체요절》을 샀는지, 하사 받았는지 수집 경로가 정확하지 않아서 반환을 받기 어렵다. 프랑스의 국내법상 합법적인 방법으로 반출된 문화재는 반환하지 않고 있기 때문이다. 따라서《직지심체요절》을 반환받으려면 수집 경로를 파악하는 조사가 더 필요한 상황이다.

🔲 프랑스의 국내법에 따라 반환이 어렵기 때문에 수집 경로에 대한 조사가 필요하다.

이성계가 고려의 정권을 장악하게 된 사건은?

공민왕이 시해된 후 불과 열 살의 어린 우왕이 즉위하였지만, 당시 실질적인 권력은 홍건적과 왜구를 무찌르며 백성들의 신임을 얻은 최영과 이성계에게 있었다.

이 무렵 원을 북쪽으로 몰아내고 중국을 차지한 명은 고려가 원과 손잡고 자신들을 공격하지는 않을까 하는 염려 때문에 고려에 무리한 요구를 계속했다. 그러면서 공민왕 때 원으로부터 되찾은 쌍성총관부가 있던 영토를 내놓으라고 요구해왔다.

최영은 어처구니없는 명의 요구를 들어주면 앞으로 간섭이 계속될 거라며 명의 군대가 주둔해 있는 요동 지방을 정벌하자고 주장했다. 그러나 이성계는 '4불가론'을 내세우며 요동 정벌에 반대했다. "작은 나라가 큰 나라를 거역해서는 안 된다. 농번기인 여름에 군사를 일으키면 병사들의 사기가 떨어진다. 요동 정벌을 떠난 사이에 왜구가 침략해 올 수 있다. 장마철이라 전염병에 걸리기 쉽고 활의 아교가 녹아 제 기능을 하지 못한다."는 것이었다.

결국 최영의 주장에 힘이 실리면서 우왕은 이성계에게 5만의 군사를 이끌고 요동 정벌을 떠나게 한다. 그러나 이성계는 요동으로 가는 도중, 국경인 압록강을 완전히 건너지 않고 압록강 하류의 작은 섬인 위화도에서 군대를 돌려 개경으로 돌아온다. 왕의 명을 거역한 것이다. 이 사건이 바로 1388년에 일어난 '위화도 회군'이다.

한편 이성계가 군대를 돌렸다는 소식을 들은 우왕과 최영은 남은 군사들을 모두 모아 이성계에 대항하려 했지만 역부족이었다. 이성계는 개경을 장악한 후 최영을 귀양 보냈으며, 우왕을 폐위시키고 새로 창왕을 세우면서 정권을 잡았다.

이후 이성계는 고려의 문제점을 비판하고 개혁을 꿈꾸던 정도전, 조준, 남은과 같은 신진 사대부 세력과 손을 잡고, 과전법을 실시해 토지 제도를 개혁하고 부패한 관리와 권문세족을 몰아내는 등 고려 사회를 바꾸는 개혁을 추진했다.

🔲 위화도 회군. 이성계는 명의 군대가 주둔한 요동을 정벌하라는 왕의 명을 거역하고 위화도에서 군대를 돌려 개경으로 돌아와 정권을 잡았다.

조선이 한양을 수도로 정한 이유는?

정권을 잡은 신진 사대부는 개혁의 과정에서 새로운 왕조를 세울 것인 지를 두고 온건파와 급진파로 나뉜다. 정몽주, 이색 등의 온건파는 개 혁은 필요하지만 고려 왕조를 유지해야 한다는 입장이었던 반면, 정도 전, 조준 등의 급진파는 개혁을 완성하기 위해서는 새로운 왕조를 세워 야 한다고 주장했다. 결국 급진파가 정몽주를 위시한 온건파를 제거하 면서 고려는 멸망하고 이성계를 왕으로 하는 새로운 왕조가 세워졌다.

1392년 왕위에 오른 태조 이성계는 나라 이름을 '조선'이라 정하고 개경에서 한양(현재 서울)으로 수도를 옮겼다. 한반도의 중심에 자리한 한양은 교통이 편하고 산으로 둘러싸여 방어에 유리했기 때문이다. 이 는 또한 오랫동안 고려의 수도였던 개경에서 벗어나 한양에서 새로운 정 치를 펼치려는 의도가 담긴 결정이었다.

조선 건국을 주도한 정도전은 유교, 특히 성리학을 통치 이념으로 삼 아 조선에서 유교적 이상을 실현하고자 여러 제도와 문물을 정비했다. 새로이 수도가 된 한양은 그런 의도를 담아 건설한 도시이다. 한양을 둘 러싼 4대문의 이름을 '인의예지(仁義禮智)'에 따라 '흥인문, 돈의문, 숭례 문, 숙정문'이라고 지었으며, 효의 이념에 따라 조상들의 위패를 모시고 제사를 지내는 종묘를 궁궐 왼편에 지었다.

답 풍수지리적으로도 좋고 군사, 교통, 지리적 위치가 훌륭했으며 개경을 떠나 새로운 곳에서 정치를 하고자 했기 때문이다.

태종은 어떻게 왕권을 강화했을까?

조선 건국에 큰 공을 세운 또 다른 이는 태조 이성계의 다섯째 아들 이방원이다. 정도전이 조선이 갖춰야 할 정부 형태와 조세제도를 마련하고《조선경국전》을 편찬해 새로운 법 제도의 틀을 닦았다면, 이방원은 고려를 따르던 이들을 제거하여 나라를 안정시키는 데 큰 공을 세웠다.

그러나 이들은 시시때때로 충돌했다. 정도전은 성리학을 통치 이념으로 삼아 현명한 재상을 중심으로 정치를 해야 한다고 주장했고, 이방원은 강력한 국왕을 중심으로 나라를 운영해야 한다고 믿었기 때문이었다. 결국 이방원은 두 차례 왕자의 난을 일으켜 정도전을 비롯해 자신에 대한 반대파를 제거하고 왕위에 오른다.

태종 이방원은 고려의 문제점을 해결하고 왕권을 강화하고자 노력하였다. 그는 우선 공신과 왕족의 사병을 금지하였다. 자신도 사병을 이용해 왕위에 올랐으니 왕권에 위협이 되는 사병을 없애 모든 군사력을 왕에게 집중시킨 것이다. 재상들의 의결기구인 의정부의 권한을 축소하고 왕명을 직접 실행하는 6조 직계제를 실시하여 재상의 지위를 낮추는 한편 전국을 8도로 나누고 지방 구석구석까지 수령을 파견하여 직접 관리했다. 또한 호패법을 만들어 인구를 파악하고 세금을 징수하여 재정을 안정시켰다.

📘 사병을 없애고 재상의 지위를 낮추었으며, 전국을 8도로 나누어 직접 관리하는 한편, 호패법을 만들어 인구를 파악하고 재정을 안정시켰다.

조선 시대 문화를 꽃피운 왕은?

태종이 조선의 기틀을 단단히 한 덕분에 그의 아들인 4대 세종은 능력을 마음껏 펼칠 수 있었다. 세종은 국왕과 신하가 조화를 이루는 유교적 이상 정치를 실현하고자 집현전을 설치하여 학자를 양성하였고, 왕과 신하가 학문을 토론하는 경연을 중시하였다.

세종의 가장 큰 업적은 '훈민정음' 창제이다. 훈민정음은 1443년에 창제하여 1446년 반포되었는데 한자를 익히기 어려웠던 백성들이 쉽게 글을 익히게 되면서 기록을 남기고 소식을 전하기 쉬워졌다. 즉, 소통이 원활해진 것이다. 1447년에는 훈민정음으로 《용비어천가》를 간행해 왕의 권위를 세우고 새 나라 조선의 위엄을 알렸다. 또한 세종은 민본정치를 실행하고자 합리적인 세금 정책인 공법을 실행했으며, 《농사직설》을 통해 농사법을 정리하고, 측우기를 발명해 농사에 활용하도록 하였다.

세종은 신분 고하를 막론하고 인재를 등용하였는데 노비 출신인 장영실을 등용하여 과학 연구와 과학 기구 제작을 지원하였다. 이에 장영실을 비롯한 과학자들이 규표, 간의, 혼상 등의 천문 관측기구와 일성정시의, 앙부일구, 자격루 등의 시간 측정기구를 발명하고 제작할 수 있었다. 이뿐만이 아니다. 여진을 물리쳐 4군 6진을 개척해 국경을 넓히고, 쓰시마섬(대마도)을 정벌하여 국방을 탄탄히 하였다. 그 외에도 경제, 과학기술, 예술, 문화 등 여러 방면에 큰 업적을 남겼다.

답 세종

세종 때 만든 조선의 독자적인 역법서는?

조선 시대에는 천체의 움직임과 기후의 변화, 일식과 월식 등을 관측하여 변화를 살피고 농사에 도움을 주는 천문학 연구를 중요시하였다. 농업을 기반으로 하는 일반 백성의 생활을 안정시키고 국력을 강화하는 데 천문학이 큰 힘이 되었기 때문이다. 태조는 옛 천문도의 오차를 수정한 천문도인 '천상열차분야지도'를 만들었는데, 여기에는 1,400여 개의 별과 북두칠성 등이 그려져 있다.

천문학 연구를 비약적으로 발달시킨 임금 역시 세종이었다. 그는 천체를 관측하기 위해 경복궁 안에 간의대를 설치하였으며, 삼각산, 금강산, 마니산, 백두산 등에 관측기구를 설치하고 천문학자를 파견하여 천체의 운행을 관측하도록 했다.

세종의 천문학 업적 중 가장 주목할 만한 것은 조선 실정에 맞는 역법서인《칠정산》을 제작한 것이다. 이전에는 중국의 역법을 사용했는데 절기 등이 우리와 맞지 않는 부분이 있었다. 기상 관측을 담당하던 서운관 학자들이 1442년에 만든《칠정산》은 한양의 동짓날 낮의 길이가 베이징보다 14분 이상 긴 것을 밝혀낼 정도로 세밀하고 정확했다. 이로써 조선을 기준으로 한 독자적이고 정확한 달력을 만들 수 있게 되었다.

답 《칠정산》

사대교린 정책이란 무엇일까?

조선이 건국될 당시 중국 역시 원에서 명으로 통일 왕조 교체가 이루어졌다. 태조 이성계는 명에 사신을 보내어 새 왕조의 승인을 청하고 국호도 화령과 조선 중에서 골라 달라고 할 정도로 친명 정책을 펼쳤다. 정도전의 주도하에 북진정책이 대두되었지만, 이는 사병을 정부군으로 끌어들이는 역할을 했을 뿐이었다.

그의 뒤를 이은 태종 역시 명과 충돌하는 것을 원하지 않았다. 건국 초기 불안정한 상태에서 전쟁은 위험하다고 생각했고, 당시 명의 국제적 위치를 무시할 수 없었다. 그래서 명을 사대하면서 안정적인 관계를 유지하였다. '사대'란 '작은 나라가 큰 나라를 섬긴다'는 뜻으로, 명에 사신을 보내 조공을 바친 것이다.

그러나 조선은 일본이나 여진에게는 강경책과 회유책을 함께 사용하는 교린 정책을 펼쳤다. '교린'이란 '이웃 나라와 대등하게 교류한다'는 뜻으로, 조선 시대에는 명 외의 다른 나라에 취하는 외교 정책을 의미했다. 일본에는 왜구의 침입에 대해 쓰시마섬(대마도)을 토벌하는 강경책을 쓰는 동시에 조선의 세 항구를 제한적으로 개방하는 회유책을 취하였다. 또한 북쪽에서 여진을 몰아내어 4군 6진을 개척하는 한편, 귀순하는 여진인에게는 관직과 토지를 하사하였다. 나라의 체제를 정비하면서 다른 나라와의 관계에도 현명하게 대처하려고 노력한 것이다.

답 명은 큰 나라로 섬기고, 일본과 여진에게는 강경책과 회유책을 함께 썼다.

조선 시대 왕은 신하의 눈치를 살폈다?

조선은 성리학의 왕도정치를 근본으로 삼았기에, 정책을 결정할 때 여러 가지 방법으로 신하들의 의견을 듣고 소통하였다. 왕도정치란 왕이 수양을 통해 덕을 기르고, 이를 바탕으로 신하들의 의견을 들어 올바른 정치를 하는 것이다. 따라서 왕의 잘못을 간쟁하는 사간원과 정책 자문 및 경연을 담당하는 홍문관을 두고, 경연에서 왕과 신하가 함께 유교의 경전에 대해 토론하고 정책을 논의하였다. 또한 유생들은 상소로 왕에게 건의할 수 있었고, 백성들은 신문고를 통해 억울함을 알릴 수 있었다.

교육의 목적 역시 유교적 소양을 갖춘 관료를 양성하는 데 있었다. 과거에 응시하려면 어려서부터 유학을 공부해야 했기에 전국에 위치한 서당부터 한양의 학당, 지방의 향교 등에서 한문과 유교 경전을 배웠다. 과거 시험의 1차 시험에 해당하는 소과를 통과한 유생들은 최고 교육 기관인 성균관에서 유학 교육을 받아야 대과에 응시할 수 있었다. 즉, 철저한 유교 교육 과정을 거쳐야만 관직에 나갈 수 있었던 것이다.

🔟 경연에서 신하는 왕의 잘못에 대해 의견을 말할 수 있었다.

훈구파와 사림파는 왜 싸웠을까?

조선 시대의 가장 중요한 화두는 왕과 신하 사이의 균형이었다. 이 균형에 따라 조선 시대를 크게 체제 정비기, 사화 발생기, 붕당 정치기, 탕평 정치기, 세도 정치기로 나누기도 한다.

조선의 7대 왕 세조는 어린 단종을 끌어내리고 왕위에 올랐는데 이때 세조의 즉위를 도운 공신들이 '훈구'라고 하는 세력을 이루었다. 훈구라는 말 자체가 '공로가 있는 사람이나 집안'이라는 뜻이다. 훈구 세력은 공신이었기 때문에 넓은 토지와 많은 노비를 소유하는 등 여러 혜택을 누렸으며, 주요 관직을 독점하였다. 이렇게 권력을 장악한 훈구 세력은 시간이 지날수록 부정과 비리를 자행했다.

훈구 세력의 횡포가 심해지자 9대 왕 성종이 이들을 견제하고자 새로운 세력을 중앙 정치에 등용하였으니 이들이 바로 사림이다. '사림'은 '선비 사(士)' 자와 '수풀 림(林)' 자를 써서 '속세에서 벗어난 선비'를 뜻하는 말이다. 사림에는 고려 말 정몽주나 길재 등의 계통을 이은 학자나 단종 복위를 꾀하다가 유배를 간 생육신의 후학들이 많았는데, 정치를 멀리하고 지방에서 유학 공부와 교육에 힘쓰던 재야의 유학자들이었다. 사림은 주로 감찰기구인 3사의 관리가 되어 훈구 세력의 비리를 비판하고 개혁을 주장했으며, 왕에게 이상적인 유교 정치의 방향을 제시하고자 했다.

사림이 훈구 세력을 비판하자 훈구와 사림의 갈등이 심해질 수밖에 없었다. 훈구 세력은 사림 세력 확장을 견제하기 위해서 음모를 꾸몄는

데 이것을 '사림이 화를 입는다'는 의미로 '사화'라고 한다. 연산군 재위 이후 4차례에 걸친 사화로 사림 세력은 큰 피해를 보게 되었다.

➕ 4차례에 걸친 사화

◇ **무오사화** | 1498년에 일어난 사화. 훈구파가 《성종실록》에 들어가는 내용을 빌미로 사림파를 숙청한 사건이다. 왕의 모든 행적을 기록한 '사초'가 발단이 되어 일어났다.

◇ **갑자사화** | 1504년 연산군이 친어머니 윤 씨가 폐위된 사실을 알고 이에 관여한 훈구파와 윤 씨를 다시 왕후 지위로 올리려는 것을 반대한 사림파를 비롯하여 성종의 후궁들, 할머니인 인수대비까지 죽게 만든 사건이다.

◇ **기묘사화** | 1506년, 폭정을 일삼는 연산군을 내쫓고 왕으로 추대된 11대 왕 중종은 사림 세력을 등용했고 조광조에게 개혁을 맡겼다. 이를 시기한 훈구 세력이 1519년 나뭇잎에 '조 씨가 왕이 된다'는 뜻의 '주초지왕(走肖之王)'을 꿀로 써서 벌레가 파먹게 한 뒤, 조광조를 비롯한 사림 세력을 역적으로 몰아 제거한 사건이다.

◇ **을사사화** | 1545년 13대 명종이 즉위한 후 세자 책봉과 왕위 계승을 둘러싸고 외척 세력이 권력다툼을 벌였는데, 그 과정에서 많은 사림 세력이 희생된 사건이다. 훈구 세력과 사림 세력의 대결은 아니었지만 사림이 희생되었기 때문에 사화라고 부른다.

🈷 세조의 즉위를 도와 권력을 얻은 훈구 세력을 사림이 비판하고 개혁하고자 하면서 대립하게 되었다.

붕당 정치는 어떻게 시작된 것일까?

1545년, 명종이 12세의 어린 나이에 즉위하면서 어머니인 문정왕후가 수렴청정하였다. 당시 정부는 왕실의 외가 쪽 친척인 외척의 세력 다툼이 극에 달했을 때였다. 문정왕후의 권세를 등에 업은 동생 윤원형은 을사사화를 일으켰고, 외척의 탐욕으로 백성의 삶이 어려워졌다.

명종의 뒤를 이은 14대 선조는 이황과 이이 등 뛰어난 학자를 등용하고, 출신과 상관없이 인재를 등용하여 국정을 쇄신하려고 노력했다. 이러한 노력으로 사림이 세운 교육 기관인 서원을 바탕으로 한 사림 세력의 관직 진출이 활발해졌고, 새롭게 정치를 바꾸려는 사상이 지지를 얻으면서 사림 세력은 중앙 정계를 장악하게 되었다.

사림 세력이 정치권력을 장악하니 조선 사회도 크게 변했다. 사림은 성리학을 바탕으로 도덕과 명분을 중요하게 여기며 유교 윤리를 지키고 왕도 정치를 펼칠 것을 주장했다. 이 뜻을 이루기 위해 지방에 성리학을 가르칠 서원을 더 많이 세웠고, 주요 서원에는 토지와 노비를 하사하고 세금을 면제해주면서 양반들을 성리학으로 무장시켰다. 지방(향촌)에는 유교 이념을 바탕으로 한 향약을 만들어 보급하였는데, 향약을 위반하면 처벌을 받아야 했다. 이렇게 16세기 이후 성리학 질서가 자리잡히면서 삼강오륜 등 유교 윤리가 기본 생활 규범이 되었고, 군신·부모·남녀·적서의 구분이 중시되었다. 결과적으로 유교 윤리는 신분제와 호주 중심의 가부장제 사회 구조를 강화하는 역할을 했다. 조선 시대에 여성의 지위가 떨어진 것도 이 때문이었다.

그러나 사림 세력은 얼마 지나지 않아 3사의 관리를 임명할 수 있는 이조전랑이라는 관직을 두고 다툼을 시작하면서 동인과 서인으로 나뉘어 붕당을 형성한다. '붕당'이란 정권을 잡은 사림이 정치적, 학문적 입장에 따라 형성한 집단을 말한다.

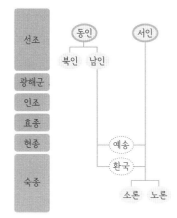

〈붕당 정치 계보도〉

본래 붕당 정치는 서로의 뜻이 다르더라도 상대를 인정하고 서로 논쟁하여 답을 찾는 정치 형태로 유교적 이상 정치의 모습이었다. 그러나 붕당 정치가 계속 이어지면서 건전한 비판과 견제를 하기보다는 당파의 이익을 위해 서로를 음해하고 비난하기 시작했고, 결국 잦은 권력 다툼으로 정국은 어수선해졌다.

동인은 다시 남인과 북인으로 갈라졌다. 이후 임진왜란 때 의병 활동으로 힘을 얻은 북인이 정권을 장악하였으나 서인이 주도한 인조반정으로 몰락하고 만다. 19대 왕인 숙종 때는 정국을 주도하는 붕당이 급격히 교체되는 '환국'이 일어났다. 세 번의 환국으로 서인과 남인이 번갈아 집권한 끝에 남인은 중앙 정계에서 밀려났고, 서인은 다시 노론과 소론으로 나뉘었다.

📑 3사의 관리를 임명할 수 있는 이조전랑이라는 관직을 두고 다투면서 동인과 서인으로 나뉘어 붕당 정치가 시작되었다.

　　　　　　　　　　조선 시대_붕당 정치

임진왜란 때 조선 인구의 반이 줄었다고?

16세기 말 조선은 표면적으로는 비교적 큰 전쟁 없이 평화로운 나날을 보내고 있었지만, 사화에 이은 붕당의 대립으로 정치적으로 혼란스러웠고, 군역 제도도 흐트러져 국방력이 매우 약해져 있었다.

선조 16년인 1583년에 국방을 책임지고 있던 이이는 일본의 움직임이 수상하다며 10만 군사를 길러 외적의 침략에 대비하자고 하였다. 이후 1590년에 일본에 다녀온 사신 중 서인인 황윤길은 일본의 침략 가능성이 높다고 하였으나 동인인 김성일은 가능성이 없다고 하였다. 당시 정부는 동인 세력이 집권한 시기였으므로 황윤길의 의견은 묵살되었다.

그동안 일본은 도요토미 히데요시가 오랜 기간에 걸친 전국 시대의 혼란을 수습하고 권력을 잡았다. 그는 국내 불만 세력의 관심을 밖으로 돌리고자 '명을 정벌하려고 하니 조선 땅을 빌려달라'는 '정명가도'를 명분으로 조선을 침략한다. 이것이 1592년에 일어난 임진왜란이다.

일본은 전국 시대를 거치며 치른 전투 경험과 개량된 조총을 가지고 전쟁을 시작한 지 채 20일도 되지 않아 조선의 수도 한양을 함락시키고 북상한다. 선조는 파죽지세로 올라오는 일본군을 피해 한양을 버리고 개성을 거쳐 평양으로 갔다가 결국 국경 바로 앞인 의주까지 달아났다.

선조와 신하들이 일본군을 피해 도망치는 와중에 조선을 살린 건 류성룡과 이순신, 스스로 일어난 의병이었다. 류성룡이 내정과 관군을 지휘하며 내륙을 지키는 한편, 바다에서는 이순신의 지휘에 따른 조선 수군이 옥포(거제) 해전에서 첫 승리를 거둔 후, 당포(통영), 당항포(고성)에서 연달아 일본군을 물리친다. 이어진 한산도 해전에서는 학이 날개를 펼친 모양인 학익진 전법을 구사해 대승을 거둔

다. 지방의 사림, 전직 관리, 승려, 농민 등이 만든 의병의 활약도 빼놓을 수 없다. 의령의 곽재우와 합천의 정인홍 등 의병장의 활약으로 전국 곳곳의 일본군을 물리치는 동시에 명에서 파견한 지원군과 함께 평양을 되찾았다.

전세가 불리해진 일본군은 협상을 청한다. 하지만 조선 8도 중 4도를 일본에 넘기고 조선 왕자와 신하를 볼모로 내놓으라는 등 터무니없는 요구사항을 내세우는 바람에 3년에 걸친 협상은 결렬되었다. 그러자 일본군이 다시 쳐들어오는데 이것이 1597년 발발한 정유재란이다. 이때에도 이순신은 명량 대첩과 노량 해전에서 일본군을 격퇴했고, 히데요시의 사망으로 일본군이 철수하면서 마침내 1598년, 전쟁이 끝났다.

무려 7년이나 계속된 전쟁은 한반도를 초토화했다. 농토의 70%가 황폐해졌고, 많은 사람이 죽거나 일본으로 끌려가면서 인구가 절반 가까이 줄었다. 수많은 유적과 유물이 파괴되었으며, 도자기, 서적, 그림 등을 약탈당하는 등 전쟁으로 인한 피해가 이루 말할 수 없었다.

답 전쟁 중에 죽고, 일본으로 끌려가면서 조선 인구의 절반이 줄었다.

인조의 삼전도 굴욕이란?

임진왜란이 끝나고 선조의 뒤를 이은 광해군은 밖으로는 명과 후금 사이에서 중립 외교를 펼쳐 안정을 유지하고, 안으로는 임진왜란 때 의병 활동으로 힘을 얻은 북인 세력과 함께 전쟁으로 인한 피해를 복구하는 데 힘을 쏟았다. 그러나 임진왜란 때 우리를 도운 명과의 의리를 중시하던 서인은 중립 외교에 반대했다. 그러던 중 광해군이 영창 대군을 살해하고 인목대비를 유폐하자, 서인은 이를 빌미로 광해군과 북인 세력을 몰아내고 인조를 왕으로 추대하는 인조반정을 일으킨다.

서인의 힘으로 왕위에 오른 16대 왕 인조는 명을 가까이하고 후금을 멀리하는 외교정책을 펼칠 수밖에 없었다. 그러자 후금이 광해군 폐위 문제를 빌미로 조선을 침략하는데, 이것이 1627년 발발한 정묘호란이다. 임진왜란으로 인해 국력이 바닥으로 떨어져 있던 조선은 후퇴하며 버텼지만 더 대항할 수 없어 후금과 화친을 청하였고, 후금은 명과의 전쟁을 앞두고 있었기에 조선과 형제 관계를 맺고 물러났다.

그 후 후금은 국호를 청으로 바꾸고 세력을 확대한 후 형제 관계가 아닌 군신 관계를 요구해 왔다. 조선의 관리들이 청과 화의하자는 주화론과 청에 맞서자는 척화론으로 의견이 나뉘어져 대립한 가운데 청 태종이 다시 쳐들어오는데, 이것이 바로 1636년에 발발한 병자호란이다.

일주일 만에 한양이 청군에 함락되었고, 인조와 신하들은 남한산성으로 피신했지만 큰 규모의 청군을 당할 수 없었다. 결국 인조는 세자와 대신들을 모두 거느리고 남한산성을 나와 삼전도에서 청 태종에게 무릎을 꿇고 '세 번 절하고 머리를 아홉 번 조아리는(3배 9고두례)' 항복 의식을 치러야 했다. 이 전쟁 이후, 소현 세자와 봉림 대군을 비롯해 척화론을 주장했던 신하들과 많은 백성이 청에 포로로 끌려갔고, 조선은 해마다 청에 많은 양의 공물을 바쳐야 했다.

임진왜란과 두 번의 호란을 겪은 조선은 그동안의 과오를 바로잡기 위해 개혁을 실시하였다. 광해군에서 숙종에 이르는 동안 개인이 아닌 토지에 따라 세금을 부과하는 대동법을 실시해 농민들의 세금 부담을 줄여주었고, 양전 사업과 토지대장 정리를 통해 생활을 안정시켰다. 비변사의 기능을 강화하여 국정 기구를 안정시키는 한편, 훈련도감을 5군영 체제로 바꾸어 군사 조직을 탄탄하게 개편하였다.

사실 호란이 일어나기 전까지 조선은 청을 세운 여진족을 오랑캐라 부르며 무시했었다. 그런 청에 패하자 조선은 충격에 빠질 수밖에 없었다. 청에 볼모로 잡혀갔던 봉림 대군(효종)이 인조의 뒤를 이어 왕위에 오르자 청을 정벌하여 호란의 치욕을 씻고 명에 대한 의리를 지키자는 북벌론이 일어났다. 그러나 강성해진 청을 이기고자 무리하게 북벌을 추진하던 효종이 갑자기 세상을 떠나자 북벌론은 실패로 끝나고 말았다.

호란 이후 청은 명을 멸망시키고 중국의 패권을 차지하며 더욱 강해졌고 문화와 정치, 경제가 모두 발달하였다. 그러자 조선에서도 이런 현실을 인정하고 청의 발달한 문물을 받아들이자는 움직임이 나타났다.

답 인조가 삼전도에서 청의 태종에게 무릎을 꿇고 항복한 사건이다.

영조와 정조가 시행한 탕평책은?

인조반정 이후 서인이 정권을 잡으면서, 붕당은 서인이 우세한 가운데 남인과 공존하는 형태로 유지되었다. 그러나 18대 현종 때 대비의 상복입는 기간에 대한 예송 논쟁으로 서인과 남인이 대립하였고, 19대 숙종 때는 서인과 남인이 번갈아 권력을 잡으면서 특정 붕당이 정권을 독점하게 된다.

붕당 정치로 인해 왕권까지 위협을 받게 되자 21대 영조는 관리들의 반발을 무릅쓰고 탕평책을 실시하였다. '탕평책'이란 당파를 따지지 않고 공정하게 인재를 선발하는 것을 말한다. 영조는 노론과 소론 모두에게 골고루 기회를 주어 인재를 등용하면서 소론의 불만을 잠재웠다. 이렇게 탕평책을 이용해 붕당 간 대립을 약화하며 왕권을 강화할 수 있었고, 이를 바탕으로 민생을 안정시키기 위한 각종 개혁을 추진하였다. 붕당의 근거지인 서원을 정리했으며, 백성의 군역 부담이 줄도록 균역법을 시행하고 신문고 제도를 부활했으며 가혹한 형벌도 개선했다.

52년간의 영조의 통치가 끝나고 왕위에 오른 22대 정조는 영조에 이어 각 붕당의 옳고 그름을 명백히 가리는 적극적인 탕평책을 실시하였다. 정조는 당파에 상관없이 능력이 있다면 관리로 등용했고, 측근이라도 권력을 남용하면 직위를 빼앗았다. 차별받았던 서북 출신 인재를 등용하고 서얼 차별을 철폐하는 등 균형적으로 관리를 등용하였다.

정조는 이런 정책을 뒷받침하고 왕권을 강화하기 위해 학술 연구 기관인 규장각을 개편해 왕을 돕는 강력한 정치기구로 만들었으며, 친위

부대인 장용영을 설치해 왕의 군사적 기반을 강화하였다. 또한 정치·군사적 기능을 가진 수원 화성을 건설하여 장용영의 외영을 화성에 두는 등 개혁의 중심지로 삼았다.

탕평책으로 정국이 안정되고 여러 개혁이 이루어지면서 피폐해졌던 조선도 안정되기 시작했다. 이전에는 정부 허가를 받은 시전 상인만 상업 활동을 할 수 있었으나 정조가 누구나 자유롭게 장사할 수 있도록 허용하면서 상업이 급속히 발달하였다. 농업 역시 모내기법이 널리 퍼져 이모작이 성행했고, 인삼, 담배, 채소, 약재 등의 상품 작물을 재배하여 부를 쌓는 농민들이 많아졌다. 상인들의 자유로운 활동과 농업의 발달로 대규모 상업 활동을 하는 사상이 출현하면서 무역도 활발히 이루어졌다. 전국에 1천여 곳이 넘는 5일장이 생겼고, 화폐인 상평통보가 전국적으로 유통되었으며, 전문 수공업자들의 수요가 늘어났다. 경제가 발달하자 여유가 생긴 서민들을 위한 문화도 발달하였다. 탈놀이, 민화, 판소리 등이 유행하기 시작한 것이 바로 이 시기이다.

그러나 일반 서민들의 삶이 모두 풍요로워진 것은 아니었다. 일부 농민과 상인들에게 부가 집중되면서 많은 농민들은 오히려 땅을 잃고 소작농으로 전락하거나 품을 팔며 떠돌아야 했다. 정조의 사망 후에는 세도 정치로 인한 관리들의 수탈이 더 심해지고 부정부패가 횡행하면서 신분 제도를 비롯한 조선 시대 통치의 근본이 흔들렸다.

🔵탑 당파에 상관없이 공정하게 인재를 선발하는 정책

조선 시대에 양반 족보를 사고팔았다고?

영조와 정조 시기에는 탕평책의 시행으로 정국이 안정적이었으나 정조의 사망 후 다시 극심한 혼란이 시작된다. 정조는 죽기 전에 믿음직한 신하인 김조순에게 나이 어린 순조를 잘 보필해 달라고 부탁하였다. 그러나 순조와 혼인한 김조순의 딸이 왕후가 되면서 김조순의 가문인 안동 김 씨가 권력을 장악하였고, 외척 세력이 권력을 쥐고 나라를 뒤흔들었다. 이러한 세도 정치는 철종까지 60여 년 가까이 이어졌다.

세도 정치의 폐해 중 가장 문제가 되는 것은 관리들의 부정부패였다. 세도 가문에 뇌물을 주거나 아첨을 해서 관직을 얻어낸 관리들이 그 관직을 유지하기 위해서 부정부패를 일삼았기 때문이다. 살기 힘들어진 농민들은 땅을 잃고 떠돌거나 화전민이 되었고, 도적이 되기도 했다. 1811년, 홍경래는 관리들의 수탈과 서북 출신의 관직 진출 차별 등에 반발하여 난을 일으켰고, 전국에서 농민들의 봉기가 이어졌다.

세도 정치로 사회가 혼란해지면서 신분 제도까지 흔들렸다. 중앙 정치에서 소외된 양반은 사회적 권위도, 경제력도 없는 잔반으로 전락했다. 신분은 낮지만 부유한 일부 백성은 이런 양반에게 족보를 사서 양반이 되거나 족보를 위조하여 양반 행세를 하기도 하였고, 일부는 나라에 돈이나 곡식을 내고 이름이 비어있는 임명장인 공명첩을 받아 형식적인 관직을 얻었다.

답 부유한 백성이 가난한 양반에게 족보를 사는 경우가 흔했다.

청에 보낸 사신이 소개한 종교는?

17세기 이후 조선은 청을 통해 서양의 과학기술을 받아들였다. 청에 보내는 사신을 '연행사'라 했는데, 이들은 베이징에 있던 서양 선교사와 교류하며 서양의 과학 서적, 천리경, 자명종, 지도 등의 물품을 가져와서 조선에 전했고, 이는 조선 후기 천문학, 역법의 발달에 큰 영향을 미쳤다.

서양의 선교사와 교류를 하다 보니 자연스럽게 천주교(서학)도 전파되었다. '모든 인간이 하느님(천주) 앞에서 평등하며 내세에 영생을 누린다'는 교리는 조선의 신분제에서 차별받던 하위 계층과 여성에게 공감을 얻어 널리 퍼지게 되었다. 조선 정부는 처음에는 천주교를 탄압하지 않았지만, 천주교인이 유교적 제사 의식을 거부하는 사건을 계기로 천주교가 양반 위주의 신분 질서를 부정하는 것으로 여겨 탄압하였다.

서학이 퍼지자 이에 반하여 동학이 나타났다. 동학은 민간 신앙에 여러 종교의 교리를 합한 것으로, 농민들을 중심으로 널리 퍼져 전국적으로 세를 넓혔고, 이 조직이 이후 동학농민운동으로 이어졌다.

유학자들 사이에서도 현실에 관심을 가지고 여러 가지 사회 문제를 해결하고자 하는 움직임이 일어났다. 이를 '실학'이라고 하는데, 정약용, 유형원, 홍대용, 박지원, 박제가 등이 주축을 이뤄 농업 중심 개혁론과 상공업 중심 개혁론을 펼쳤다. 하지만 실학은 학문적 주류를 이루지 못하고 일부가 정책에 반영되는 데 그쳤다.

답 천주교

통상수교거부정책을 상징하는 비석은?

1863년, 세도 정치의 폐해로 나라가 어지러운 상황에서 철종의 후계자가 없자 신정왕후는 왕실의 먼 친척 중에서 계승자를 골라 왕위를 물려주었다. 그러나 고종이 12세의 나이로 왕위에 오르자 아버지인 이하응이 대원군이 되어 실권을 장악했다.

'흥선 대원군' 하면 '쇄국정책'이나 '천주교 박해' 등의 부정적 이미지가 먼저 떠오르지만, 사실 그는 당시 혼란한 민심을 수습하고 나라 안팎의 위기를 극복하기 위해 큰 노력을 기울였다. 세도 정치를 펴던 안동 김씨 세력을 약하게 하려고 당파, 지역, 신분 등을 가리지 않고 인재를 등용하는 한편, 세도 가문이 주도하던 비변사를 폐지하고, 의정부와 삼군부의 정치, 군사 기능을 부활시키는 등 통치 체제를 정비하였다.

또한 붕당 정치의 근거지가 된 서원을 과감히 정리하였다. 흥선 대원군은 650개 서원 중 47개만 남기고 모두 정리하였으며, 철폐된 서원 소유의 토지와 노비를 몰수하여 국가 재정을 확충하였다.

흥선 대원군의 이런 개혁 정치는 통치 체제를 정비하고 민생을 안정시키는데 어느 정도 효과를 거두었다. 그러나 임진왜란 때 불탄 경복궁을 중건하면서 양반에게 강제로 기부금을 내게 하고 백성들을 공사에 강제 동원하는 한편, 재정난을 극복하기 위해 발행한 당백전으로 인해 물가가 크게 오르면서 반발에 부딪혔다.

이 무렵은 서양 열강의 제국주의가 팽배한 시기였다. 영국은 중국을, 미국은 일본을, 프랑스는 베트남을 강제로 개항시켰다. 우리나라도 예외는 아니었다. 조선 연안에 열강의 배들이 등장하여 여러 차례 통상을 요구해왔다. 그러나 흥선 대원군은 이러한 통상 요구가 군사적 침략으로 이어진다고 여겨 통상 수교 요청을 모두 거절하였다.

1866년 10월, 프랑스는 명목상 조선의 천주교 탄압에 항의하며 강화도를 침략하였고, 조선군의 반격으로 물러가는 와중에 외규장각에 소장된 우리의 책과 무기 등을 약탈해 갔다. 이를 병인양요라 한다.

비슷한 시기, 미국 상선 제너럴셔먼호의 통상 요구를 거부하자 이들이 무력으로 약탈을 벌였고, 이에 화가 난 평안도 백성들이 제너럴셔먼호에 불을 지른 사건이 있었다. 5년 후인 1871년, 미국 함대가 이에 대한 책임을 묻겠다며 강화도를 침략하며 강압적으로 통상을 요구했으나 조선군의 저항으로 물러났다. 이 사건이 신미양요이다.

이런 사건들로 흥선 대원군은 물론 일반 백성들에게 통상에 대한 부정적인 인식이 강해졌고, '서양 오랑캐가 침략했는데 싸우지 않으면 화의하는 것이고, 화의를 주장하는 것은 나라를 파는 행위다'라는 내용의 '척화비'를 전국에 세웠다. 이러한 정책을 예전에는 '나라 문을 잠근다'는 뜻의 '쇄국정책'이라고 하였지만, 요즘은 '다른 나라와의 통상 및 교역을 허용하지 않는다'는 뜻으로 '통상수교거부정책'이라고 한다.

그러나 흥선 대원군의 정책에 모두가 찬성했던 것은 아니었다. 서양 문물을 받아들이자는 학자와 관리들도 적지 않았는데, 이런 분위기에 힘입어 고종의 비인 명성황후는 흥선 대원군을 몰아낸다.

🈳 척화비

강화도 조약은 왜 불평등 조약이라고 할까?

1873년 흥선 대원군이 자리에서 물러나고 고종이 직접 나라를 다스릴 것임을 선언했지만, 실질적으로는 명성황후와 민 씨 세력이 권력을 장악하였다. 이후 통상 개화론이 힘을 얻기 시작한다. 이를 파악한 일본은 개항의 구실을 만들기 위해 1875년 강화도에 군함 운요호를 보내 도발하였고 이에 대응하는 과정에서 일어난 충돌을 구실로 함포 사격을 가한다. 당시 대포와 소총을 가진 일본군의 화력에 조선이 굴복하면서 '일본이 피해를 보았으니 조선은 그에 대해 책임지고 개항하라'는 요구에 따라 조선은 개항한다. 이때 일본과의 통상 수교를 결정하며 1876년에 맺은 조약이 '강화도 조약'이다.

강화도 조약의 제1조는 '조선은 자주국이며 일본과 평등한 권리를 누린다'였다. 하지만 이는 청과 조선의 강한 연대를 끊으려는 일본의 의도를 담은 것이었다. 부산, 원산, 제물포 세 항구를 개방하고 항구에 개항장을 두도록 했는데, 개항장에 머무는 일본인에게는 치외법권을 허용했다. 게다가 '조일 무역 규칙'이라는 부속 조약으로 일본에 관세를 매기지 못하게 하는 등 불공평한 조항으로 조선의 경제를 어렵게 만들었다.

이후 강화도 조약을 일부 개정한 '조일 통상 장정'이 체결되었지만 상황은 크게 달라지지 않았고, 이때 맺은 강화도 조약은 이후 일본이 조선을 침략하는 토대가 되고 말았다.

답 조항의 대부분이 조선에 불리했기 때문이다.

갑신정변은 왜 3일 만에 끝났을까?

개항 후 조선 정부는 1880년, 개화 정책의 중심기구로 통리기무아문을 설치하고, 1881년에는 근대식 군대인 별기군을 창설하였다. 또한 일본에 수신사를 보내 근대 문물을 살펴보도록 하고, 청에 영선사를 보내 무기 제조법과 군사 훈련법을 배워오게 하였다.

그러나 보수적인 유생들은 이런 개항의 움직임에 반대하였다. 이들은 성리학적 사회질서를 지키고 서양 문물을 배척하자는 위정척사 운동을 전개하였다. 게다가 별기군보다 낮은 대우를 받는 것에 반발한 군인들이 1882년에 임오군란을 일으켜 일본 공사관을 불태우고 궁궐을 습격했다. 이에 민 씨 세력이 청의 지원을 요청했고, 이를 빌미로 청은 조선에 군대를 주둔시키고 조선의 내정에 간섭하기 시작했다.

청의 내정 간섭이 심해지기 전, 대신 김옥균과 박영효 등은 일본의 메이지유신과 같은 급진적인 서구화를 추진하고 있었다. 그러나 정부의 개화 정책은 속도를 내지 못했고 청의 간섭이 점점 커지면서 이들의 세력이 약해졌다. 김옥균 등은 1884년 우정총국(우체국) 개국 축하 연회가 열리는 날, 청군과 민 씨 세력을 몰아내고자 정변을 일으켰다. 이들은 입헌군주제를 도입하고 신분제를 폐지하는 등의 내용을 담은 정강을 공표하며 새 정부를 구성하였다. 그러나 청이 군대를 동원해 이들을 제압하면서 최초의 자주 근대화 운동은 3일 만에 막을 내린다.

답 청의 군대에 무력으로 제압당해 3일 만에 막을 내린다.

동학농민운동을 일으킨 전봉준은
왜 녹두장군이라고 불릴까?

동학은 1860년 최제우가 우리의 민간 신앙에 유교, 불교, 도교를 융합하여 만든 새로운 종교이다. 당시 불교와 유교는 제구실을 못했고, 천주교는 전반적인 우리 실정에 맞지 않았다. '사람이 곧 하늘(인내천)'이라는 사상을 가지고 있던 동학은 어지러운 정치를 바로잡고, 백성들을 구제하며, 서양으로부터 나라를 구하는 반외세, 사회 개혁 운동의 성격을 가진 종교로 급속히 확산되었다. 그러나 양반 중심 신분제를 부정하는 동학이 확산되면 조선 사회의 질서가 무너지리라 생각한 정부는 최제우를 처형하고, 동학을 탄압했다. 하지만 이후에도 동학의 교리는 확산되었고, 마침내 1894년에 동학교도들과 농민들이 모여 동학농민운동을 일으켰다.

동학 지도부는 나라를 돕고 백성을 편안하게 한다는 '보국안민', 폭정을 없애고 백성을 구제한다는 '제폭구민', 권세를 누리는 부패 관리는 모두 없앤다는 '진멸권귀', 일본과 서양 세력을 모두 쫓아낸다는 '축멸왜이'를 구호로 내세우고 동학농민운동을 본격적으로 시작했다.

그러자 무능력한 정부는 청의 도움을 청했고, 청이 군대를 파견하자 '조선에서 청일 양국 군대는 동시에 철수하고, 동시에 파병한다'는 톈진조약에 따라 일본도 우리나라로 군대를 보냈다. 청과 일본이 우리 땅에서 전쟁하는 것을 원하지 않았던 농민군은 신분 차별 철폐와 토지제도 개혁 등이 담긴 12개 폐정 개혁안을 제시했고, 정부에게 개혁안을 받아들이겠다는 약속을 받고는 자발적으로 해산했다.

그런데 농민군이 해산했음에도 일본군은 철수하지 않고 조선 침략의 욕심을 드러냈다. 일본군은 오히려 한양을 장악하고 조선에 남아 있는 청군을 공격했고, 이로 인해 조선 땅에서 일본과 청의 전쟁이 일어났다. 이것이 1894년 발발한 청일 전쟁이다. 청일 전쟁 후 동학 농민군이 제2차 봉기를 일으키고 일본을 몰아내자며 서울로 진격했지만, 서울로 가는 길목인 공주 우금치 고개에서 벌어진 전투에서 크게 패하고 만다. 이때 지도자인 전봉준이 체포되면서 동학농민운동은 실패로 끝나고 말았다.

"새야 새야 파랑새야 녹두밭에 앉지 마라. 녹두꽃이 떨어지면 청포장수 울고 간다."라는 노랫말은 동학농민운동이 실패하자 많은 조선의 백성들이 눈물을 흘렸다는 뜻을 담고 있다. 노래 속의 녹두는 어린 시절 몸집이 작아서 붙은 전봉준의 별명이다.

비록 동학농민운동은 실패했지만, 그 정신은 조선의 근대화와 독립운동에 큰 영향을 끼쳐 신분 제도 변화에 기여했고, 반외세 사상은 이후 의병 운동과 3·1 운동으로 계승되었다.

답 동학농민운동을 주도했던 전봉준의 체구가 작아서 붙은 별명이다.

갑오개혁에는 어떤 내용이 담겨있을까?

동학농민운동 때 한양을 장악한 일본군은 경복궁을 무력으로 점령한 후 흥선 대원군을 섭정으로 하는 김홍집 내각을 구성하도록 하였다. 김홍집 내각은 군국기무처를 만들어 개혁을 추진하였는데, 이것이 1894년 7월에 이뤄진 '제1차 갑오개혁'이다. 청과 우리나라와의 대등한 관계를 주장하였으며 과거제와 신분제를 폐지하고 관료제도와 도량형을 개편했다. 그러나 이 안에는 청이 간섭하지 못하게 하려는 일본의 의도가 숨어 있었다.

제1차 갑오개혁에는 청일 전쟁으로 인해 일본의 간섭이 비교적 적었지만, 일본이 전쟁에서 승리를 거두고 있던 '제2차 갑오개혁'에서는 일본의 간섭이 더 심해졌다. 김홍집과 박영효를 내세운 연립 내각을 만들었으며 개혁 방안을 담은 홍범 14조를 통해 조선이 독립국임을 선포하였다. 하지만 여기에서 독립국이라는 것은 청의 종주권을 부인하려는 의도이며, 왕실과 관련된 개혁 내용은 흥선 대원군과 명성황후의 정치 개입을 배제하려는 의도였다. 또한 이 개혁 과정에서 일본은 다수의 일본인 고문관을 각 부처에 배치하여 조선의 내정을 간섭하였다.

갑오개혁은 일본의 강요와 간섭에 의해 이루어졌기 때문에 군사개혁이나 토지개혁의 내용은 담지 못했다. 하지만 개혁의 정신이 독립협회로 이어지고, 1900년대 애국 계몽 운동으로 이어졌다는 데 의의가 있다.

답 근대화에 기여했지만 일본과 친일 세력에 의한 것이기 때문에 한계가 있었다.

고종은 왜 러시아 공사관으로 거처를 옮겼을까?

고종과 명성황후는 일본을 견제하기 위해 청 및 러시아와 유대하였다. 이런 가운데 일본의 지원을 받던 박영효가 일본으로 쫓겨나고 왕실의 측근 세력이 조선의 내각에 대거 기용되면서 일본의 조선에 대한 영향력이 약해졌다. 이에 불안해진 일본은 조선과 일본의 병합에 방해가 되고 친러 정책을 주도하는 명성황후를 제거하기로 하였다. 마침내 1895년 10월 8일 새벽, 일본 공사 미우라의 지시로 일본의 낭인들이 경복궁에 침입해 명성황후를 잔인하게 시해하는데 이것이 을미사변, 즉 '명성황후 시해 사건'이다.

을미사변으로 조선 정부에 영향력을 되찾은 일본은 고종을 위협해 김홍집, 유길준, 서광범 등의 친일파를 내세운 2차 내각을 구성하는 한편 같은 해에 을미개혁을 단행하였다. 태양력 사용, 단발령과 종두법 등을 시행했는데, 상투를 자르게 강요한 단발령은 유교 중심의 조선 사회에서 큰 반발을 사면서 전국에서 의병이 일어나는 단초가 된다.

을미사변 후 궁에 갇혀 신변의 위협을 느꼈던 고종은 1896년 2월, 일본군이 의병 진압을 위해 지방으로 흩어져 있는 틈을 타서 세자와 함께 러시아 공사관으로 거처를 옮긴다. 이를 '아관파천'이라 한다. 아관파천 후 고종은 을미개혁 무효를 선언하였고, 김홍집이 성난 백성들에게 살해됨으로써 을미개혁은 막을 내린다.

답 을미사변 후 신변의 위협을 느꼈기 때문이었다.

대한제국은 어떤 일을 했을까?

아관파천 이후 열강의 간섭이 더욱 심해지자 정부 내의 개혁 세력이 만든 독립 협회를 중심으로 고종의 환궁을 요구하는 여론이 형성되기 시작하였다. 이에 고종은 1년 만에 경운궁(덕수궁)으로 환궁하였다.

돌아온 고종은 먼저 대내외에 조선이 자주 주권 국가임을 알리고자 연호를 광무로 고치고 황제로 즉위하였으며, 국호도 조선에서 '대한제국'으로 바꾸었다. 대한제국의 수립과 함께 고종은 여러 가지 개혁을 시행했는데, 이를 '광무개혁'이라고 한다. 최초의 근대적 헌법을 만들었고, 전차, 철도, 전화 등 서양의 통신수단을 받아들였으며, 의식주 모든 방면에서 서양식 문화가 도입되면서 사람들의 생활도 바뀌었다.

대한제국은 일본의 야욕에 맞서 여러 열강 사이에서 힘겹게 독립을 유지하고 있었다. 이런 위태로운 상황에서 나라를 수호하고자 하는 의병들이 일어났다. 1895년 을미의병, 1905년 을사의병, 1907년 고종의 강제 퇴위 후에 일어난 정미의병 등이 대표적이다.

다른 한편에서는 근대 국가 수립을 위해 민족의 실력을 키울 것을 주장한 보안회, 헌정 연구회, 대한 자강회, 신민회 등이 조직되어 애국 계몽 운동을 전개하였다. 그러나 일본의 압박이 심해지자 이회영 등의 민족 자본가들은 만주와 연해주 등으로 거처를 옮겨 독립운동을 이어갔다.

답 광무개혁을 시행하고 국호를 대한제국으로 바꾸었으며 서양식 문화를 도입하였다.

고종의 대한제국 칙령 제41호의 의미는?

1693년 4월 어부 안용복이 울릉도가 조선 땅이라고 주장한 이후 조선과 일본 사이에 울릉도, 독도에 대한 영유권 논쟁이 벌어졌다. 당시 일본 막부는 자체 조사 결과 울릉도와 독도가 조선 땅임을 확인하고, 1696년 1월 일본 어부들에게 울릉도에 건너가면 안 된다는 '죽도(울릉도) 도해 금지령'을 내렸다. 그 뒤에도 일본은 1870년 외무성 보고서, 1877년 일본 태정관의 지령을 통해 독도가 일본 땅이 아니라 우리나라 땅임을 확인하였고 이는 기록에 여실히 남아 있다. 이후 고종은 울릉도에 주민을 이주시키고 1900년 대한제국 칙령 제41호를 반포함으로써 울릉도를 울도군으로, 울릉도 도감을 울도군 군수로 격상하였다. 동시에 석도(독도)가 우리 땅임을 분명히 하였다.

그러나 1904년 2월 러일 전쟁 당시 '급박한 상황으로 일본의 군사 작전상 필요하다면 조선의 영토를 마음대로 써도 된다'는 한일 의정서를 체결하고, 1904년 8월에는 '외교 관계 처리는 일본 정부와 협의를 거친다'는 제1차 한일협약을 맺으면서 일본인이 조선 정부를 조종하게 된다. 이런 조약을 악용해 일본은 1905년, 독도를 주인 없는 땅이라며 시마네현에 편입시킨다. 이렇게 독도가 우리나라의 영토였다는 역사적 증거가 여럿 남아 있음에도 불구하고 일본은 여전히 독도가 자기 땅이라는 억지 주장을 계속하고 있다.

🔲 답 울릉도와 독도가 조선의 영토임을 분명히 하였다.

'한일합병', '한일병합', '경술국치' 뭐가 맞을까?

1895년 4월 청일 전쟁에서 승리를 거두고, 1905년 러일 전쟁마저 이기자 일본은 대한제국을 식민지로 만드는 데 본격적으로 착수하였다. 근대화 자본을 지원한다는 명목으로 대한제국 정부에게 돈을 빌려주었으나 이는 경제적인 지배를 노린 행동이었다. 이에 국민들이 성금을 모아 일본에 빌린 돈을 갚아 국권을 지키자는 '국채보상 운동'이 일어났다.

그러나 일본은 이토 히로부미를 최고 직책으로 임명하고 황궁을 포위한 뒤 1905년, 제2차 한일협약인 을사늑약을 맺는다. 을사늑약은 대한제국의 외교권 박탈과 대한제국의 내정을 간섭하는 일본의 통치기구인 통감부를 설치하는 것을 골자로 한다. 일본의 위협 속에서도 고종은 이 조약 체결에 반대했다. 그러자 일본은 대한제국의 대신들을 한 명씩 따로 만나 외부대신 박제순, 내부대신 이지용, 군부대신 이근택, 학부대신 이완용, 농상공부대신 권중현의 서명을 받아 조약을 통과시켰다. 이 조약에 서명한 5명이 바로 '을사오적(乙巳伍賊)'이다.

을사늑약이 체결된 사실이 알려진 후, 민중 시위가 일어나고 항일 의병 운동이 일어나는 등 항일투쟁이 확산되었다. 그러나 1906년 일본은 조선 지배의 야욕을 강화하며 통감부를 세우고 초대 통감으로 이토 히로부미를 앉혔다. 이에 고종은 을사늑약의 부당함을 알리기 위해 네덜란드 헤이그에서 열리는 만국평화회의에 특사를 파견하지만, 일본의 반대로 회의 참석에 실패한다. 이를 빌미로 1907년 일본은 고종을 강제로 퇴위하고 순종을 왕위에 올린 후 그를 협박해 법령 제정, 고등 관리 임면권 등을 빼앗는 내용의 한일 신협약(제3차 한일협약)을 맺었다. 이어 1909년에는 사법권을 빼앗고 이듬해에는 경찰권을 빼앗아 조선을 무력화시켰다. 같은 해, 안중근이 초대 통감이었던 이토 히로부미를 암살하지만 3대 통감 데라우치 마사타케는 1910년 8월 16일에 당시 총리대신이었던 이완용을 비밀리에 만나 합병 조약안을 제시하였고, 1910년 8월 22일 형식적인 회의를 거쳐 한일합병조약을 통과시켰다.

우리 국민의 반발을 두려워한 일제는 집회를 철저히 금지하고 원로 대신들을 연금한 뒤 1910년 8월 29일 한일합병조약을 공포하였다. 조약의 제1조는 '한국 전부에 관한 일체의 통치권을 완전히 또 영구히 일본 황제에게 양여함'으로, 대한제국의 자치권을 빼앗은 것이다. 이는 적법한 비준 절차를 무시하고 일본의 강압 속에 진행되었기 때문에 국제법상으로도 무효인 불법 조약이다. '한일합법' 혹은 '한일병합'은 일제가 자신들의 행위에 정당성을 부여하기 위해 만든 말이므로 정확하게는 경술년에 당한 나라의 수치란 의미로 '경술국치'라고 부름이 마땅하다.

➕ 을사조약일까? 을사늑약일까?

조약은 합의에 따라서 이뤄지는 계약이고 늑약은 강제로 맺어지는 조약이다. 이 약속은 통치권자인 고종이 어떠한 위임도 하지 않았고 적합한 국제법상의 절차가 없이 체결되었기 때문에 여러 번 무효임을 밝혔다. 따라서 '을사늑약'이라고 하는 것이 적절한 표현이다.

🔲 경술국치가 맞는 말이다.

3·1 운동은 일본의 통치를 어떻게 바꾸었을까?

1910년, 일본은 조선총독부를 설치하여 행정, 사법, 군사권 등 모든 권한을 장악하였다. 이런 가운데 1917년에는 러시아 혁명을 이끈 레닌이 식민지 민족에 대한 지원을 약속하였고, 1919년에는 미국의 대통령 윌슨이 '각 민족은 정치적 운명을 스스로 결정할 권리가 있으며 다른 민족의 간섭을 받을 수 없다'는 민족 자결주의를 주창하였다. 이렇게 식민지 정책에 반대하는 국제적인 분위기에 일본의 한인 유학생들이 도쿄에서 2·8 독립선언을 발표하는 등 국내외에서 독립 선언이 이루어졌고, 국내에서도 종교계와 학생을 중심으로 대규모 만세 운동을 계획하였다.

1919년 3월 1일, 민족대표 33인의 독립선언과 함께 서울, 평양, 원산, 의주 등 주요 도시에서 시작된 만세 시위는 전국 곳곳으로 확산되었다. 3월부터 3개월간, 전국적으로 1천 5백 회 이상의 만세 시위가 발생했고, 2백만 명 이상이 참여하였다. 시위를 일본군이 무력으로 제압하며 무려 7천 5백 명이 사망했으며, 4만 5천 명이 넘는 사람들이 옥에 갇혔다.

식민 지배를 거부하는 우리 민족의 의지를 비폭력으로 보여준 3·1 운동은 전 세계의 관심을 끌었고, 일본이 이를 무력으로 진압한 것이 국제 사회에 알려지면서 큰 비난을 받았다. 3·1 운동으로 우리 민족의 독립 의지를 확인한 일본은 우리나라를 힘으로 누르는 무단 통치가 쉽지 않다는 생각을 가지게 되었다.

📕 힘으로 누르는 무단 통치가 쉽지 않다는 생각을 가지게 되었다.

대한민국 임시정부의 초대 대통령은?

일본은 3·1 운동 이후 우리 민족의 문화와 관습을 존중한다는 '문화 통치'를 실시하였지만 실제로는 탄압이 더욱 강화되고 교묘해졌다. 우리 민족 역시 평화적인 시위만으로는 독립을 끌어낼 수 없으며, 독립운동을 지휘할 지도부가 필요하다는 사실을 깨닫게 되었다. 그 결과 3·1 운동 이후 여러 곳에 흩어져 있던 독립운동가들은 한성, 상하이, 블라디보스토크 등에 각각 임시정부를 세웠다. 그리고 곧 세 정부를 하나로 통합하여 상하이에 대한민국 임시정부를 수립하였다. 상하이는 일제의 감시를 피하고 외교활동을 하는 데 유리한 위치였기 때문이다.

대한민국 임시정부는 국호를 '대한민국'으로 정하고, 1919년 9월 대한민국 임시 헌법을 공포했다. 이로써 우리나라 최초의 민주 공화제 정부가 공식 출범하게 되었다. 임시정부가 만든 헌법의 이념은 광복 이후 대한민국 헌법에 계승되었다. 우리 역사상 최초로 삼권 분립에 기초한 민주공화제를 채택하여 입법기관인 의정원, 행정기관인 국무원, 사법기관인 법원을 구성했으며, 초대 임시 대통령으로는 이승만이, 국무총리로는 이동휘가, 경무국장에는 김구가 취임했다. 대한민국 임시정부는 비밀 행정 조직인 연통제와 비밀 연락 조직인 교통국을 운영하는 한편 독립운동을 홍보하는 외교활동을 벌이고 독립운동 자금 마련을 위해 채권을 발행하는 등 독립운동을 지원하는 여러 활동을 전개했다.

답 이승만

김구가 이끈 한인 애국단의 활약은?

일제강점기, 국내에서 일어난 항일운동은 민족주의와 사회주의 계열로 나뉜다. 민족주의 항일운동은 민족의 독립을 가장 중요한 과제로 여기고 국산품 애용 등으로 민족 자본을 육성하자는 '물산 장려 운동'을 전개하였다. 반면 러시아 혁명의 영향을 받은 사회주의 항일운동은 농민과 노동자 등의 계급 해방과 민족의 독립을 동시에 추구하였다. 이 둘은 1926년에 6·10 만세운동을 함께 벌였고, 이듬해엔 전국에 140여 개의 지회와 4만여 명의 회원을 둔 최대의 항일단체 '신간회'를 만들었다.

국외에서는 상하이에 대한민국 임시정부가 세워지는 한편 무장 투쟁이 일어났다. 3·1 운동의 영향으로 1920년대 만주 지역에만 450여 개의 무장독립단체가 만들어질 정도로 그 수가 많아졌고, 일본군 및 경찰과 치열한 전쟁을 벌일 정도로 강해졌다.

1920년 5월 북간도 지역의 여러 독립군 부대를 합쳐서 만든 대한군북로 독군부가 홍범도 장군의 지휘 하에 만주 봉오동에서 일본군과 치른 전투가 '봉오동 전투'이다. 일본 부대를 봉오동 골짜기 안으로 유인해 3면에서 사격을 퍼부어 승리를 거두었다. 봉오동 전투는 만주 지역에서 독립군과 일본군 사이에 벌어진 최초의 대규모 전투로 이 승리는 독립군의 사기를 크게 높였으며, 이후 독립운동이 활발해지는 계기가 되었다.

그러나 봉오동 전투에서 패한 일본군이 독립군을 모조리 소탕하겠다며 그해 10월 엄청난 수의 부대를 이끌고 만주로 오면서 청산리 전투가 시작되었다. 나흘 동안 10여 차례에 걸친 전투에서 당시 독립군의 20배에 달하는 수였던 일본군은 3천여 명의 사상자를 냈고. 김좌진 장군과 홍범도가 이끄는 독립군이 승리를 거두었다. 일제는 이에 대한 보복으로 독립군의 근거지를 없앤다는 구실로 간도 지역의 한인 마을을 습격하여 3만여 명에 이르는 조선인을 무자비하게 학살하였다. 이런 일제의 탄압에 대응하여 독립운동 세력들은 체제를 정비하였고, 만주에 참의부, 정의부, 신민부, 3개의 독립군 정부를 수립하였다. 3부는 군사 기관인 동시에 이주민 사회를 돌보는 행정 기구의 역할도 하였다.

1925년 3월, 임시정부 의정원이 이승만을 탄핵해 대통령직을 박탈하고, 1926년 김구가 국무령으로 위임되어 임시정부의 실질적인 수장을 맡는다. 1931년, 김구는 일본 요인들을 암살하기 위한 비밀 공격 조직으로 '한인 애국단'을 결성하였다. 1932년 1월, 이봉창이 도쿄에서 일왕에게 폭탄을 투척하였고, 1932년 4월에는 윤봉길이 상하이에서 일왕의 생일잔치에 폭탄을 던져 7명의 일본 요인을 암살하였다. 비록 둘은 현장에서 체포되어 처형되었지만 한인 애국단의 활동은 당시 바닥에 떨어져 있던 독립군의 사기를 북돋웠다.

1940년 임시정부의 주석으로 선출된 김구는 한국광복군을 창설하고, 우리 군대가 일본을 몰아내고 항복을 받아내어 우리 힘으로 독립해야 한다고 주장하였다. 이에 따라 1945년 8월 20일 광복군을 국내로 투입하는 국내 진공 작전을 계획했지만, 작전이 수행되기 전 일본이 항복하면서 실행에 옮기지 못했다.

답 이봉창과 윤봉길의 활약으로 독립군의 사기를 북돋웠다.

근대_민족운동

일본은 우리 민족을 어디로 끌고 갔을까?

3·1 운동 이후, 일본은 한국인 지도자들을 친일파로 만들어 우리 민족 간의 갈등을 심화시키는 한편 물자를 수탈하기 시작했다. 쌀 생산량을 늘린다는 명목으로 종자를 개량하고 농지를 개간했지만, 증가량보다 더 많은 쌀을 일본에 가져가면서 농민의 생활은 더욱 어려워졌다. 이것은 일본의 전쟁 준비의 일환이었다.

1930년대 일본은 대외 침략을 본격화하였다. 1931년 만주를 점령하고, 1937년에는 중국과 전쟁을 시작했으며, 1939년에는 전체주의 국가인 독일, 이탈리아와 동맹을 맺고 제2차 세계 대전을 일으켰다. 일본은 침략 전쟁에 한국인을 효율적으로 동원하기 위해 한국인의 민족의식을 말살하려고 하였다. 황국신민화 정책으로 신사참배를 강요하고, 소학교를 '황국신민'이라는 뜻인 국민학교로 바꾸었으며, 우리말과 역사교육을 금지하고 일본어 사용을 강요하였다.

제2차 세계 대전에 있어 우리는 일본의 전쟁을 지원하는 병참 기지 역할을 해야 했다. 1938년 5월에 국가총동원법을 제정하여 인력과 물자, 자금 모두를 우리나라에서 동원해 갔는데, 1939년부터 전쟁이 끝난 1945년까지 한국에서 동원된 인력이 줄잡아 200만 명에 달했다. 지원병제, 징병제로 많은 한국인을 전쟁에 동원하였으며, 국민 징용령을 내려 군수공장, 공사장, 탄광, 제철소 등에서 일하게 하였다. 또한 공출이라는 이름으로 쌀과 잡곡을 비롯한 식량과 각종 자원을 수탈하였다. 심지어 전쟁 무기를 제조한다고 고철과 놋그릇, 불상까지 빼앗아갔다.

➕ 평화의 소녀상에는 어떤 의미가 있을까?

당시 일본군 위안부로 끌려간 전체 피해자 수는 20만 명 이상, 그중 한국 여성이 80%가 넘었다. 그러나 위안부의 실체는 1991년 김학순 할머니가 용감하게 증언을 하기 전까지는 세상에 알려지지 않았다. 이후 위안부 피해 문제를 세상에 알리기 위해 수요 집회가 시작되었으며, 2011년 수요 집회 1천 회를 맞아 주한 일본 대사관 앞에 첫 평화의 소녀상이 세워졌다.

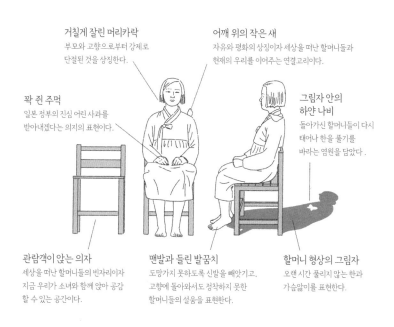

거칠게 잘린 머리카락
부모와 고향으로부터 강제로 단절된 것을 상징한다.

어깨 위의 작은 새
자유와 평화의 상징이자 세상을 떠난 할머니들과 현재의 우리를 이어주는 연결고리이다.

꽉 쥔 주먹
일본 정부의 진심 어린 사과를 받아내겠다는 의지의 표현이다.

그림자 안의 하얀 나비
돌아가신 할머니들이 다시 태어나 한을 풀기를 바라는 염원을 담았다.

관람객이 앉는 의자
세상을 떠난 할머니들의 빈자리이자 지금 우리가 소녀와 함께 앉아 공감할 수 있는 공간이다.

맨발과 들린 발꿈치
도망가지 못하도록 신발을 빼앗기고, 고향에 돌아와서도 정착하지 못한 할머니들의 설움을 표현한다.

할머니 형상의 그림자
오랜 시간 풀리지 않는 한과 가슴앓이를 표현한다.

🔲 200만 명 이상이 전쟁터를 비롯하여 군수공장, 공사장, 비행장, 항만, 제철소, 조선소, 탄광 등으로 끌려갔으며 많은 한국 여성이 일본군 위안부로 끌려갔다.

왜 김구는 초대 대통령이 되지 못했을까?

제2차 세계 대전이 막바지에 이르며 일본의 패색이 짙어지자 국내외 항일운동 세력들은 각기 건국 준비를 위한 단체를 만들어 해방을 맞을 준비를 하였다. 단체들마다 사상적인 차이는 있었으나 모두가 광복 후 독립된 민주공화국을 만들자는 데에는 의견이 일치했다. 그리고 1945년 8월 15일, 두 차례 원자폭탄을 맞은 일본이 무조건 항복하면서 우리 민족은 기다리던 광복을 맞이하였다.

그러나 곧 한반도는 강대국들의 이익 다툼의 현장이 되고 말았다. 광복 직전 미국과 소련은 북위 38도선을 경계선으로 삼아 남쪽에는 미군이, 북쪽에는 소련군이 들어와 일본군의 항복을 받기로 하였다. 그런데 2차 세계 대전 종전 후 소련과 미국의 이해관계가 대립하자 남과 북의 갈등이 깊어졌다. 38선 북쪽은 소련의 영향 아래 사회주의를, 38선 남쪽은 미국의 영향 아래 자본주의를 향해 나아갔기 때문이다.

1945년 12월, 소련의 수도 모스크바에서 미국, 영국, 소련 세 나라가 한반도의 운명을 결정하는 회의를 열었다. 그리고 토론 끝에 소련의 의견과 비슷하게 먼저 임시정부를 수립하고 추후 신탁통치를 협의하여 결정하기로 했다. 그런데 이 사실이 '소련은 신탁 통치 주장, 미국은 즉시 독립 주장'으로 잘못 알려지면서 신탁 통치를 주장했다는 소련에 대한 분노와 함께 신탁 통치 반대 운동이 일어났다. 동시에 우리 민족을 '사회주의 지지자'와 '자본주의 지지자'로 갈라놓았다. 그전에는 하나의 민족이 가장 중요했으나 이때부터 '사회주의냐', '자본주의냐'가 가장 중요한 잣대가 되어버린 것이다. 당시 사회주의자들은 '좌익', 자본주의자들은 '우익'이라 불렸는데 이들은 세계적인 냉전 체제와 맞물려 치열하게 대립하였으며, 친일파들은 재빨리 자본주의자로 변모하며 이익을 노렸다.

이후 열린 미소 공동위원회도 성과 없이 끝나자 미국은 한반도 문제를 국제 연합에 상정하였다. 미국의 바람과는 달리 국제 연합은 남북한 동시 선거를 결정하였다. 그러나 소련과 북한이 '미·소 양군 철수 후 임시정부 자주적 수립'을 주장하며 유엔 한국 임시 위원단이 38선 이북으로 들어오지 못하게 거절하면서, 결국 미국의 뜻대로 38선 이남에서만 단독 선거를 하기로 결정되었다.

김구는 나라가 분단되는 것을 염려하여 38선 이남만의 선거를 결사 반대하였다. 그리고 여러 반대를 무릅쓰고 북으로 넘어가 김일성을 비롯한 주요 정치가들을 만나 여러 사항을 협의하고 서울로 돌아와 미군 철수를 요구했다.

그러나 1948년 5월 10일, 남쪽 만의 선거는 예정대로 실시되었고, 8월 15일 이승만을 대통령으로 하는 '대한민국' 정부가 세워졌다. 그리고 뒤이어 9월 9일 북쪽에서도 김일성을 중심으로 한 '조선 민주주의 인민 공화국' 정부가 세워진다. 김구의 우려대로 남과 북이 완전히 다른 나라가 되고 만 것이다.

답 김구는 남북한 분단을 우려하여 남한만의 선거를 결사반대하였으나, 결국 남한에서만 선거가 치러지면서 이승만이 대통령에 당선되었다.

왜 6·25 전쟁은 종전을 안 하고 휴전을 했을까?

남과 북에 각각의 정부가 들어선 당시, 미국과 소련의 냉전은 갈수록 심해지고 있었다. 세계는 미국을 중심으로 하는 자본주의 진영과 소련 중심의 사회주의 진영으로 나뉘었고, 한반도에서도 38선을 사이에 두고 두 이념이 치열하게 대결하고 있었다. 이는 신탁 통치 문제의 영향이 컸다. 국내 좌익과 우익의 대립, 냉전이 본격화되는 세계 정세에서 열강들의 대립, 거기에서 비롯된 신탁 통치 문제에 대한 의견 차이가 고조되면서 좌우익 간의 골이 깊어진 것이다. 이러한 대립은 이후 한반도의 평화를 방해하였다.

1948년 말, 소련은 북한에서 군대를 철수시키고 이듬해 6월, 미군도 남한에서 철수한다. 이런 가운데 북한은 소련과 중국의 도움을 받아 빠르게 군사력을 키우고 있었다. 1950년 6월 25일 일요일 새벽, 북한군의 탱크가 38선을 넘어 남쪽으로 향했다. 38선에서 치열한 전투가 벌어졌으나 대한민국 국방부가 '유엔에서 우리를 도울 테니 안심하라'고 발표하는 사이, 이승만 대통령은 대피한다. 이틀 후 인민군은 미아리 고개를 넘어 서울로 진격했고, 그제야 전쟁의 위협을 알게 된 서울 시민들이 황급히 피난을 떠난다. 그리고 6월 28일 새벽, 서울 이남으로 건너갈 수 있는 유일한 다리를 국군이 폭파한다. 인민군의 전진을 막는다는 명목으로 서울 시민들의 피난길을 막아 버린 것이다.

한반도에서 전쟁이 터졌다는 소식을 접한 미국은 유엔 안전 보장 이사회를 소집하고, 미국의 맥아더 장관을 총사령관으로 한 유엔군을 결성했다. 그 사이 인민군은 한강을 넘어 낙동강까지 진격했고, 1950년 7월부터는 국군의 지휘권이 미군으로 넘어갔다.

9월 15일, 맥아더 장군의 인천 상륙 작전이 성공하면서 유엔군과 국군은 서울을 되찾고 38도선을 넘어 압록강까지 진격한다. 하지만 중국이 북한군을 돕기 위해 전쟁에 참전하면서 국군과 유엔군은 다시 남쪽으로 후퇴한다. 이때 북한 주민의 상당수도 남쪽으로 피난한다.

이듬해 1월 4일 서울은 다시 인민군의 손에 들어갔으나 한 달 뒤 되찾는다. 이렇게 38도선을 중심으로 전투가 교착 상태에 빠진 상태에서 정전 회담이 시작되었다. 2년에 걸친 정전 회담 중에도 전투는 계속되었고, 마침내 1953년 7월, 정전 협정이 체결되었다. 이승만 정부는 끝까지 북진 통일을 주장하며 정전 협정을 반대하였고, 유엔군 대표와 북한 대표, 중국군이 휴전 협정문에 서명했다.

정전 협정 후 1954년 스위스 제네바에서 남북한을 비롯해 미국, 소련, 중국 등 전쟁 관련국들이 참가해 한반도 문제를 평화적으로 해결하려 했으나 뚜렷한 결론을 내리지 못하면서 6·25 전쟁은 결국 종전을 이루지 못한 채 지금까지 휴전 상태를 유지하고 있다.

이 전쟁은 남북한 모두에게 큰 타격을 주었다. 남한에서 151만 명, 북한에서 188만 명 이상이 죽거나 다쳤으며, 한반도 전체에 걸쳐 철도와 도로, 주택, 공장이 파괴되면서 극심한 경제적 어려움에 부닥치게 된다.

답 제네바에서 종전 협상이 결렬된 이후 지금까지 이어지고 있기 때문이다.

4·19 혁명은 왜 일어났을까?

미국을 등에 업고 초대 대통령으로 선출된 이승만은 해를 거듭할수록 장기 집권을 꾀하며 독재 정치를 행하였다. 6·25 전쟁 중인 1952년에 국회의원들을 위협하여 대통령 직선제로 헌법을 개정하였고, 1954년에는 초대 대통령에게는 중임 제한을 적용하지 않도록 헌법을 개정하였다. 이어서 1960년 3월 15일 제4대 대통령을 뽑는 선거에서 온갖 방법을 동원하여 부정 선거를 자행했다.

　3·15 부정 선거는 그동안 쌓여 온 국민들의 분노를 폭발시켰다. 마산에서 재선거를 요구하는 시위가 벌어지자 경찰은 시위대에게 무차별로 총을 쏘아 시위를 진압하고는 이것이 공산당의 소행이라고 발표했다. 그런데 약 한 달 뒤, 마산 앞바다에서 시위 도중 실종된 김주열 학생의 시신이 얼굴에 최루탄이 박힌 채 발견된다. 그리고 며칠 뒤, 고려대학교 학생들이 이승만 정부의 사주를 받은 정치폭력배들에게 습격을 받는 일이 발생한다. 이 사건들로 분노한 대학생들은 이승만이 있는 경무대(청와대)로 행진하였고, 학생과 시민 등이 모인 수십만 명의 시위대가 전국 대도시의 거리를 뒤덮었다. 이것이 바로 4·19 혁명의 시작이다.

　이승만 정부는 계엄을 선포하고 군대를 동원해 시위를 진압하려 했지만 시위는 더욱 거세졌다. 온 국민의 분노가 폭발하자 더 버틸 수 없었던 이승만은 4월 26일 하야 성명을 내고 하와이로 도피하였다.

　📑 이승만의 독재를 위한 부정 선거에 분노한 시민들이 모여 일으켰다.

유신 체제란 무슨 뜻일까?

이승만이 물러난 후 과도기 정부를 거쳐 1960년 윤보선을 대통령으로 하는 내각이 구성된다. 그런데 불과 9개월 만인 1961년 5월 16일 새벽, 육군 소장 박정희를 중심으로 한 군인들이 중앙청과 방송국을 점령하고 무력으로 의회를 해산하고 만다. 5·16 군사정변이 일어난 것이다. 이로부터 2년 7개월간 군정이 실시되었는데, 모든 정당과 사회단체를 해체하는 한편, 용공분자와 폭력배 검거를 빌미로 국민을 통제하였다.

1963년 대통령의 자리에 오른 박정희는 정권의 정당성을 경제 발전에서 찾으려 하였다. 4차에 이르는 경제 개발 5개년 계획을 통해 경공업과 철강, 조선, 자동차 화학 등 중화학 공업을 육성하여 수출을 늘렸다. 이를 바탕으로 대한민국은 고도성장을 할 수 있었다.

장기 집권을 노린 박정희는 1972년, 대통령의 3선을 가능하게 하는 3선 개헌안을 통과시켰고, 반대가 거세지자 전국에 비상계엄령을 선포한 후 대통령의 권한을 대폭 강화하고 대통령 선출 방법을 간선제로 바꾼 유신 헌법을 공포하면서 장기 독재 체제를 구축하였다. 박정희가 통치한 시대를 '유신 체제'라고 부르는 것도 이 이름에서 기인한다. 정부에 대한 어떤 비판도 금지된 반인권적인 독재 체제 하에서도 이에 저항하는 반유신 운동이 전국적으로 퍼져나간 가운데 1979년 10월 26일, 중앙정보부장인 김재규에게 박정희가 피살되면서 유신 체제는 막을 내렸다.

📋 박정희가 장기 독재를 위해 수립한 공화국 체제이다.

5·18 민주화운동은 언제 인정받았을까?

박정희 정부가 무너진 후에도 민주화는 이루어지지 못했다. 1979년 12월 전두환을 중심으로 하는 신군부가 군사 반란을 일으키며 군권에 이어 정치 실권까지 장악했기 때문이다. 대학생과 민주 인사들이 신군부 퇴진과 계엄령 철폐를 요구하며 시위를 일으켰지만, 신군부는 이들을 탄압하며 계엄령을 전국으로 확대했다.

1980년 5월 18일 광주에서 학생들이 민주화를 요구하며 시위를 벌이자 신군부는 이를 무력으로 진압한다. 그러나 분노한 시민들이 함께 들고일어나는데 이것이 5·18 민주화운동이다. 시위가 광주 전역으로 확대되자 군대는 시민들을 향해 발포를 서슴지 않았다. 광주 시민들은 자발적으로 시민군을 조직하여 스스로를 지키려 하였으나 5월 27일 새벽, 계엄군은 탱크와 헬기를 동원하여 무력으로 시민군을 진압했다.

5·18 민주화운동에서 직접 사망한 사람은 193명, 후유증 사망자는 376명, 부상 3,139명, 구속 및 고문 피해자 1,589명으로 집계되고 있다. 그러나 광주 아닌 곳에 살던 사람들은 그 9일 동안 광주에서 무슨 일이 벌어지고 있는지 제대로 알지 못했다. 언론에서 '폭도와 빨갱이가 날뛰는 광주를 군인들이 진압하고 있다'고 보도하였기 때문이다. 이후 1989년, 사건의 진실이 밝혀졌으나 이후로도 계속 5·18 광주사태로 불리다가 1997년 5월에 이르러서야 5·18 민주화운동으로 불리게 되었다.

답 1997년 5월

우리 국민이 그로록 대통령 직선제를 원했던 이유는?

5·18 민주화운동을 무력으로 억누른 신군부는 1981년, 박정희가 고친 유신 헌법에 따라 간선제인 통일 주체 국민 회의의 찬반투표로 전두환을 대통령으로 당선시킨다. 전두환 정부는 정부 정책에 비판적인 언론사를 다른 언론사에 통합시키거나 없애는 언론 통폐합 정책을 펼쳤고, 삼청교육대를 만들어 무고한 국민을 함부로 잡아 가두고 폭력을 휘둘렀다.

1987년 1월 서울대 박종철 학생이 고문을 받다 죽는 사건이 발생하자 국민들은 전두환 정권의 퇴진 운동을 시작한다. 그런데 전두환 대통령에 이어 역시 군인 출신인 노태우가 대통령 후보로 나서자 대통령을 국민이 직접 선출하는 직선제로 개헌할 것을 요구하며 시위를 벌였다. 선거 방식이 바뀌지 않으면 다음 대통령 역시 신군부 세력이 배출할 것이 명백했기 때문이다. 그러던 와중에 6월 9일, 시위를 하던 연세대 이한열 학생이 경찰이 쏜 최루탄에 맞아 사망하자 국민들의 분노가 폭발하였다. 시민과 학생, 노동자가 독재 타도와 대통령 직선제를 요구하며 매일같이 대규모 시위를 벌이자 결국 대통령 후보 노태우는 대통령 직선제로 개헌을 약속하는 6·29 민주화 선언을 발표한다. 드디어 민주주의의 토대가 생겨난 것이다.

답 간접선거로 신군부 세력이 다시 정권을 잡을 것을 우려해서이다.

현대_대통령 직선제

우리나라는 어떻게 외환위기를 극복하고
경제 선진국이 되었을까?

우리나라는 1960, 70년대를 지나며 비약적인 경제 발전을 이루었다. 식민지와 전쟁으로 피폐해졌던 한국이 1950년대 국민소득 45달러에서 1990년대에는 국민소득 2만 달러가 되며 경제 강국으로 도약하자, 세계 언론은 이를 '한강의 기적'이라고 불렀다. 노태우 정부가 출범한 1988년에는 제24회 서울 올림픽이 열렸는데, 이는 한국을 세계적인 나라로 끌어올리는 데 중요한 역할을 하였다. 1993년 출범한 김영삼 정부는 금융실명제 실시와 공기업 민영화를 실시하고 시장 개방을 확대하며 경제 협력 개발 기구(OECD)에 가입하는 등 신자유주의 정책을 추진했다.

그러나 한국은 1997년 말 심각한 외환위기를 맞는다. 빠른 속도로 경제가 성장하는 과정에서 쌓였던 문제가 폭발한 것이다. 성장 위주 경제 정책으로 인해 그동안 가려져 왔던 기업 경영과 금융 부실이 드러나 경상수지 적자로 외환 보유고가 크게 떨어졌고, 덩달아 우리나라 신뢰도가 떨어지면서 해외로부터 외환을 들여오는 것이 어려워졌다. 이에 따라 환율 상승의 압력이 가해지는 악순환을 겪게 되었다. 순식간에 외국 자본들이 빠져나가고 화폐가치와 주가가 폭락하면서 큰 기업들과 금융 기관들이 줄지어 파산하였고, 실업자가 급증하였다.

김영삼 정부는 이러한 위기를 극복하기 위해 국제 통화 기금(IMF)에 구제 금융을 요청했고, IMF로부터 195억 달러, 세계은행으로부터 70억 달러, 아시아 개발은행으로부터 37억 달러를 지원받으며 외환위기의 고비를 넘겼다. 그 후 1998년에 출범한 김대중 정부와 우리 국민은 외환 시장과 물가 안정을 위한 고금리 정책과 긴축 재정, 수요 억제를 통한 경상수지 흑자 정책을 추진하여 2004년에 갚도록 예정되어 있던 IMF 차입금 전액을 2001년에 조기 상환하고 위기를 극복하였다.

2000년대에 들어서는 2007년 한미 자유 무역 협정(FTA)을 체결하고, 중국 및 베트남 등 개발도상국과도 적극적으로 교류하면서 경제 성장을 위해 노력한 결과 현재 2018년 기준 명목 GDP는 185개국 중 12위, GNI는 3만 달러가 넘어 세계 24위를 기록하며 선진국으로 자리잡았다.

➕ 남북관계는 어떻게 변해왔을까?

1970년대에 냉전 체제가 완화되는 등 국제 정세가 변화하자 1972년 7월 4일, 남북한은 '자주, 평화, 민족 대단결'의 3대 통일 원칙에 합의하는 공동 성명을 발표하였다. 노태우 정부 때는 남북이 국제 연합에 동시 가입하고 비핵화 공동 선언에 합의하였다. 김대중 정부는 남북 관계 개선을 위해 햇볕 정책을 비롯한 노력을 기울여 2000년 제1차 남북정상회담이 열렸고, 6·15 남북 공동 선언을 발표했다. 뒤를 이어 출범한 노무현 정부가 2007년에 제2차 남북정상회담을 하면서 화해의 길을 걸었다.

그러나 북한의 핵 실험 강행 등으로 남북 관계는 다시 위기를 맞고 있다. 현 문재인 정부는 2018년 4·27 판문점 선언 등 여러 차례의 남북 정상 회담을 통해 화해와 협력의 분위기를 조성하려고 노력하고 있다.

🅰 고금리 정책과 긴축 재정, 경상수지 흑자 정책 등을 추진하여 극복하였다.

세계사 · 한국사 연표

세계사 주요 사건	기원전	한국사 주요 사건
최초의 인류 오스트랄로피테쿠스 출현	390만 년	
	70만 년	구석기 문화
	1만 년	신석기 문화
메소포타미아 문명 형성	3500	
이집트 문명 형성	3000	
인도 문명, 중국 문명 형성	2500	
	2333	고조선 건국
에게 문명 발달	2000	청동기 문화 보급
바빌로니아, 함무라비 법전 제정	1800	
중국, 상 성립	1600	
인도, 아리아인 이동	1500	
중국, 주 건국	1100	
그리스, 폴리스 형성	800	
중국, 춘추 시대 시작	770	
로마 건국	753	
아시리아, 서아시아 통일	7C	
페르시아 제국, 서아시아 통일	6C	
로마, 공화정 수립	509	
페르시아 전쟁(~기원전 479년)	492	
	400	철기 문화 보급
알렉산드로스 동방 원정(~기원전 323년)	334	
로마와 카르타고, 포에니 전쟁 시작	264	
중국, 진 최초로 중국 통일(~기원전 207년)	221	
중국, 한 건국	202	
	194	고조선, 위만 집권
	108	고조선 멸망
	57	신라 건국
	37	고구려 건국
	18	백제 건국

세계사 주요 사건	기원후	한국사 주요 사건
중국, 한 멸망	8	
중국, 후한 건국(~220년)	25	
로마 제정 시작	27	
	42	금관가야 건국
인도, 쿠샨 왕조 성립	45	
중국, 황건적의 난	184	
	194	고구려, 진대법 실시
중국, 후한 멸망, 삼국 시대 시작	220	
사산 왕조 페르시아 건설	226	
중국, 진 삼국 통일	280	
밀라노 칙령(크리스트교 공인)	313	고구려 미천왕, 낙랑군 축출
중국, 5호 16국 시대 시작(~439년)	316	
인도, 마우리아 왕조 성립	317	
	372	고구려, 불교 전래, 태학 설립
게르만족의 대이동 시작	375	
	384	백제, 불교 전래
로마, 크리스트교 국가 종교 선포	392	
로마 제국, 동·서로 분리	395	
	427	고구려, 장수왕 평양 천도
	433	나제 동맹 결성(~553년)
중국, 남북조 시대 시작	439	
	475	백제, 웅진(공주) 천도
서로마 제국 멸망	476	
프랑크 왕국 건국	486	
	503	신라, 국호·왕호 제정
	520	신라, 율령 반포
	527	신라, 불교 공인
《유스티니아누스 법전》 편찬	529	
	538	백제, 사비(부여) 천도
	552	백제, 일본에 불교 전파
	562	대가야 멸망
중국, 수 남북조 통일	589	
	612	고구려, 살수대첩
중국, 당 건국	618	
헤지라(이슬람 기원 원년)	622	
왜, 다이카 개신	645	고구려, 안시성 전투 승리
	648	신라, 나당 연합 결성

세계사·한국사 연표

	660 백제 멸망
우마이야 왕조, 이슬람 제국 건설	661
	668 고구려 멸망
	676 신라, 삼국 통일 완수
	698 대조영, 발해 건국
일본, 나라 시대(~794년)	710
	751 신라, 불국사·석굴암 창건
일본, 헤이안 시대(~1185년)	794
카롤루스 대제, 서로마 황제 대관	800
	828 신라, 청해진 설치
잉글랜드 왕국 성립	829
중국, 당 황소의 난	875
	900 견훤, 후백제 건국
	901 궁예, 후고구려 건국
중국, 당 멸망, 5대 10국 시대 시작(~960년)	907
중국, 거란 건국	916
	918 왕건, 고려 건국
	926 발해 멸망
	935 신라 멸망
	936 후백제 멸망, 고려 후삼국 통일
	956 노비안검법 실시
	958 과거제 시행
중국, 송 건국	960
동프랑크 오토 1세, 신성로마제국 황제 대관	962
	993 서희, 강동 6주 획득

세계사 주요 사건 **한국사 주요 사건**

	1019 강감찬, 귀주 대첩
셀주크 튀르크 건국	1037
그리스 정교, 로마 가톨릭에서 분리	1054
카노사의 굴욕	1077
십자군 전쟁(~1270년)	1096
	1107 윤관, 여진 정벌
중국, 금 건국	1115
	1126 이자겸의 난
중국, 북송 멸망, 남송 시작	1127
	1135 묘청의 난
	1145 김부식 《삼국사기》 편찬
	1170 무신정변

일본, 가마쿠라 막부 성립	1185	
칭기즈 칸, 몽골 통일	1206	
영국, 대헌장 제정	1215	
	1231	몽골의 1차 침입
	1232	강화도 천도
중국, 금 멸망	1234	
	1270	개경 환도
중국, 원 제국 성립	1271	
중국 남송 멸망, 원의 중국 정복	1279	
오스만 제국 성립(~1922년)	1299	
일본, 무로마치 막부 성립	1336	
영국·프랑스, 백년 전쟁(~1453년)	1337	
중국, 명 건국	1368	
교회의 대분열 시작	1378	
	1388	이성계, 위화도 회군
	1392	고려 멸망, 조선 건국
	1394	한양 천도
중국, 명 영락제, 베이징 천도	1429	
	1443	훈민정음 창제
	1446	훈민정음 반포
비잔티움 제국 멸망	1453	
영국, 장미 전쟁(~1485년)	1455	
일본, 전국 시대 시작	1467	
에스파냐 왕국 성립	1480	
	1485	《경국대전》 반포
바스톨로메우 디아스, 희망봉 도착	1488	
콜럼버스, 서인도 제도 도착	1492	
바스쿠 다 가마, 인도 항로 개척	1498	무오사화
	1506	중종반정, 연산군 폐위
루터, 종교 개혁	1517	
마젤란, 세계 일주 시작(~1522년)	1519	기묘사화
칼뱅, 종교 개혁	1536	
아우크스부르크 회의(루터파 교회 인정)	1555	
영국, 에스파냐 무적함대 격파	1588	
일본, 도요토미 히데요시 전국 통일	1590	
	1592	임진왜란(~1598)
	1597	정유재란
영국, 동인도 회사 실립	1600	
일본, 에도 막부 성립(~1867년)	1603	
중국, 후금(청) 건국	1616	
	1623	인조반정, 광해군 폐위

독일 제국 성립	1871	신미양요, 척화비 건립
	1875	운요호 사건
	1876	강화도 조약 체결
영국령 인도 제국 수립	1877	
	1881	별기군 창설
	1882	임오군란
청프 전쟁(~1885년)	1884	갑신정변
인도, 인도 국민 회의 결성	1885	
청일 전쟁(~1895년)	1894	동학 농민 운동, 갑오개혁
중국·일본, 시모노세키 조약 체결	1895	을미사변, 을미개혁
제1회 올림픽 개최	1896	아관파천, 독립 협회 창립
	1897	대한 제국 수립
중국, 청 변법자강 운동	1898	만민 공동회 개최
영국·프랑스, 파쇼다 사건		
중국, 청 의화단 운동(~1901년)	1899	대한제국 국제 반포, 경인선 개통
영일 동맹 체결	1902	
러일 전쟁(~1905년)	1904	한일 의정서 강제 체결
러시아, 피의 일요일 사건	1905	을사늑약 불법 체결
러시아·일본, 포츠머스 조약 체결		
인도, 스와데시·스와라지 운동 전개	1906	통감부 설치
	1907	헤이그 특사 파견, 고종 황제 강제 퇴위
중국·일본, 간도 협약 체결	1909	안중근, 이토 히로부미 사살
	1910	국권 피탈, 조선 총독부 설치
중국, 신해혁명	1911	105인 사건
중화민국 성립	1912	조선 태형령, 토지 조사 사업 공포
제1차 세계 대전 발발(~1918년)	1914	
파나마 운하 개통		
중국, 신문화 운동	1915	대한 광복회 조직
러시아, 10월 혁명	1917	
중국, 5·4 운동	1919	3·1운동, 대한민국 임시 정부 수립
파리 강화 회의, 베르사유 조약		
인도, 간디의 비폭력·불복종 운동		
	1920	봉오동 전투, 청산리 대첩, 간도 참변
소비에트 사회주의 공화국 연방 성립(~1991년)	1922	
일본, 관동 대지진	1923	
중국, 제1차 국공 합작	1924	
중국, 국민당 북벌 개시(~1928년)	1926	6·10 만세 운동
	1927	신간회 창립
중국, 국민 정부 수립(난징)	1928	
대공황	1929	광주 학생 항일 운동
만주 사변	1931	김구, 한인 애국단 결성

세계사	연도	한국사
	1932	이봉창·윤봉길 의거
미국, 뉴딜 정책 시행	1933	한글 맞춤법 통일안 제정
독일, 히틀러 집권		
중국, 공산당 대장정(~1935년)	1934	진단 학회 조직
중일 전쟁	1937	
독일·이탈리아·일본 3국 동맹 결성		
	1938	조선 의용대 창설
제2차 세계 대전 발발(~1945년)	1939	
	1940	한국 광복군 창설
태평양 전쟁	1941	대한민국 건국 강령 발표
	1942	조선어 학회 사건
	1943	총독부, 징병제 공포
노르망디 상륙 작전	1944	여운형, 조선 건국 동맹 조직
국제 연합(UN) 탄생	1945	8·15 광복, 조선 건국 준비 위원회 발족
		모스크바 3국 외상 회의
	1946	제1차 미·소 공동위원회 개최
마셜 계획 발표, 코민포름 결성	1947	제2차 미·소 공동위원회 개최
		유엔 한국 임시위원단 구성
세계 인권 선언 발표, 이스라엘 건국	1948	5·10 총선거 실시, 대한민국 정부 수립
		북한 정권 수립
북대서양 조약기구(NATO) 설립	1949	
중화 인민 공화국 수립		
유엔군 한국 파병	1950	6·25 전쟁(~1953)
	1951	1·4 후퇴
	1952	발췌 개헌
	1953	정전 협정 체결
	1954	사사오입 개헌
아시아·아프리카 회의 설립	1955	
바르샤바 조약 기구 설립		
소련, 세계 최초 인공위성(스푸트니크호) 발사	1957	《큰사전》 완간
	1960	3·15 부정 선거, 4·19 혁명
	1961	5·16 군사 정변
쿠바 위기	1962	제1차 경제 개발 5개년 계획(~1966)
	1963	박정희 정부 수립
미국, 베트남 전쟁 파병	1964	6·3 시위
	1965	한일 협정 체결, 베트남 전쟁 파병
중국, 문화 대혁명	1966	
닉슨 독트린, 베트남 파병 미군 철수 시작	1969	3선 개헌안 통과
	1970	새마을 운동 시작, 경부고속국도 개통
	1970	전태일 분신
중일 수교, 닉슨 중국 방문	1972	7·4 남북 공동 성명, 유신 헌법 공포

세계사 주요 사건		한국사 주요 사건
	1973	6·23 평화 통일 선언
베트남 전쟁 종식	1975	
중국, 개혁·개방 시행, 미중 국교 정상화	1978	
소련, 아프가니스탄 침공	1979	10·26 사태, 12·12 군사 반란
이란·이라크 전쟁(~1988년)	1980	5·18 민주화 운동
	1981	전두환 정부 수립
소련, 고르바초프 개혁·개방 추진	1985	
체르노빌 원전 방사능 유출 사고	1986	서울 아시안 게임 개최
	1987	6월 민주 항쟁, 6·29 민주화 선언
아프가니스탄 주둔 소련군 철수	1988	노태우 정부 출범
		제24회 서울 올림픽 개최
중국 톈안먼 사건, 독일 베를린 장벽 붕괴	1989	
독일 통일	1990	한소 국교 수립
소련 해체, 독립 국가 연합(CIS) 탄생	1991	남북한 유엔 동시 가입, 기본 합의서 채택
우루과이 라운드 타결, 유럽 연합(EU) 출범	1993	김영삼 정부 출범, 금융 실명제 실시
	1994	북한, 김일성 사망
세계 무역 기구(WTO) 출범	1995	지방 자치제 전면 실시, 민주노총 결성
	1996	경제 협력 개발 기구(OECD) 가입
중국, 영국으로부터 홍콩 환수	1997	외환 위기
	1998	김대중 정부 출범
중국, 포르투갈로부터 마카오 환수	1999	국민 기초 생활 보장법 제정

세계사 주요 사건	2000	한국사 주요 사건
	2000	남북 정상회담, 6·15 남북 공동 선언
미국, 세계 무역 센터 테러	2001	
미국, 아프가니스탄 침공	2002	한·일 월드컵 대회 개최
미국, 이라크 침공(걸프전)	2003	노무현 정부 출범
	2007	제2차 남북 정상 회담, 한·미 FTA 체결
	2008	이명박 정부 출범
미국, 오바마 정부 출범	2009	
	2010	선진 20개국(G20) 서울 정상 회의 개최
일본, 후쿠시마 원전 참사	2011	북한, 김정일 사망
	2013	박근혜 정부 출범
미국, 트럼프 정부 출범	2017	문재인 정부 출범
	2018	제3차 남북 정상 회담
		대법원 강제 징용 피해자 승소 판결

세계사·한국사 연표

미술

아는 것만큼 보인다는 말에 딱 들어맞는 학문이 미술이다. 조르주 쇠라의 '그랑자트섬의 일요일 오후'가 점묘화라는 것에서 놀라고, 2년에 걸쳐 직접 점을 다 찍었다는 것에서, 또 크기가 가로 3m가 넘는다는 사실에 계속 놀랄 수밖에 없는 것은 작품에 대해 알면 알수록 놀라운 점들이 무궁무진하기 때문이다.

《어른 교과서-미술》에는 이렇게 알수록 놀라운 지식이 가득하다. 고대 미술부터 현대 미술까지 서양 미술과 한국 미술의 흐름을 쉽게 알려주고, 유명 작가와 작품에 대해서도 알려주어 미술 상식을 확 늘려준다. 또한 그동안 아리송했던 조형 요소들과 조형 원리를 쉽게 설명하여 미술 전시회를 즐기며 볼 수 있게 도와준다.

지금까지 알려진 가장 오래된 동굴 벽화는?

현재까지 남아 있는 가장 오래된 그림은 동굴 벽화이다. 그동안 가장 오래된 동굴 벽화로 알려져 있던 것은 1879년 에스파냐에서 발견된 '알타미라 동굴 벽화'로, 기원전 3만~2만 5천 년 사이에 그려진 이 벽화에는 붉은색, 보라색, 검은색 등 여러 색의 들소 무리와 멧돼지, 말, 사슴 등 다양한 동물이 생생하게 그려져 있다.

알타미라 동굴 벽화   라스코 동굴 벽화

1940년에는 프랑스에서 '라스코 동굴 벽화'가 발견되었다. 그림의 수준과 기술이 알타미라의 것보다 훨씬 뛰어나며, 들소, 야생마, 사슴, 염소 등 약 1,500여 점의 동물 그림이 그려져 있다. 시대 분석 결과 기원전 1만 5천 년 즈음에 그린 것으로 알타미라 벽화보다 한참 후에 그려진 것으로 밝혀졌다.

이후 1994년에는 프랑스에서 '쇼베 동굴 벽화'가 발견되었다. 매머드, 곰, 오록스 등 4천여 점 이상의 동물 그림 외에도 사람 발자국, 손자국 등의 흔적이 발견되었다. 조사 결과 약 3만 5천여 년 전에 그린 것으로 판명되어 알타미라 동굴 벽화보다 오래된 것으로 밝혀졌다.

그런데 2017년에 이보다 더 오래된 벽화가 나타났다. 인도네시아에서 발견된 '술라웨시 동굴 벽화'이다. 이 벽화는 적어도 4만 3900년 전에 그린 것으로 밝혀졌으며, 동물 외에도 반인반수 등이 그려져 있다. 이처럼 계속 오래된 동굴 벽화가 발견되므로 언제 가장 오래된 동굴 벽화가 바뀔지 모르는 일이다.

➕ 가장 오래된 조각상은?

현재 알려진 가장 오래된 조각상은 기원전 2만 5천 년 경에 만들어진 것으로 추정되는 '빌렌도르프의 비너스'이다. 돌로 만든 작은 여인상으로 가슴, 배, 엉덩이 등이 크게 강조되어 있어서 출산과 풍요를 기원하기 위해 만들어졌다고 추정하고 있다. '베레카트 람의 베누스'를 가장 오래된 조각상으로 보기도 하는데 이는 많이 마모되어서 형상을 알아보기가 어렵다.

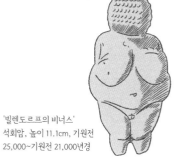

'빌렌도르프의 비너스'
석회암, 높이 11.1cm, 기원전
25,000~기원전 21,000년경

🔲 4만 3900년 전에 그려진 인도네시아의 술라웨시 동굴 벽화이다.

서양 미술사_고대

고대 이집트에서는 왜 사람 옆모습을 그렸을까?

고대 이집트의 그림을 보면 재미있게도 얼굴은 옆을 보고 있으나 눈은 앞을 바라보고 있고, 몸은 앞을 향하나 다리는 옆을 향하고 있다. 이렇게 그림을 그렸던 이유는 대상의 특징을 가장 잘 드러낼 수 있는 방법이기 때문이다. 예를 들어 몸통은 정면에서 본 모습을 그려야만 어깨와 가슴, 팔이 붙어 있는 모습이 정확하게 드러난다. 이에 반해 코와 다리와 발은 옆모습을 그려야 더 잘 드러난다. 따라서 신체 각 부분의 핵심적인 특징을 잘 드러내기 위해 보이는 대로가 아니라 효과적인 각도로 그렸다.

또한 이집트 미술은 매우 평면적인데, 중세 말부터 르네상스 무렵까지의 중세 시대 초상화 역시 이집트처럼 평면적이었다.

신전이나 무덤에 그려진 이집트 벽화에는 내세의 생활을 주제로 한 그림이 많은데, 이집트인들은 그림에 그려진 대로 죽어서도 사냥을 하고 음식을 먹는 등 생전과 같이 지낼 것으로 생각했기 때문에 사지를 모두 잘 보이게 그렸다.

답 신체 각 부분의 핵심적인 특징을 잘 그리기 위해서이다.

그리스 시대에는 왜 남자 누드 조각상을 많이 만들었을까?

이집트 미술이 평면적이었다면, 그리스 미술은 입체적이고 역동적이다. 기원전 8세기경, 남성 조각상인 '쿠로스'를 만들기 시작했는데, 이때 만들어진 조각상은 대부분 누드 조각상이었다.

고대 그리스 시민사회는 그 구성원을 남성으로만 제한하였고, 아름다움의 가치 기준 역시 남성에게 두었다. 따라서 인간의 아름다움을 표현한다는 것은 남성의 아름다움을 표현하는 것이었다. 그래서 유독 남성 누드 조각상을 많이 만들었다.

사실 그리스 시대 남성은 옷을 입지 않은 모습이 우리가 생각하는 것처럼 이상한 일이 아니었다. 당시에는 '키톤'이라는 옷을 입었는데, 이 옷은 큰 천 하나를 접어서 어깨를 끈으로 고정한 뒤 허리를 묶는 형식이었다. 그들은 일상에서는 키톤을 입고 지냈지만 운동 경기를 할 때는 옷을 벗은 채로 자신의 몸을 과시하고 싶어 했다. 그래서 올림픽 경기 역시 모든 선수가 아무것도 걸치지 않은 채로 경기를 치렀다.

벌거벗고 운동하는 남성의 모습은 인체의 아름다움을 표현하기에 더없이 좋은 조건이었다. '벌거벗은'이라는 의미의 'gymnos'라는 단어에서 'gymnasium(체육관)'이 유래하였으며, 현재도 'gymn-'은 '나체'라는 뜻을 가진 접두사로 쓰인다.

답 남성의 아름다움을 드러내려고 남성 누드 조각상을 많이 만들었다.

그리스 신전의 기둥 모양은 어떻게 다를까?

고대 그리스 건축물은 기둥 모양과 장식에 따라 다양하게 나눌 수 있는데 대표적인 세 양식이 도리아, 이오니아, 코린트 양식이다.

파르테논 신전은 대표적인 도리아 양식 건축물로, 단순하면서도 남성적인 느낌이 난다. 아테나 니케 신전은 이오니아 양식 건축물로 기둥 모양이 가늘고 여성스러우며 윗부분이 양 뿔 모양으로 조각되어 있다. 올림피아 제우스 신전은 코린트 양식 건축물로 기둥 윗부분에 아칸서스 잎과 꽃이 세밀하게 조각되어 있어 가장 장식적이다.

로마 시대에 지어진 콜로세움은 1층은 도리아, 2층은 이오니아, 3층은 코린트 양식으로 지어져 있어 세 양식을 모두 만날 수 있다.

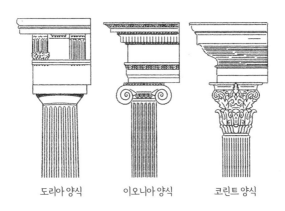

도리아 양식　　　이오니아 양식　　　코린트 양식

답 도리아 양식은 단순하고, 이오니아 양식은 양뿔 모양, 코린트 양식은 장식이 많다.

로마 시대 건축물은 어떻게 오래 보존될 수 있었을까?

로마인들은 마차나 군대가 빠르게 이동할 수 있도록 잘 닦인 도로를 놓았고, 편리한 생활을 위해 댐과 저수지, 수도를 지었다. 수로교나 포르투나 프리미게니아 신전, 콜로세움 등의 로마 건축물들은 기원전 4세기~1세기경에 지어졌지만 여전히 원형을 보존하고 있는 경우가 많다. 이렇게 거대한 규모의 로마 시대 건축물들이 어떻게 오랫동안 원형 그대로 보존될 수 있었을까?

첫 번째, 그리스 시대에는 대리석이나 돌로 건물을 지었으나 로마 시대에는 콘크리트를 이용했기 때문이다. 화산재나 석회로 이루어진 시멘트는 물과 만나면 단단히 굳어지는데, 이 시멘트에 자갈과 물 등을 섞어 만든 것이 콘크리트이다. 콘크리트는 재료비가 저렴하고 튼튼할뿐더러 원하는 모양대로 가공하기 쉽다.

두 번째, 무게를 지탱할 수 있는 건축 방법을 사용하였다. 기둥 위에 기다란 석판을 얹는 대신, 둥근 무지개 모양 아치로 벽을 만들어 지붕의 무게를 분산하여 지탱하였다. 수로교가 그 대표적인 건축물이다.

세 번째, 아치를 변형한 볼트(궁륭)로 지붕을 마감하였다. 볼트는 기둥을 촘촘하게 세우지 않고 넓은 공간을 둥그렇게 맞물려 천장으로 처리하는 방법으로 아름다울뿐더러 안정적이고 튼튼하였다.

🔲 콘크리트와 아치, 볼트를 이용했다.

중세 교회의 지붕이 뾰족한 이유는?

중세 유럽은 크리스트교가 지배하는 사회였기에 음악, 건축, 미술 모든 면에서 종교의 영향을 받았고, 본질과 주제에 집중한 결과 이집트 미술처럼 평면성이 강조되었다. 그래서 서양 미술에 있어 로마 시대 이후부터 르네상스 이전까지 중세 1,000년을 '미술의 암흑기'라고 부르곤 한다.

중세 미술의 특징은 교회의 성상화에서 잘 드러난다. 중세 시대에는 문맹자가 많았기 때문에 교회 안에 성경 이야기를 그림으로 그려 사람들에게 교리를 알리고자 했다. 여러 색의 돌이나 유리 조각을 세밀하게 붙여 표현한 모자이크의 주제도 성경 내용이 대부분이었다.

중세 초기의 교회는 고대 로마의 공공건물인 '바실리카'를 본떠 지었다. 이렇게 로마의 건축 방법을 활용해서 짓는 방법을 '로마와 같은'이라는 뜻인 '로마네스크' 양식이라고 부른다.

중세 후기가 되면서 사람들은 신과 가까워지려고 최대한 교회를 높이 지으려 했고, 마침내 아치의 끝을 뾰족하게 변형해 건물을 높게 짓는 데 성공하였다. 따라서 1200년부터 1500년 사이에 첨탑이 뾰족하고 창이 큰 교회가 많이 지어졌는데, 이러한 건축 양식을 '고딕'이라고 한다. 우리나라 명동성당 역시 고딕 양식으로 지어진 건축물이다.

🄓 조금 더 신과 가까워지기 위해서 높고 뾰족하게 만들었다.

언제부터 유화물감으로 그림을 그렸을까?

중세 시대를 지나자 인간의 가치를 중요하게 여기는 르네상스 사조가 나타났다. 이 시기 미술사에서 가장 큰 변화의 하나는 유화물감의 등장이었다. 그전까지 화가들은 나무판자 위에 템페라로 그림을 그렸다. 템페라는 분말 형태의 안료를 달걀노른자와 아교에 갠 것으로 부드러운 색의 흐름을 표현하기 힘들고 너무 빨리 마르는 것이 단점이었다.

분말 안료를 기름에 개어서 만든 유화물감은 템페라와는 달리 마르는 데 시간이 오래 걸렸기에 물감이 마르기 전에 색을 섞거나 수정하며 그릴 수 있었다. 더욱 섬세하고 사실적인 표현이 가능해진 것이다. 얀 반 에이크는 직접 만든 유화물감으로 그림을 그렸는데, '아르놀피니의 결혼'은 극대화된 사실적 세부 표현이 돋보이는 작품이다.

'아르놀피니의 결혼'
얀 반 에이크, 오크에 유화, 82×60cm, 1434년

🔲 유화물감은 15세기 르네상스 때부터 쓰였다.

르네상스 미술의 3대 거장은?

르네상스 시대는 천재 예술가들의 시대로 불릴 만큼 뛰어난 예술가들의 활약이 돋보였다. 단순히 조각과 그림을 만들어내는 기술자라고 여겨졌던 사람들을 신이 내린 창조적 능력을 갖춘 예술가로 여겨지는 것도 르네상스부터이니 이들의 능력이 얼마나 대단했는지 알 수 있다.

'모나리자', '최후의 만찬'으로 유명한 레오나르도 다빈치도 이 시대의 화가이다. 다빈치는 '모나리자'에서 눈과 입술 주위의 미소를 윤곽선이 드러나지 않도록 부드럽게 표현하였고, 뒷배경을 밝은 부분에서 어두운 부분까지 연하고 짙게 표현함으로써 원근을 나타냈다. 다빈치는 이외에도 과학, 기술, 의학 등 다양한 분야에서 특출난 재능을 보였다.

미켈란젤로는 조각상 '피에타', '다비드'로 잘 알려져 있다. 그는 돌이라는 것이 믿기지 않을 정도로 섬세한 표정과 생생한 동작을 대리석에 담아냈다. 또한 시스티나 성당의 천장화 '천지창조'를 그리고, 성 베드로 대성당의 거대한 돔을 설계하는 등 조각 외에 회화와 건축에서도 르네상스를 대표하는 걸작을 많이 남겼다.

다빈치, 미켈란젤로와 함께 르네상스 미술의 3대 거장으로 불리는 라파엘로는 섬세하고 조화로운 인물 표현과 평온한 분위기의 그림을 그렸다. 바티칸 궁전에 그린 '아테네 학당'은 그가 그린 걸작 중의 하나이다.

답 레오나르도 다빈치, 미켈란젤로, 라파엘로

바로크와 로코코는 어떻게 다를까?

17세기 르네상스 시대가 저물자 바로크 양식이 떠올랐다. 당시 유럽은 종교개혁과 30년 전쟁을 거치며 각국이 경쟁적으로 예술을 육성하기 시작할 때였다. 화려하고 과장된 바로크 양식은 건축, 음악, 미술, 문학 등 여러 분야에서 나타났는데 대표적인 건축물이 베르사유궁이다. 당시 루이 14세는 절대왕정 이미지를 강하게 보이기 위해 크고 화려하면서 어둡고 장중한 분위기를 주문했고, 원래 별장이었던 베르사유궁을 바로크 양식에 맞추어 화려하게 바꾼 후 이곳으로 거처를 옮겼다.

로코코는 1715년 루이 14세의 사망 이후 귀족들에게 유행한 양식이다. 당시 사교장인 살롱이 등장하면서 궁정 부인들은 매력적이고 재미있는 그림과 가구들로 실내를 꾸미는 데 심취하였는데, 이때 유행한 양식이 로코코이다. 루이 16세의 왕비 마리 앙투아네트의 삶을 담은 영화를 보면 바로크 양식보다 훨씬 장식적이고 여성스러운 당시 로코코 양식에 대해 잘 알 수 있다. 1747년 프리드리히 대왕이 포츠담에 세운 상수시 궁전은 로코코의 섬세함을 대표하는 건축물이다.

바로크와 로코코, 두 양식은 르네상스 이후 프랑스, 독일, 영국 등 유럽 전 지역의 미술 양식에 영향을 끼쳤다.

답 바로크는 화려하고 과장되었으며 로코코는 장식적이고 여성적이다.

명화 '야경'이 렘브란트를 망하게 했다고?

바로크 시대의 네덜란드 화가 렘브란트는 당시 줄을 서서 작품을 주문해야 할 정도로 인기가 많은 화가였다. 그는 빛과 어둠을 극적으로 배합하는 명암법인 키아로스쿠로 기법을 사용해 그림을 그렸는데, 주위를 어둡게 그려 가운데가 집중 조명을 받는 것 같은 효과를 주었다.

렘브란트가 가장 잘나가던 시기에 그린 작품이 '야경'이다. 이 작품의 원제는 '반닝 코크 대장의 민병대'로, 네덜란드 암스테르담의 민병대 대장 프란스 반닝 코크와 그의 대원들이 제작 비용을 모아 주문한 단체 초상화이다. 당시 단체 초상화는 인물들을 그룹 짓거나 줄 세워서 그렸는데, 렘브란트는 세로 3.8m, 가로 4.5m에 달하는 엄청난 크기의 캔버스 안에 인물들을 그만의 역동적인 방식으로 표현하였다. 그런데 자신들이 영웅처럼 나타날 거로 생각했던 주문자 중 몇몇은 얼굴이 어둠에 가려 잘 보이지 않자 불만을 쏟아냈고, 이로 인해 그림 주문이 줄어들기 시작했다.

'반닝 코크 대장의 민병대' 렘브란트,
캔버스에 유채, 379.5×453.5cm, 1642년

📝 새로운 방식으로 그린 그림이 주문자들의 마음에 들지 않자 주문이 줄어들었다.

낭만주의 작품은 왜 낭만적이지 않을까?

제리코의 '메두사호의 뗏목'이나 들라크루아의 '민중을 이끄는 자유의 여신'은 낭만주의의 대표작이다. 그런데 이들 작품은 일반적으로 생각하는 '낭만'과는 한참 거리가 멀다. 그 이유는 당시의 시대상에서 찾을 수 있다.

루이 14세의 사치스러운 왕궁 생활은 프랑스 혁명을 불러왔고, 혁명에 성공한 이들은 바로크와 로코코에 반기를 들며 형식을 중요하게 여기는 고전 문화에서 혁명의 정통성을 찾으려 하였다. 이 때문에 엄격하고 딱딱한 신고전주의 경향이 나타났다. 이렇게 딱딱한 신고전주의에서 벗어나 감정을 과감하게 표현하고자 한 것이 낭만주의이다. 낭만주의 화가들은 불안정한 현실을 비현실적으로 과장하여 강렬하게 표현함으로써 인간의 내면을 분출하였다.

낭만주의가 현실에서 도피하고 과장하는 데서 낭만을 찾았다면 비슷한 시기에 나타난 사실주의는 있는 그대로를 담아 현실을 표현하고자 하였다. 사실주의 화가들은 산업화, 도시화로 인해 힘겨운 삶을 살게 된 노동자들의 모습이 보통 사람들의 현실이라고 보고 그 모습을 사실적으로 그려냈다. 현실과 당대의 일상을 과장 없이 그린 쿠르베가 사실주의를 이끌었으며, 바르비종 화파를 이끈 밀레는 이전에는 잘 다루지 않던 농부의 일상을 그대로 화폭에 담았다.

답 불안정한 현실을 극적으로 표현하고자 했기 때문이다.

인상주의는 세 가지 발명품 때문에 생겨났다?

그림에 대해 잘 모르는 사람이라도 모네의 작품 '인상:해돋이'라는 작품은 본 적이 있을 것이다. 인상주의란 말 그대로 "참으로 인상적이네!"라고 비꼬는 평가 덕에 붙여진 이름이다. 인상주의 이전의 화가들은 사물을 똑같이 그리는 것을 중요하게 생각했던 반면, 모네와 르누아르 등은 사물을 그대로 그리는 것은 의미가 없으며 이보다는 사물의 느낌, 그리고 순간적인 인상을 표현하는 것에 중점을 두었다. 따라서 처음 이들의 그림을 접한 사람들이 '인상적'이라는 표현을 썼던 것이다.

사물을 있는 그대로 표현하던 화풍에서 어떻게 인상을 중요시하는 인상주의라는 화파가 생겨났을까? 인상주의는 세 가지 발명품 때문에 생겨났다고 볼 수 있다.

첫 번째 발명품은 튜브형 물감이다. 이전의 물감은 분말, 고무 덩어리, 혹은 풀의 형태로 판매되었기 때문에 이동하여 사용하기 불편했다. 그래서 당시에는 모델을 작업실로 불러 그림을 그리거나 풍경을 감상한 후 머릿속에 담아와 작업실에서 그렸다. 그러나 1824년 영국에서 물감의 휴대와 사용에 편리한 주석 튜브가 발명되면서 머릿속의 풍경이 아니라 야외에서 직접 자연광을 느끼고 빛의 변화를 관찰하며 풍경을 캔버스에 담아낼 수 있게 되었다.

두 번째는 증기 기관차이다. 1850년 증기 기관차의 출현은 1차 산업혁명의 원동력이 되었을 뿐 아니라, 사람들의 이동을 자유롭게 하였다. 예술가들이 답답한 도시를 벗어나 여유로운 교외로 떠날 수 있게 되면서 자연에 관심을 가지게 되었고, 기차를 타고 야외로 나가 자연을 보다 밝고 화사하게 표현하기를 즐기게 되었다.

세 번째 발명품은 카메라이다. 1839년 '다게레오타이프'라는 최초의 사진술이 소개되고, 있는 그대로를 무엇보다 잘 표현하는 카메라가 등장한 후, 대상을 얼마나 더 똑같이 그리느냐는 의미 없게 되었다. 그래서 미술 아카데미에서 배운 전통적인 방법에서 벗어나 '내 눈에' 보이는 그대로를 재현하고자 형태와 색채에 있어 새로운 실험을 시작했다. 이것이 바로 인상주의의 시작을 이끈 것이다.

'인상:해돋이' 모네, 캔버스에 유채, 50×65cm, 1872년

📋 튜브형 물감, 증기 기관차, 카메라

서양 미술사_인상주의

쇠라는 정말 점을 찍어서 그림을 그렸을까?

조르주 쇠라의 '그랑자트섬의 일요일 오후'는 신인상주의 작품이자 점묘주의의 대표작 중 하나이다. 크기가 세로 2m, 가로 3m가 넘는 대작으로, 제작 기간이 2년 이상 걸렸다. 그런데 이 커다란 그림을 쇠라가 정말 하나하나 점을 찍어서 그린 걸까? 믿기 힘들겠지만 그렇다.

이 그림은 당시 19세기를 주도한 빛에 관한 과학적 이론과 색채 이론에 바탕을 두고 있다. 당시 쇠라는 사물을 단색으로 표현하는 것에 문제의식을 가졌고, 다양한 색채의 대비를 통해 사물의 모습을 드러내야 한다고 생각하며 색채의 구성과 배합에 대해 깊이 고민했다. 색채의 원소들을 해체해서 재구성하면 자연에 더 가까워질 것이라고 생각한 쇠라는 수없이 많은 점을 찍어서 색채와 형태를 구성했으며, 이것을 관람객이 보았을 때 하나로 합쳐 보이도록 하였다. 이러한 자신의 생각을 그대로 그림에 표현한 덕분에 쇠라는 점묘주의를 대표하게 되었다.

'그랑자트섬의 일요일 오후'
쇠라, 캔버스에 유채,
207×308cm, 1884~1886년

답 실제로 하나하나 점을 찍어 그림을 그렸다.

고흐가 살아있을 때 팔린 작품이 하나뿐이라고?

고흐는 인상주의 화가이지만 이전 인상주의와는 확연히 다른 후기 인상주의 화가이다. 후기 인상주의 화가에는 고흐 외에 세잔, 고갱 등이 있는데, 이들은 이전 인상주의를 비판하며 작가의 개성 있는 표현을 중요시 여겼다.

고흐는 독특한 색 대조와 강렬한 붓터치로 작품을 표현했고, 자신만의 개성을 중요시했기 때문에 현실과 타협하는 작품은 많이 그리지 않았다. 그래서인지 평생 그린 그림 중에 살아있는 동안 팔린 것은 1890년에 브뤼셀의 한 작품전에 출품한 '아를의 붉은 포도밭'이라는 작품 하나였다. 그것도 그가 죽기 불과 넉 달 전, 400프랑(약 150만 원)에 말이다.

고흐의 37년 삶은 짧지만 강렬했다. 살아생전 그 가치를 인정받지 못하여 외롭고 가난하게 살다 갔지만 그의 그림은 후일 야수주의, 표현주의 등에 많은 영향을 미쳤고, '해바라기', '별이 빛나는 밤' 등은 현재도 많은 이의 사랑을 받는 명작으로 꼽히고 있다.

'귀에 붕대를 감은 자화상'
고흐, 캔버스에 유채,
90×60cm, 1889년

답 죽기 넉 달 전 '아를의 붉은 포도밭'을 400프랑에 팔았다.

클림트에게 영향을 준 아르누보란 무엇일까?

클림트는 보이지 않는 관념을 표현하는 상징주의의 대표적인 화가이다. 그는 황금빛의 화려한 색과 풍부한 장식으로 캔버스를 가득 채웠는데, 이는 아르누보의 영향을 받은 것이었다.

'연인' 클림트, 캔버스에 유채,
180×180cm, 1907~1908년

'아르누보'란 '새로운 예술'이라는 뜻의 프랑스어로, 1880년대 후반 유럽 전역에서 유행한 예술 양식이다. 당시 유럽에서는 철과 유리의 제조 기술이 발달하면서 나무와 돌을 주로 이용하던 이전의 건축 방식에 변화가 일어났고, 새로운 재료의 특징에 맞게 디자인도 바뀌었다. 작가들은 주로 유연하고 자유로운 곡선을 사용하여 식물을 도식화하였는데, 그 결과 감각적이고 유동적인 미와 장식성이 강조되었다. 에스파냐의 사그리다 파밀리아 성당을 만든 가우디가 바로 아르누보의 대표 건축가이다.

아르누보는 나라마다 다양한 형태로 나타났지만 기존의 양식에서 벗어나 새로운 양식을 추구했다는 공통점이 있다. 아르누보는 1차 세계 대전 후 기계 미학을 받아들이면서 아르데코로 계승되었고, 후반 포스트모더니즘 디자인과 건축에서도 그 흔적이 발견된다.

🅰 1880년대 나타난 새로운 예술 양식으로 자유로운 곡선이 특징이다.

마티스의 작품이 강렬해 보이는 이유는?

20세기 초 산업화가 진행되며 과학과 기술의 발전이 급속도로 이루어진다. 사회가 복잡해지고 규모가 커질수록 사람들은 불안함을 느끼게 되었는데 이런 마음들이 미술에 반영되면서 야수주의와 입체주의가 등장한다. 이들은 이전의 관습에서 벗어나 파격적인 표현을 시도하였다.

'모자를 쓴 여인' 마티스, 캔버스에 유채, 80×60cm, 1905년

야수주의를 대표하는 화가는 마티스이다. 마티스의 그림은 매우 강렬한 느낌을 주는데, '모자를 쓴 여인'의 경우 파랑과 노랑, 초록과 빨강처럼 서로 반대되는 색을 바로 옆에 칠함으로써 강렬한 느낌을 주었다. 야수주의 화가들은 사물이 가진 고유의 색을 표현하기보다 색 그 자체의 느낌을 살려 그림을 그렸고, 이런 느낌이 마치 야수가 날뛰는 것 같다고 하여 '야수주의'라는 이름이 붙었다.

마티스가 색을 해체했다면 입체주의 화가 피카소는 형태를 해체했다. 피카소는 꼭 한 방향에서 본 모습만 그려야 한다고 생각하지 않았기 때문에 한 대상을 여러 시점에서 본 모습을 하나의 화폭에 담았다. 이렇게 자연의 형태를 기하학적으로 바꾸어 재구성하는 것을 '입체주의'라고 한다.

답 색 자체의 느낌을 살리려고 보색을 사용했다.

서양 미술사_야수주의

콜라주 기법을 가장 먼저 사용한 화가는?

'콜라주(collage)'란 본래 '풀칠', '바르기' 등을 뜻하는 말로, 미술에서는 그림물감 대신 상표, 털, 모래, 철사, 옷감 등의 실물(오브제, objet)을 붙여 화면을 구성하는 기법을 뜻한다.

콜라주는 1911년경 입체주의의 대표 화가 피카소와 브라크가 '파피에 콜레(papier colle, 종이붙이기)'라는 기법을 창안하며 시작되었다. 이들은 평면적인 화면에 효과를 주고 구체적인 표현을 강조하기 위해 신문지, 우표, 벽지, 상표 등의 실물을 붙여 화면을 구성하였다.

제1차 세계 대전 말, 기존 체계와 관습을 부정하는 예술 운동 다다이즘이 시작되었다. 파피에 콜레는 다다이즘을 표현하는 기법의 하나로 사용되었는데, 기존의 화면 중심 표현이 아니라 실, 모발, 철사, 모래 등 캔버스와는 전혀 다른 소재를 사용하여 물체를 중심으로 표현하였다.

이후 막스 에른스트는 옛이야기나 과학책의 삽화를 오려 붙인 《백 개의 머리를 가진 여인》이라는 소설을 제작하는 등 초현실주의적인 콜라주를 확립하였다. 초현실주의 콜라주는 기성품에 가공을 하지 않고, 엉뚱한 물체를 조합하여 전혀 새로운 현실을 만들어 비유적, 상징적 효과를 보여주는 것이다. 초현실주의 화가들은 그 외에도 자동기술 데생, 모래 투사 그림, 프로타주, 마블링, 데칼코마니 등의 다양한 기법을 사용해 무의식의 세계를 표현하였다.

답 피카소와 브라크

뒤샹의 변기는 어떻게 작품으로
인정받게 되었을까?

1917년 미국 독립 예술가 협회에서 주최한 '앵데팡당전'은 출품료 6달러만 내면 아무나 참여할 수 있는 전시였다. 그러나 뒤샹의 작품 '샘'은 주최 측으로부터 전시를 거절당했다. 남자 소변기를 사다가 서명만 해서 받침대 위에 놓은 것이었기 때문이다. 그러나 이 작품은 그로부터 82년이 지난 1999년, 8번째 에디션이 뉴욕 소더비 경매에서 무려 1,700만 달러에 낙찰될 정도로 미술계에서 인정받았다.

이 작품이 예술 작품으로 인정받을 수 있었던 것은 뒤샹의 몇 가지 장치 때문이다. 뒤샹은 기존에 만들어진 '남자 소변기'라는 기성품에 제목과 서명을 붙여 전시함으로써 예술 작품으로 만들어냈다. 뒤샹은 이런 작품을 '기성품'을 뜻하는 '레디메이드(ready-made)'라고 불렀다.

그가 레디메이드란 개념을 창안한 후 미술은 그 이전과는 완전히 다른 것이 되었다. 별 볼 일 없는 일상생활 용품에도 작가가 의미를 부여하면 하나의 미술 작품으로 여겨지게 된 것이다. 이를 작품의 내용, 즉 개념을 중요시한다는 의미로 '개념미술'이라고 한다.

'샘' 뒤샹,
소변기, 63×43×35cm, 1917년

답 기성품에 제목과 서명을 붙여 의미를 부여함으로써 미술 작품으로 만들었다.

쉽게 그린 것 같은 폴록의 작품이 가치가 있는 이유는?

"나라도 그리겠다." 잭슨 폴록의 작품을 감상하면서 누구나 한 번쯤 해 봤을 만한 말이다. 폴록은 커다란 캔버스를 바닥에 펼쳐놓고 캔버스 위로 물감을 흘리고, 끼얹고, 튀기고, 쏟아부으면서 몸 전체로 그림을 그렸다. 그래서 아무렇게나 물감을 뿌린 것처럼 보이기 쉽다.

폴록의 방법은 단순해 보이지만 사실은 그렇지 않다. 떨어뜨린 물감의 흔적이 층을 쌓아가면서 화면의 밀도를 높여감과 동시에 작가의 활동적인 제작 과정이 직접 캔버스에 기록된다. 이런 작업 방식에 있어 우연의 효과는 일부일 뿐, 물감이 퍼지고 모이는 범위, 전체의 흐름과 윤곽에 대한 통제는 온전히 화가의 역량에 의한 것이다.

이와 같은 폴록의 기법은 추상표현주의 기법의 하나인 '액션 페인팅'이다. 추상표현주의란 무의식을 활용하여 자기 생각과 느낌을 화폭에 격정적으로 표현하는 방법으로, 칸딘스키의 초기 작품에서 비롯되었다.

📖 철저한 계획에 따라 무의식을 표현한 작품이기 때문이다.

프리다 칼로는 왜 자화상을 많이 그렸을까?

20세기 멕시코 미술을 대표하는 여류 화가 프리다 칼로의 삶은 순탄하지 않았다. 6살 때 척추성 소아마비로 오른쪽 다리가 비정상적으로 약해졌으며, 18살 때 타고 가던 버스가 전차와 부딪혀 쇠봉이 몸을 관통하면서 척추와 골반, 자궁 등을 크게 다쳤다. 이 사고로 47세까지 사는 동안 30번 이상 수술을 받았고 인생의 대부분을 침대에서 보내야 했다.

'가시목걸이와 벌새가 있는 자화상'
칼로, 캔버스에 유채, 62.3×47.6cm, 1940

그녀는 침대 위에 거울을 붙이고 자신의 몸 중에서 유일하게 자유로운 두 손을 이용해 거울에 비친 자신을 그렸다. 거울을 통해 자신의 내면 심리를 관찰하고 표현했기 때문에 그녀의 그림 중에는 유독 자화상이 많다. 칼로는 자신을 화가의 길로 이끈 멕시코의 유명한 화가 리베라와 결혼했지만, 리베라의 여성 편력으로 오랜 기간 동안 고통받아야 했다. 칼로는 이렇게 몸도 마음도 아픈 자신의 인생을 자화상을 통해 표현하고 고통을 승화시켰다. 1970년대 페미니즘 운동이 대두되면서 그녀의 존재와 작품 세계가 새롭게 부각되기 시작하였다.

답 자화상을 통해 고통을 이겨내고 삶을 완성하고자 하였다.

팝아트의 예술적 의의는?

'팝아트(popart)'는 글자 그대로 'popular'와 'art'가 결합하여 탄생한 새로운 미술 흐름으로, 1960년대 미국 대중문화가 낳은 예술의 한 장르이다. 당시 경제 호황을 누리던 미국에서는 하루가 멀다고 새로운 상품이 쏟아져 나왔고, 널리 보급된 텔레비전과 함께 화려한 포장과 로고가 사람들의 생활 속에 스며들었다. 이렇게 생산과 소비, 폐기로 이어지는 사람들의 삶과 그 속에 파고든 것들을 표현한 것이 팝아트이다. 상품과 광고, 텔레비전, 영화, 만화책, 연예인 등을 주된 소재로 삼았다.

팝아트의 대표적인 작가는 앤디 워홀과 리히텐슈타인이다. 앤디 워홀은 수프 깡통, 코카콜라 병, 달러 지폐, 유명인의 초상화 등을 실크스크린 판화 기법으로 제작하였다. 리히텐슈타인은 인기 있는 만화책을 골라 큰 캔버스에 유화로 옮겨 그렸는데, 검은 윤곽선, 원색, 정사각형 틀, 말풍선 등 만화책의 포맷을 그대로 이용했다.

이들은 그동안 미술계에서 다루지 않고 오히려 비판하거나 외면했던 대중문화를 소재로 작품 활동을 하여 순수미술과 대중문화의 벽을 깨고 예술을 대중문화 속으로 들어오게 했다는 점에서 높게 평가받는다.

🔲 팝아트는 순수미술과 대중문화의 벽을 깼다는 데 의의가 있다.

깎아서 만드는 작품은 조각, 붙여서 만드는 것은?

작품을 표현하는 방법에는 여러 가지가 있지만 크게 평면 위에 표현하는 방법과 입체로 표현하는 방법이 있다. 평면에 표현하는 작품은 재료와 방법에 따라 소묘, 채색화, 전통 회화 등으로 나눌 수 있으며, 입체로 표현하는 작품은 돌과 나무 등을 깎아서 만드는 '조각'과 점토 등을 붙여서 만드는 '소조'로 나눌 수 있다. 이 둘을 합쳐서 '조소'라고 한다.

조소는 모양에 따라 작품을 모든 방향에서 감상할 수 있는 완전 입체인 '환조'와 평면 위에 입체로 표현한 '부조', 평면에서 안으로 파 들어가며 표현하는 '심조'로 나눈다. 이외에 여백을 뚫어서 표현하여 뒤에서도 감상이 가능한 조소를 '투조'라고 한다. 심조는 이집트 미술 작품에서 많이 볼 수 있으며, 투조는 신라 금관 장식 등을 떠올리면 쉽게 이해할 수 있다.

현대 조소는 다양한 재료와 기법이 발달했는데, 일상용품으로 만드는 '레디메이드', 여러 가지 오브제를 쌓아 올리거나 모아서 만드는 '어셈블리지', 폐품이나 쓰레기 등을 모아서 작품을 만드는 '정크아트'도 조소에 포함된다.

이집트 심조, 석회암, 35.7×42cm,
기원전 2500~기원전 1500년 경

🔲 소조

좌우가 바뀌지 않는 판화는?

판화란 나무·금속·돌 등의 면에 그림을 그려 판을 만든 다음, 잉크나 물감 등을 칠해 종이나 천 등에 찍어내는 회화의 한 종류이다. 판화는 생각보다 종류가 다양한데, 그 원리에 따라 볼록판화, 오목판화, 평판화, 공판화로 나눌 수 있다.

'볼록판화'는 볼록한 곳에 잉크를 묻혀 찍는 판화로 표현하고 싶은 부분을 남겨두고 파내는 방법이다. 고무판화, 목판화, 리놀륨판화가 해당한다. '오목판화'는 찍고자 하는 부분을 파내어 오목한 곳에 잉크를 묻혀 찍는 판화로, 금속판에 밑그림을 그려 산성 용액으로 부식시켜 만드는 에칭, 동판이나 아연판 등에 직접 새기는 드라이 포인트, 판에 송진 가루를 붙인 후 산을 접촉해 부식시키는 애쿼틴트 등이 해당한다.

'평판화'는 평면에서 잉크를 받는 부분만 찍혀 나오도록 하는 판화이다. 물과 기름이 섞이지 않는 원리를 이용한 석판화와 매끈한 표면에 직접 잉크 또는 물감을 칠한 후 뾰족한 것으로 그림을 그리고 그 위에 종이를 덮어 누르는 모노타이프가 대표적이다.

'공판화'는 판의 구멍으로 잉크를 넣어 찍는 판화로, 다른 판화와는 달리 판과 완성작의 좌우가 같다. 구멍을 내서 찍어내는 스텐실과 천에 풀이나 니스를 발라서 말린 다음 밑에 종이를 놓고 압착기로 잉크를 통과시키는 실크스크린이 대표적이다.

🄳 공판화

사진을 밝게 할 때 명도를 높여야 할까,
채도를 높여야 할까?

같은 노란색이라도 해바라기의 노란색과 레몬의 노란색은 다르다. 이렇게 미묘하게 다른 색의 차이를 이해하려면 '색상, 명도, 채도'라는 색의 세 가지 속성을 알아두는 것이 좋다.

'색상'이란 빨강, 노랑, 파랑 등 어떤 색과 다른 색을 구별하는 고유한 속성을 말한다. 주로 주황과 빨강을 중심으로 따뜻한 느낌을 주는 '난색', 파랑을 중심으로 찬 느낌을 주는 '한색', 녹색이나 보라처럼 따뜻하거나 찬 느낌을 주지 않는 '중성색'으로 나눈다. 이런 색깔의 특성을 편하게 보기 위해서 원으로 표시한 것을 '색상환'이라고 하는데, 색상환에서 서로 반대편에 위치한 색을 '보색'이라고 한다.

'명도'란 색의 밝고 어두운 정도를 말하는데, 쉽게 말하면 검은색은 어두운 것이고 흰색은 밝은 것이다. 가장 어두운 검은색을 0으로 하여 가장 밝은 흰색 10에 이르는 11단계로 표시한다. 따라서 어두운 사진을 밝게 할 때는 명도를 높이면 된다.

'채도'는 색의 순수하고 선명한 정도를 말한다. 예를 들어 원색의 노란색은 채도가 높고, 노란색에 다른 색이 섞이면 채도가 낮아진다. 즉, 아무것도 섞이지 않아 맑고 깨끗하며 원색에 가까운 것을 채도가 높다고 하고, 다른 색이 섞여 원색에서 멀어지면 채도가 낮다고 한다.

🔲 색의 밝고 어두운 정도를 나타내는 명도를 높이면 밝아 보인다.

노란색 꽃은 무슨 색 꽃병에 꽂아야
싱싱해 보일까?

같은 색깔의 꽃도 꽃병에 따라 색이 달라 보이고, 커튼이나 침대 커버를 어떤 색과 매치하느냐에 따라 방의 넓이나 분위기가 달라 보인다. 그비밀은 바로 '색의 대비'에 있다. 미술 시간에나 배웠을 법한 색의 대비는 은근히 우리 일상생활에 많이 쓰이므로 알아두면 유용한 색의 원리이다.

예를 들어 노란색 꽃은 은색이나 흰색 꽃병보다는 파란색 꽃병에 꽂았을 때 훨씬 싱싱해 보인다. 이는 파란색과 노란색이 보색 관계이기 때문이다. 보색은 서로 반대되는 색으로 상대방의 색을 강하게 드러내는 효과가 있으며, 보색 관계의 색을 나란히 놓으면 본래의 색보다 채도가 높게 느껴져서 선명하고, 화려해 보인다. 이것을 '보색 대비'라고 한다.

그 외에도 여러 가지 색의 대비가 있다. 같은 회색이라도 검은색과 있을 때는 밝아 보이고, 흰색과 있을 때는 어두워 보이는 것을 '명도 대비'라고 한다. 특정 색을 차가운 색이나 따뜻한 색과 함께 두면 같이 있는 색에 따라 색의 온도가 다르게 느껴지는데 이것을 '한난 대비'라고 한다. 예를 들어 빨간색을 파란색과 함께 놓으면 더 따뜻하게 느껴진다. '채도 대비'는 채도가 다른 색이 대비되어서 느껴지는 효과로, 같은 주황색이라도 무채색인 회색 위에 있으면 더 선명해 보인다.

➕ 조형 요소

조형 요소란 미술 작품을 구성하는 기본 요소를 말한다.

◇ **점** 조형의 가장 기본적인 요소이다. 점이 모여 선이 된다.

◇ **선** 대상의 윤곽을 결정하며, 선의 느낌에 따라 여러 가지 감정이 나타난다.

◇ **면** 선과 선이 연결되어 생기는 것으로 회화의 중요한 요소이다.

◇ **형** 선의 변화에 따라 평면적인 형이 이루어지고, 면의 이동에 따라 입체적인 형이 이루어진다.

◇ **색** 물체의 고유한 색 외에도 빛에 따라 변하는 색, 창의적으로 표현된 주관적인 색 등이 있다.

◇ **명암** 빛의 방향과 거리에 따라 생기는 것으로 물체에 입체감을 준다.

➕ 무채색과 유채색이란?

흰색, 회색, 검은색처럼 색상이 없고 밝고 어두운 정도인 명도만 있는 색을 '무채색'이라고 한다. 이중 흰색은 빛 전부가 반사될 때, 검은색은 빛 전부가 흡수될 때 나타나는 색이다. '유채색'은 무채색을 제외한 모든 색으로 색상, 명도, 채도의 속성을 모두 가지고 있는 색을 말한다.

🄰 노란색 꽃은 보색 관계인 파란색 꽃병에 꽂으면 더욱 선명해 보인다.

멀리 있는 것을 표현하는 방법에는 뭐가 있을까?

미술에서 공간감은 '공간에서 오는 느낌'을 말한다. 미술 작품에 공간이 잘 표현되면 거리와 깊이가 생겨 표현 대상들에 원근감이 느껴지고, 실제로 존재하는 것처럼 느껴지게 된다.

멀리 있는 것을 작게, 가까이 있는 것을 크게 그리는 것은 원근을 표현하는 가장 기본적인 방법이다. 이 외에도 멀고 가까운 공간감이 느껴지게 하는 몇 가지 방법이 있다.

첫 번째 방법은 '선 원근법'이다. 우리가 잘 알고 있는 대로 사람의 눈이 화면의 소실점을 향하도록 하여 가까운 대상은 크게, 먼 대상은 작게 그리는 방법이다. 이때 소실점은 평행한 선들이 집중되어 한 점에 모인 점을 말한다. 양옆에 나무가 심어진 길을 가운데에서 보고 그린 그림을 떠올리면 이해하기 쉽다.

두 번째 방법은 '중첩'이다. 김홍도의 '씨름'을 보면 이해가 쉬운데, 대상들을 겹치게 그리면 뒤의 대상들이 가려지면서 공간감이 느껴진다.

세 번째 방법은 '공기 원근법'이다. 가까운 대상은 선명하고 짙게, 먼 대상은 안개처럼 희미하고 옅게 표현하는 방법으로 '스푸마토'라고도 불린다. 장 밥티스트 카미유 코로가 그린 '모르트퐁텐의 추억'이라는 작품을 보면 멀리 있는 호수와 산은 옅게 그리고, 가까운 나무와 사람은 짙게 그려 공간감을 표현하였다. 다빈치의 '모나리자'는 이러한 공기 원근법을 최초로 사용한 작품이다.

▲ '씨름' 김홍도,
비단에 채색, 26.9x22.2cm, 18세기

▼ '모르트퐁텐의 추억' 코로,
캔버스에 유채, 65.5x89cm, 1864년

▶ '미델하르니스의 가로수 길'
호베마, 캔버스에 유채,
103.5 x141cm, 1689년

➕ 원근법은 언제부터 사용했을까?

서양 미술에 있어 중세 시대까지는 위치나 거리 등과 상관없이 무조건 중요한 것을 가운데에 크게 그렸다. 그러다 르네상스 시대부터는 가까이 있는 것은 가깝게, 멀리 있는 것은 멀리 보이도록 그리기 시작했다. 원근법을 살펴볼 수 있는 동양의 가장 오래된 작품은 4~5세기 무렵 중국의 동진 시대에 궁중의 여인들이 지켜야 할 덕목을 그린 고개지의 '여사잠도'이다. 가까운 대상은 짙게, 먼 대상은 엷게 그려 원근감을 표현했다.

🄐 대상을 크고 작게 그리는 것 외에 선 원근법, 중첩, 공기 원근법 등이 있다.

이중섭의 '흰 소'와 모빌의 공통점은?

미술 작품을 감상할 때 자신도 모르게 활동적인 느낌이나 시선이 이동하는 느낌을 받는다면 그것은 그 작품이 '동세'를 잘 표현했기 때문이다. 동세란 '운동감'을 뜻하는데, 크게 다음의 세 가지 경우에 느껴진다.

첫째는 움직이는 대상을 표현한 경우이다. 이중섭의 '흰 소'처럼 움직임이 강한 대상을 표현하면 보는 사람도 역동적인 느낌을 받게 된다. 레오나르도 다빈치, 미켈란젤로와 같은 르네상스 시대 화가의 작품이나 근대 조소 양식을 대표하는 로댕의 작품에서 동세가 잘 나타난다.

둘째, 표현 자체에서 느껴지는 움직이는 듯한 인상도 동세이다. 대상의 움직임을 표현하지 않더라도 작품에 있는 표현 형식 때문에 움직이는 듯한 느낌을 받게 되는 것이다. 예를 들어 점, 선, 면, 형, 색의 구성에서 율동이 느껴지거나, 착시가 일어나는 옵아트 등에서도 동세를 느낄수 있다.

셋째는 미술 작품 자체가 물리적으로 움직이는 경우이다. 바람과 같은 외부적 자극에 의해 움직이는 '모빌'이나 작품 자체의 동력으로 인해 스스로 움직이는 '키네틱 아트(움직이는 조각)' 작품은 동세가 잘 느껴진다.

작가의 의도를 잘 이해하기 위해서는 '동세, 비례, 강조, 변화'와 같은 조형 원리를 살펴보는 것이 좋다. 또한 이 조형 원리들이 '점, 선, 면, 형태, 질감'과 같은 조형 요소와 함께 어떻게 효과적으로 구성되었는지 분석하다 보면 작품의 예술적 가치를 찾을 수 있다.

▲ '흰 소' 이중섭, 나무판에 유채, 30x41.7cm, 1954년경   ▶ 'The Twister Star Huge' 휘태커, 2006년

➕ 조형 원리

◇ **동세**   대상에서 느낄 수 있는 움직임과 방향감

◇ **비례**   부분과 부분, 전체와 부분 사이의 길이, 크기에 대한 관계

◇ **균형**   시각적으로 조화를 유지하고 있는 상태

◇ **강조**   어떤 부분을 특별히 두드러지게 하는 것

◇ **변화**   형태나 크기, 색채 등이 서로 달라 생동감을 주는 것

◇ **율동**   유사하거나 동일한 요소들을 반복하여 리듬감이 느껴지는 것

◇ **점이**   색, 형, 명암이 점진적으로 변화하는 것

◇ **대비**   어떤 요소의 특징을 강조하기 위해 그와 상반되는 형태나 색 등을 나란히 배치하는 것

◇ **통일**   여러 가지 요소가 일관된 규칙과 특징을 보이는 것. 지나치면 단조로운 느낌을 준다.

🔲 동세를 잘 표현한 작품이다.

몬드리안의 작품을 아름답게 만드는
조형의 원리는?

'비례'는 한 부분과 다른 부분, 혹은 전체와 부분 간의 상대적인 관계로, 대상의 크기나 길이, 부피 등의 차이에서 느낄 수 있다. 그중 '황금비'는 선분을 긴 선분과 짧은 선분, 이렇게 둘로 나누었을 때 '짧은 선분 : 긴 선분 = 긴 선분 : 전체 선분(긴 선분+짧은 선분)'을 만족하는 비이다. 긴 선분의 길이를 계산하면 1.618이 나오는데, 이 1:1.618의 비율을 활용하면 안정감 있고 균형 있는 건축물이나 미술 작품을 만들 수 있다. 황금비는 고대부터 건축이나 조각, 회화에 활용되었는데, 기원전 5세기경 고대 조각가 폴리클레이토스가 만든 조각상 '창을 든 청년'은 머리가 몸 전체의 1/7로 황금비를 따른 작품이다.

간혹 원하는 효과를 위해 의도적으로 비례를 맞추지 않고 작품을 만들기도 하는데 이것을 조형 원리 중 '왜곡'이라고 한다.

비례와 함께 미술에서 중요하게 생각하는 조형 원리가 '균형'이다. 균형은 시각적으로 느끼는 무게감이 어느 한쪽으로 기울지 않고 평형을 이루는 상태를 말한다. 균형은 대칭, 방사, 비대칭을 통해 이룰 수 있다.

'대칭 균형'은 어느 한 축을 기준으로 양쪽에 똑같은 무게를 배치하여 균형을 이루게 하는 것이다. 우리 주변의 건물이나 자연물은 대부분 대칭 균형을 이루어서 친숙한 느낌을 주지만, 미술 작품이 대칭 균형을 사용하면 틀에 박힌 답답한 느낌을 줄 수도 있다.

'방사형 균형'은 꽃잎처럼 중심점에서 사방으로 뻗어나가며 균형을 이루는 것을 말한다. 간격이나 방향에 살짝 변화를 줘도 재미있는 방사형 형태가 만들어진다.

'비대칭 균형'은 양쪽에 균형을 이루는 정확한 규칙은 없지만 명암, 크기, 색 등의 무게를 감각적으로 맞춰 이루는 균형을 말한다. 비대칭 균형은 만들기 어렵지만 개성 있고 흥미로운 균형미를 느낄 수 있는 방법이다. 추상 미술의 선구자로 불리는 몬드리안의 작품에서 비대칭 균형의 아름다움을 느낄 수 있다. 그는 주로 직선과 직각, 삼원색의 색으로 비대칭 균형을 만들어 아름다움을 표현했다.

대칭 균형 완전한 대칭	방사형 균형 중심에서 밖으로 퍼짐	비대칭 균형 숨겨진 균형
 타지마할	 꽃	 '빨강, 파랑, 노랑의 구성' 피에트 몬드리안

답 비대칭 균형

세계 3대 전시관은?

세계에서 가장 유명한 예술 작품들이 전시되어 있는 전시관으로 루브르 박물관, 바티칸 박물관, 대영 박물관을 꼽는다. 모두 유럽에 있기 때문에 유럽 여행을 할 때면 빼놓을 수 없는 장소이기도 하다.

프랑스 파리에 있는 루브르 박물관은 수집된 미술품이 총 30만 점이 넘고, 고대부터 19세기까지 유럽 및 동양의 모든 분야의 작품들이 수집되어 있다. 유명한 작품으로는 레오나르도 다빈치의 '모나리자', 헬레니즘 조각의 걸작인 '사모트라케의 니케' 등이 있다.

바티칸 시국 안에 있는 궁전, 미술관, 성당 등 총 24개의 전시관을 합쳐 바티칸 박물관 혹은 미술관이라고 하는데, 약 1,400여 실에서 고대에서부터 르네상스, 현대에 이르는 조각품, 명화, 유물들을 감상할 수 있다. 특히 시스티나 성당에서는 미켈란젤로가 그린 천장화 '천지창조'와 벽화 '최후의 심판'을 볼 수 있으며, 바티칸 궁전 안의 라파엘로 방에서는 '아테네 학당'을 볼 수 있다.

영국 런던에 있는 대영 박물관은 세계에서 컬렉션 규모가 가장 큰 박물관으로 유명하다. 소장품이 7백만 점이 넘는데, 고대 이집트의 '로제타스톤'을 비롯하여 그리스, 로마, 중동, 아시아, 유럽, 아프리카, 오세아니아 등 전 세계의 시대별 작품들을 소장하고 있다.

답 루브르 박물관, 바티칸 박물관, 대영 박물관

세계에서 가장 비싼 그림은?

현재 세계에서 가장 비싼 그림은 레오나르도 다빈치가 그린 '살바토르 문디'이다. 1500년경에 그린 예수의 초상화로 '구세주'라는 뜻을 가지고 있다.

　1958년 런던 소더비 경매에서는 이 작품이 다빈치의 추종자 중 한 명이 그린 것으로 여겨져 불과 45파운드(약 7만 원)에 팔렸었다. 그러나 2017년 11월 15일, 뉴욕 크리스티 경매에서 4억 5천만 달러(약 5,133억 원)에 낙찰되면서 최고가를 기록하였다. 그의 대표작 '모나리자'를 떠올리게 하는 기법 때문에 높은 평가를 받은 것이다.

　그렇다면 생존하는 작가의 작품 중 세계에서 가장 비싸게 팔린 작품은 무엇일까? 제프 쿤스의 작품 '토끼'가 2019년 5월 미국 뉴욕에서 열린 크리스티 경매에서 9,110만 달러(약 1,084억 원)에 낙찰되면서 2018년 11월 9,030만 달러에 팔린 영국 작가 데이비드 호크니의 '예술가의 초상'이 세운 기록을 경신하였다.

'살바토르 문디'
레오나르도 다빈치, 1500년경

답 레오나르도 다빈치의 '살바토르 문디'가 약 5천억 원에 판매되었다.

　　　　　　　　　　　　　　　　　　　미술 감상_작품

가장 오래된 고래 사냥 그림이 우리나라에 있다?

세계에서 가장 오래된 고래 사냥 그림은 우리나라 울산에 있는 울주 대곡리 반구대 암각화이다. 우리나라에서 발견된 선사 시대 암각화 유적 중에서 가장 오래된 것으로, 대략 7000년 전 신석기 시대에 제작된 것으로 추정하고 있다.

높이 3m, 폭 10m 정도에 이르는 거대한 암벽에 다양한 크기와 형태의 고래가 새겨져 있는데, 배와 작살, 그물, 활 등의 사냥 도구를 이용하여 작살을 던지고, 잡은 고래의 살을 발라내는 등 당시 고래 사냥 장면을 잘 묘사하고 있다. 또한 소, 호랑이, 표범, 사슴 등 육지 생물의 모습도 볼 수 있다. 이 암각화가 발견됨으로써 이전까지 10~11세기로 여겼던 인간의 포경 활동 역사가 수천 년 앞당겨졌다.

📖 울산 울주 대곡리 반구대 암각화에 가장 오래된 고래 사냥 그림이 그려져 있다.

우리나라 최초의 채색화는?

우리나라 최초의 채색화는 고구려의 고분 벽화이다. 중국 요동과 북한 지역에는 13,000여 기의 고구려 고분이 분포되어 있는데, 그중 106기의 돌방무덤 내부에 고구려인의 수준 높은 예술 세계를 엿볼 수 있는 벽화가 그려져 있다. 벽화가 있는 고분 대부분이 고구려 고분이니 고구려를 '고분 벽화의 나라'라고 부르는 것도 과언이 아니다.

고구려 벽화는 시기에 따라 그 내용이 달라지는데 5세기 이전의 것에는 초상화, 나들이 풍경, 무덤 주인의 생전 생활 등이 표현되어 있고, 5세기 이후에는 연꽃 등의 불교 관련 그림이 많으며, 6세기 이후에는 청룡, 백호, 주작, 현무가 그려진 사신도나 도교 사상을 드러낸 그림이 많다. 덕분에 당시 생활 모습이나 사람들의 생각, 종교 등을 생생하게 살펴볼 수 있다.

흥미로운 점은 매우 오래된 벽화임에도 불구하고 그 색이 살아있다는 것이다. 고구려인들은 어떻게 벽화를 그렸기에 지금까지 색이 보존될 수 있었을까? 그 비밀은 프레스코 기법에 있다. '프레스코'란 회벽에 채색을 한 그림으로, 하얀 회를 벽에 바른 다음 회가 마르기 전에 물에 갠 안료로 그림을 그리는 것이다. 그러면 물감이 회반죽과 함께 굳어져 벽의 일부가 되어 오래 보전된다.

📋 고구려 고분 벽화

국보 83호 '금동미륵보살반가사유상'의 뜻은?

불상은 좁은 의미로는 부처의 상을 뜻하고,
넓게는 절에서 발견되는 모든 상을 말한다.
부처는 자신을 개인적으로 숭배하는 것을 금
했기 때문에 초기 불교에서는 불상을 만들
지 않았다. 그러나 불교가 확산되면서 숭배의
대상이 필요해지자 불상을 만들기 시작했다.

우리나라 불상 중에 아름답기로 손꼽히
는 삼국 시대의 '금동미륵보살반가사유상'은
미륵보살이 앉아서 생각하는 모습의 금동불

'금동미륵보살반가사유상'
국보 제83호, 청동, 높이 93cm

상이다. 불상의 이름은 보통 '출토지-재료-종류-자세' 순으로 붙이는데
출토지가 정확하지 않은 경우에는 출토지를 생략한다. 이에 따라 금동
미륵보살반가사유상의 뜻을 해석해 보면 우선 '금동'은 동으로 주물한
뒤 표면에 금도금을 했다는 뜻이다. '미륵보살'은 보살의 이름이다. 석가
모니 부처가 구제할 수 없었던 중생들을 남김없이 구제한다는 보살이 미
륵보살이다. '반가'는 반가부좌를 하고 있는 자세를 말한다. 서 있으면
입상, 앉아있으면 좌상, 누워있으면 와상이라고 한다. '사유상'은 '명상
하고 있는 상'이라는 뜻이다. 불상의 손 모습을 보면 생각하고 있는 모습
이라는 것을 알 수 있다.

답 금과 동으로 만든 부처가 반가부좌를 하고 명상하는 모습의 불상

다보탑의 예술적 가치는 무엇일까?

신라는 통일 이후 종교를 통해 사상적 통일을 이루려 했기에 불교 문화를 장려하였다. 고구려와 백제의 문화를 통합하고, 당에서 들어온 문화를 받아들인 덕분에 불교 미술의 황금기를 이루었다.

우리가 잘 알고 있는 불국사, 석굴암, 석가탑, 다보탑 등 많은 불교 건축물과 석탑이 이 시기에 지어졌는데, 석굴암과 다보탑은 당시의 건축 기술과 조각 기술을 보여주는 좋은 예이다.

국보 24호인 석굴암은 화강암으로 인공 굴을 만들고, 그 안에 불상을 보존한 작은 절이다. 본존불의 예술성이 매우 뛰어나고, 특히 360개의 넓적한 돌을 이용해 원형의 천장을 만들어냈다는 점과 1천 년에 이르는 동안 습기가 차지 않게 만들었다는 점에서 놀라운 건축 기술을 자랑한다. 유네스코 세계문화유산으로 지정될 만큼 세계적으로도 그 가치를 인정받고 있다.

불국사에 있는 국보 20호 다보탑은 어떤 돌탑과도 닮지 않은 독특한 아름다움을 지니고 있다. 단단한 화강암으로 만들었지만 마치 나무에 조각하듯 자유자재로 다룬 기법이 높이 평가된다. 사방으로 계단을 세우고 기단 위에 기둥을 세웠으며, 한 층이 올라간 위에 난간을 두르고 맨 위에는 여덟 모가 난 지붕돌을 씌움으로써 부분적으로 목조 건축의 구조를 보이고 있다.

📖 단단한 화강암으로 만들었으나 나무로 만든 것처럼 화려한 기교가 돋보인다.

성덕대왕신종은 복제가 어렵다고?

경주에 있는 성덕대왕신종은 통일신라 시대에 만들어진 범종으로 국보 제29호이다. 이 종은 종 표면의 아름다운 비천상으로도 유명하지만, 소리의 여운이 유난히 긴 것으로도 유명하다. 종을 치면 은은한 여운이 끊어질 듯 작아지다가 다시 이어진다. 성덕대왕신종의 아름다운 소리를 재현하고자 복제품을 두 번이나 만들었으나 두 번 모두 원래의 소리를 재현하는 데에는 실패했다. 현대 과학으로도 제대로 복제하지 못한 것이다.

그런데 성덕대왕신종은 본래 이름보다 '에밀레종'으로 더 잘 알려져 있다. 여기에는 두 가지 설화가 있는데 하나는 종을 만드는 데 시주할 돈이 없던 한 부인이 자신의 아이를 시주했다는 설과 종을 만들던 공인의 여동생이 자기 아이를 바쳤다는 설이다. 아이를 넣어 종을 만들자 아이의 원혼이 '에밀레'라는 소리를 냈다는 것이다. 종에 아이를 넣었다는 이야기는 중국에서도 전해지는 설화로 그만큼 정성을 다해야 종이 만들어진다는 것으로 풀이할 수 있다.

그러나 에밀레 설화는 일제 강점기에 친일파로 논란이 된 극작가 함세덕에 의해 확산된 이야기로 우리나라의 귀한 보물인 성덕대왕신종에 혐오스러운 이야기를 덧입혀 깎아내리려는 의도가 있었기 때문에 '성덕대왕신종'으로 부르는 것이 옳다.

답 두 번이나 복제를 시도했으나 같은 소리를 내는 데는 실패했다.

고려청자의 푸른빛은 어떻게 내는 걸까?

고려 역시 삼국 시대와 마찬가지로 불교 예술이 발달하였다. 달라진 점은 귀족 문화의 영향으로 감상 목적의 그림을 그리기 시작했다는 것이다. 왕족과 귀족, 승려와 도화원의 화원까지, 그림을 그리는 화가의 폭이 넓어졌으며, 그림의 소재도 다양해져 인물이나 산수도 그렸다.

공예 분야에서는 청자가 발달하였다. 청자를 처음 만든 나라는 중국 송나라인데 몽골의 침입으로 송과의 교류가 어려워지자 고려인들은 직접 청자를 만들기 시작했고, 12세기에는 은은한 옥빛을 띠는 상감청자를 완성하여 중국의 청자보다 더 뛰어난 청자를 만들게 되었다.

청자는 흙으로 모양을 빚어 800℃의 가마에서 한 번 구운 다음, 철 성분이 든 유약을 발라 1,300℃에서 한 번 더 굽는다. 두 번째 구울 때 가마의 온도가 높아지면 아궁이를 흙으로 막는데, 이때 공기가 부족한 상태에서 유약에 든 철 성분이 도자기 흙과 합쳐져 '규산제일철'이라는 푸른빛을 띤 유리 같은 물질로 바뀌며 청자의 푸른빛이 나타난다. 좋은 재료를 골라서 모양을 만들고 굽기까지의 과정이 60~70일이 걸릴 정도로 정성이 많이 깃들어야 한다.

고려청자에 무늬를 넣는 기법은 양각, 음각, 투각, 상감 등이 있다. 상감기법은 무늬를 새긴 자리에 다른 색의 흙을 넣어 만드는 것으로 우리나라 외의 다른 나라에서는 찾아볼 수 없는 방식이다.

답 유약의 성분과 흙이 합쳐져 푸른빛을 낸다.

나전칠기와 고려청자의 공통점은?

고려 시대에 만들어진 고려 나전칠기는 영국의 대영 박물관, 미국 보스턴 미술관 등 세계 여러 나라 미술관에 소장되어 있을 만큼 그 기법이 정교하고 가치가 높다.

나전칠기는 조개껍데기인 자개를 세공하여 목재에 붙인 후 칠해서 만드는 공예품을 말한다. 자개에 무늬를 새기거나 잘게 부수어 뿌리는 등 기법이 다양하고 화려하다. 특히 고려 시대에는 상감청자와 비견될 만큼 나전 칠기가 유행하였고, 그 품질이 매우 뛰어났다. 고려 왕실에서 외국에 예물을 보낼 때 나전칠기를 보낼 정도였다.

나전칠기를 만드는 기법은 상감청자의 기법과 비슷하다. 나무로 만든 물건 위에 굵은 베를 바르고 그 위에 오려낸 자개를 붙인 후 옻칠을 덧입혀 평면으로 만드는데 이것이 마치 나전이 상감된 듯한 효과를 내는 것이다. 버드나무, 물새 등 나전칠기에 사용한 회화적인 무늬도 상감청자에 주로 쓰이는 무늬이다.

조선 시대에 들어 나전칠기 기술이 변하면서 섬세함과 정교함을 잃었으나, 대신 소수의 귀족 취향을 벗어나 대중적이고 민중적인 취향으로 바뀌어 갔다. 그래서 고려 시대에는 주로 불교용품에만 한정되어 사용하던 나전칠기가 조선 시대에는 화장구, 소반, 장롱 등 일상 생활용품으로 확대되어 제작되었다.

답 둘 다 상감기법으로 만들었다.

조선 초기 회화의 대표작은?

고려 시대에는 불교 문화의 발달로 불교 미술이 성행하였지만 조선 시대에는 억불숭유정책으로 불교 회화에서 벗어나 새롭고 다양한 회화가 그려졌다. 그중 주목할 만한 작품이 안견이 그린 '몽유도원도'이다. 안평대군의 꿈을 바탕으로 하여 현실 세계와 이상 세계를 그린 산수화인데, 조선의 통치이념인 유교적 의미가 잘 드러나 있어 조선 초기 회화의 대표작으로 꼽힌다. 특히 안견은 그의 산수화풍을 따라 그리는 '안견파'가 생길 정도로 조선 시대 회화에 큰 영향을 미쳤다.

조선 중기에는 전쟁과 당쟁 등으로 혼란스러운 사회상을 반영한 그림을 많이 그렸다. 문인들은 물에 발을 담가 피서를 하는 '탁족'이나 달을 즐기는 '완월'과 같이 은둔생활을 주제로 한 그림을 주로 그렸으며, 그 외에 영모화와 화조화도 많이 그렸다.

조선 후기에는 실학사상이 자리잡으면서 독자적인 회화 양식이 나타나게 된다. 정선은 이전처럼 중국의 그림을 베껴 그린 것이 아니라 직접 산을 보고 '인왕제색도'와 같은 진경산수화를 그렸고, 김홍도, 김득신, 신윤복 등의 도화서의 화원들도 서민의 생활상을 반영한 풍속화를 많이 그렸다. 회화가 대중화되면서 서민들 사이에서는 무명 화가들이 그린 민화가 유행하였다.

답 조선 시대 유교적 이념을 드러내는 안견의 '몽유도원도'이다.

한국 미술사_조선 시대

초충도에는 무슨 의미가 담겨있을까?

초충도는 풀과 벌레를 그린 그림으로 특히 조선 전기에 활동한 신사임당이 그린 초충도가 유명하다. 신사임당의 그림에는 수박과 들쥐, 가지와 방아깨비, 오이와 개구리, 맨드라미와 쇠똥벌레 등 많은 종류의 소재가 등장한다. 여기에서 가지와 수박, 오이 등은 모두 씨가 많고 열매도 많이 열리는 채소로 번성과 다복을 상징한다. 벼슬과 발음이 비슷한 닭의 볏을 닮은 맨드라미는 관운을 상징하며, 나비와 벌, 개미, 잠자리 등은 화목과 사랑 등을 상징한다. 즉, 좋은 일이 생기기를 바라는 마음을 담아 그린 것이다.

그 외에 고려부터 조선에 이르기까지 우리 그림에는 '매화, 난, 국화, 대나무', 즉 '사군자'를 담은 그림이 많았다. 매화는 이른 봄의 추위 속에서도 제일 먼저 꽃을 피우며, 난초는 맑은 향기를 퍼뜨리고, 국화는 늦은 가을에 첫추위를 이겨내며 피고, 대나무는 추운 겨울에도 푸른 잎을 계속 피운다. 사군자는 이런 특징 때문에 고결한 성품의 군자를 상징하는 그림으로 많이 그려졌다.

'가지와 벌' 신사임당,
종이에 채색, 34×28.5cm, 1500년대

📖 씨가 많은 열매는 번성과 다복을, 나비와 벌 등은 화목과 사랑을 상징한다.

윤두서의 자화상에 얼굴만 있는 이유는?

윤두서는 산수화와 인물화, 풍속화를 두루 그린 조선 후기 문인이자 화가이다. 특히 정선은 윤두서의 화풍을 토대로 진경산수화를 그렸다.

그동안 윤두서가 그린 자화상은 얼굴만 있어서 두상으로 알려져 있었다. 그런데 국립중앙박물관에서 과학 분석을 한 결과, 두 귀를 비롯하여 상체, 도포 주름이 그려진 흔적을 발견하였다. X선 촬영에서 투과량의 차이에 따라서 화면에 흑백 명암이 다르게 관찰되는 특징을 이용하여 과거에 수정, 덧칠하거나 보수한 곳 등 눈에 보이지 않는 부분을 확인한 것이다.

이에 따라 윤두서의 자화상은 처음에는 버드나무 숯으로 도포를 입은 자신의 모습을 그린 다음, 먹으로 얼굴을 그렸던 것으로 밝혀졌다. 숯으로 그린 목과 상체의 선들이 세월이 지나면서 지워져 버려, 결국 먹으로 그린 얼굴만 볼 수 있게 된 것이다.

'자화상' 윤두서,
종이에 담채, 38.5×20.5cm, 17세기 후반

답 숯으로 그린 부분이 세월이 지나면서 지워져서 먹으로 그린 얼굴만 남았다.

김홍도와 신윤복은 어떻게 달랐을까?

조선 후기 화원을 대표하던 화가는 단연 김홍도와 신윤복이다. 둘은 조선 시대 그림 그리는 일을 관장하던 관청인 도화서의 선배와 후배이면서, 스승과 제자였고, 다정한 친구 사이였다.

그러나 둘의 그림은 확연히 달랐다. 김홍도가 강한 선으로 빠르고 역동적으로 그림을 그렸다면, 신윤복은 가는 선으로 세밀하게 그림을 그렸다. 김홍도는 배경을 거의 그리지 않았지만 신윤복은 세세하게 배경을 묘사했고, 김홍도는 색을 거의 칠하지 않았지만 신윤복은 빨강, 노랑, 파랑 등의 원색을 많이 사용했다. 또 김홍도가 주로 서민들의 삶을 익살스럽게 그렸다면, 신윤복은 양반들의 풍류나 남녀 간의 사랑을 화려하고 섬세하게 그려냈다.

▲ '무동' 김홍도, 종이에 수묵 담채, 27×22.7cm, 18세기 후반
▶ '단오풍정' 신윤복, 종이에 수묵 채색, 28.2×35.6cm, 18세기 후반

📗 둘 다 풍속화를 많이 그렸지만 그림의 소재와 표현 방법이 전혀 다르다.

김정희의 글씨가 추사체로 인정받은 이유는?

조선 시대 후기, 명문가에서 태어난 김정희는 어릴 때부터 천재적인 예술성을 인정받아 20세 전후에 이미 국내외에 이름을 떨쳤다. 그는 1809년 부친을 따라 북경에 가서 당시 중국 역대 문필가들의 글씨체를 연구하였고, 후일 1840년부터 9년간 제주도에서 유배 생활을 하면서 자신만의 독특한 글씨체인 추사체를 만들었다.

김정희는 평생 10개의 벼루 밑을 뚫고, 1천 자루의 붓을 망가뜨렸다는 이야기가 전해질 정도로 예술에 혼신을 다한 사람이었다. 그는 유배 기간 동안에도 쉬지 않고 글을 쓰고 그리는 일에 매진하면서 많은 편지로 지인과 후학들에게 자신의 학문을 전했다. 우리나라 문인화의 최고봉이라고 인정받은 '세한도'도 이 시기에 그린 그림이다.

김정희의 서체는 당대의 서체와 확연히 구별되는 개성이 강한 서체로, 각이 지고 비틀어진 듯하면서도 파격적인 조형미를 보여준다. 조선 후기의 서예가 중에는 추사체의 영향을 받은 사람이 많았는데 영의정을 지낸 권돈인, 화가이자 문신이었던 허유 등이 추사체를 배우고 사용하였다.

'계산무진' 김정희,
지본, 62.5x165.5cm, 1853년

🅰 당시의 서체와는 구별되는 개성이 강한 서체였기 때문에

김환기의 작품 중 최고가를 기록한 작품은?

2019년 12월 기준 우리나라에서 가장 비싸게 팔린 미술 작품은 김환기의 '우주'이다. 크리스티 홍콩 경매에서 약 132억 원에 낙찰되면서 한국 미술품 최고가 기록을 경신했다. 두 번째로 비싸게 팔린 작품 역시 김환기의 작품이다. 김환기의 작품은 왜 이렇게 비싸게 팔렸을까?

김환기는 추상 미술이 낯설었던 우리나라에 호안 미로나 칸딘스키와 같이 점, 선, 면 등의 조형 요소로 그림을 선보인 한국 추상 미술계의 선두주자이다. 초기에는 한국적인 소재인 매화, 달, 항아리 등을 단순화하여 그리다가 미국과 프랑스 등에서 활동하면서 오직 점이나 선, 그리고 색으로 가득 채운 면만 드러나는 그림을 그렸다.

1971년에 그린 '우주'는 그의 작품 세계가 가장 잘 드러나는 작품이다. 가로 127cm, 세로 254cm의 독립된 그림 두 점을 나란히 두면 하나의 작품이 된다. 무수한 점으로 가득 찬 분리된 공간이 만나 하나의 둥근 우주가 되도록 구성한 것이다.

그는 후기 작품에서 색으로 가득 채운 면을 즐겨 그렸는데, 그가 작품에서 즐겨 사용한 파란색은 '환기 블루'라 불릴 정도로 그만의 색깔이 되었다.

🄰 2019년 11월에 김환기의 '우주'(1971)가 약 132억 원에 팔렸다.

서양화가 박수근은 왜 가장 한국적인 화가일까?

19세기 말 우리나라는 본격적으로 서양 문물이 도입되기 시작하면서 모더니즘, 입체주의, 표현주의 등 다양한 사조의 영향을 받았다. 서양화를 그리는 화가들도 늘어났는데, 고희동을 시작으로 이응로, 김환기, 김기창, 이중섭, 박수근 등이 활동하였다.

그중 박수근은 서양화가이지만 가장 한국적인 화가로 평가받는다. 유화물감으로 그림을 그렸지만 가장 한국적인 소재를 한국적인 느낌으로 그렸기 때문이다.

박수근은 빨래터에서 빨래하는 아낙네, 기름을 이고 가는 기름장수, 판잣집, 시장 등 우리 서민들의 모습을 즐겨 그렸다. 그는 캔버스 위에 나이프로 회백색과 암갈색 톤의 물감을 여러 번 겹쳐 발라 물감층을 쌓은 뒤 그 위에 굵은 선으로 스케치를 하고, 또 물감층을 쌓아서 화강암과 같은 거친 느낌을 표현하였다. 이런 화강암의 질감과 색감이 소박한 우리 민족의 아름다움을 잘 나타낸다고 생각했기 때문이다.

"나의 그림은 유화이지만 동양화이다."라는 말처럼 그는 서양화가이지만 지극히 한국적인 그림을 그린 화가였다.

답 한국적인 소재와 서민들의 삶을 화강암처럼 투박하게 표현하였기 때문이다.

이중섭이 토종 황소를 '흰 소'로 그린 이유는?

이중섭은 1940~50년대 활동했던 한국의 대표적인 서양화가이다. 현재 남아 있는 그림은 약 300여 점 정도로, 대표작 '흰 소', '황소' 외에도 은지에 나무못 등으로 그린 은지화가 여러 점 있다. 특히 은지화는 그 독창성을 인정받아 뉴욕 현대미술관에 소장되어 있다.

이중섭은 일제강점기와 한국전쟁 등을 겪으며 혼란스러운 시대를 살았다. 1940년대에는 '망월'로 일본인도 타기 어렵다는 '태양상'을 타며 화가로서의 입지를 굳히고 일본인 아내를 만나 두 아들을 낳고 행복한 삶을 살았지만, 1950년 이후 피난 생활을 하면서 고난에 빠진다. 결국 가난 때문에 가족과 헤어져 살아야 했으며, 말년에는 정신이상과 영양실조 등으로 무연고자로 생을 마감했다.

이런 시대적 배경에 얽힌 이중섭의 삶은 작품에 잘 드러난다. 그는 굵은 선으로 싸움을 하거나, 저돌적으로 달려드는 역동적인 소의 모습을 즐겨 그렸다. 이런 소의 모습을 두고 그 시대를 살아가던 우리 민족의 모습인 동시에 이중섭 자신의 자화상이라고 해석한다. 토종 소인 황소를 '흰 소'로 표현한 것은 흰 소가 백의민족인 우리 민족을 뜻하기 때문이다. 또한 피난 생활 중 제주도 바닷가에서 잡았던 게나, 아이들의 천진난만한 모습을 돈이 없어 살 수 없던 종이 대신 담뱃갑 속에 든 은종이에 그렸다.

답 백의민족을 표현하기 위해서이다.

백남준의 '다다익선'은 복원될 수 있을까?

국립현대미술관에 들어서면 가장 먼저 눈에 띄는 작품이 바로 백남준의 '다다익선'이다. 모니터 1,003대를 탑 모양으로 쌓고 여러 가지 영상을 상영하는 작품으로, 1986년 국립현대미술관이 개관하면서 만들어지기 시작하여 1988년에 완성되었다. 아쉽게도 2018년 2월, 브라운관 모니터의 노후화에 따른 화재 발생 위험 등 안전성 문제로 가동이 중단되었으나 백남준 비디오 아트 복원의 첫 단추를 끼운다는 관점에서 복원 프로젝트를 추진 중이다.

이 작품의 제작자 백남준은 현대 미술의 한 장르인 미디어 아트의 창시자로, 세계적으로 유명한 한국의 아티스트이다. 1956년 독일로 유학을 떠나 다양한 퍼포먼스를 통해 음악을 탐구하였고, 파격적인 퍼포먼스와 전시로 새로운 예술을 추구했다. 공학자 아베와 함께 '비디오 신시사이저'를 개발하여 비디오 영상의 색과 형태를 피아노를 연주하는 것처럼 자유자재로 편집하였다.

백남준은 1996년 독일 〈포쿠스〉 지에 '올해의 100대 예술가'로, 2006년 미국 〈타임〉 지에 '아시아의 영웅'으로 선정되었으며, 현대 예술과 비디오를 접목하는 데 결정적인 역할을 한 공로로 '98 교토 상' 외에 다수의 상을 받았다.

🅰 국립현대미술관이 '다다익선' 복원 프로젝트를 추진 중이다.

유명한 서양 미술가

—

얀 반 에이크(1395?~1441) 네덜란드의 화가로 르네상스 미술의 선구자로 불린다. 종교적 신앙을 표현한 종교화와 초상화를 많이 그렸으며 '아르놀피니의 결혼'이 유명하다.

산드로 보티첼리(1446~1510) 섬세하고 화려한 분위기의 그림을 그린 이탈리아 르네상스 시대의 화가. 주로 종교와 신화의 내용으로 작품을 그렸으며, '비너스의 탄생'이 대표작으로 꼽힌다.

레오나르도 다빈치(1452~1519) 뛰어난 그림과 조각을 남긴 미술가이면서, 과학자, 기술자이기도 했다. 20여 점의 회화 작품과 10만여 점의 소묘 및 스케치를 남겼다. 대표작으로 '모나리자'와 '최후의 만찬'을 꼽는다.

미켈란젤로 부오나로티(1475~1564) 조각가, 화가이자 건축가로 수없이 많은 작품을 남겼다. 죽은 예수와 그를 안고 있는 마리아를 조각한 '피에타'는 그의 나이 불과 23세에 조각한 걸작이다. 바티칸 시스티나 성당에는 혼자 4년 동안 작업한 천장화 '천지창조'와 제단 벽화 '최후의 심판'이 있다.

페테르 루벤스(1577~1640) 바로크 시대에 플랑드르(지금의 벨기에) 지역을 중심으로 활동한 화가 중 최고의 화가로 평가된다. 빛나는 색채와 생동하는 에너지로 가득 찬 대작을 여럿 남겼다.

렘브란트 판 레인(1606~1669) 네덜란드의 바로크 미술을 대표하는 화가. 빛과 어둠을 극적으로 배합하는 키아로스쿠로 기법을 사용하여 '야경'과 같은 걸 작을 그렸다. 제자들과 함께 약 2,500여 점의 작품을 그렸다.

프란시스코 고야(1746~1828) 로코코 시대에 왕조 풍의 화려함과 환락의 덧없 음을 다룬 작품을 그린 화가. '옷을 입은 마하'와 '옷을 벗은 마하' 그림으로 유명하다.

자크 루이 다비드(1748~1825) '호라티우스 형제의 맹세'로 신고전주의 창시자 로 인정받았다. 다비드는 프랑스 혁명의 발발과 전개, 나폴레옹의 등장과 몰 락을 함께 하며 프랑스 회화의 주류를 형성하였다.

테오도르 제리코(1791~1824) 프랑스의 화가. 이탈리아 여행 후 '메두사호의 뗏 목'을 그렸다. 그때까지의 회화에서는 볼 수 없었던 극적 요소로 낭만주의 회 화의 창시자가 되었다.

페르디낭 들라크루아(1798~1863) 낭만주의 미술의 대표적인 화가. '민중을 이 끄는 자유의 여신'은 낭만주의의 특징을 잘 드러낸 작품으로 비현실적인 상 황을 극적이고 강렬하게 그려냈다.

장 프랑수아 밀레(1814~1875) 1830년대 유행하던 콜레라를 피해 시골 마을 바 르비종에 온 루소와 함께 바르비종 화파를 이루었다. 이곳에서 그는 농민들 의 생활을 그리기 시작했고, '씨 뿌리는 사람', '이삭줍기', '만종' 등의 작품 을 탄생시켰다.

　　　　　　　　　　　　　유명한 서양 미술가

귀스타브 쿠르베(1819~1877) 프랑스의 화가로 시민의 일상 및 주변의 사물을 주제로 사실적인 그림을 그려 사실주의를 확립하였다. 대표작은 '쿠르베 씨 안녕하십니까', '센 강변의 아가씨들' 등이 있다.

에두아르 마네(1832~1883) 인상주의의 아버지라고 불린다. 파리의 풍경이나 인물들을 빛의 강약을 중심으로 표현하였다. '풀밭 위의 점심'에 등장한 나체 여인에서 볼 수 있듯이 다른 사람을 의식하지 않고 자신만의 그림을 그렸다.

폴 세잔(1839~1906) 인상주의와 플랑드르 미술에 영향을 받아 '사과와 오렌지'와 같은 정물화를 그렸다. 독특한 방식으로 정물과 사물을 구성하고 새로운 방식의 원근법을 사용하여 입체주의 미술에 영향을 주었다.

클로드 모네(1840~1926) 프랑스의 인상주의 화가. 그의 작품 '인상: 해돋이'에서 '인상주의'라는 말이 생겨났다. '빛은 곧 색채'라는 원칙을 고수하며, 연작을 통해 동일한 사물이 빛에 따라 어떻게 변하는지 탐색하였다.

피에르 오귀스트 르누아르(1841~1919) 색채 표현으로 유명한 인상주의 화가이다. 파리인들로부터 사랑받던 무도회장인 '물랭 드 라 갈레트'가 유명하다. 밝고 화사하면서 빛나는 색채 표현이 돋보인다.

폴 고갱(1848~1903) 프랑스의 후기 인상주의 화가로 소설 《달과 6펜스》의 주인공으로도 유명하다. 남태평양 타히티섬에 머물며 밝고 강렬한 색채로 열대의 풍경과 섬 여인들의 모습을 주로 그렸다.

빈센트 반 고흐(1853~1890) 네덜란드의 후기 인상주의 화가로 강렬한 색감과 붓 터치로 자신만의 독특한 화풍을 완성하였다. 37년의 짧은 생 동안 40여 점의 자화상을 포함하여 2,000여 점이 넘는 작품을 남겼다. 생전에는 인정받지 못했으나 이후 야수주의, 초기 추상화, 표현주의 등에 큰 영향을 끼쳤다.

조르주 쇠라(1859~1891) 프랑스의 화가. 빛에 대한 광학 이론과 색채학을 연구해 그림에 적용한 점묘화로 신인상주의를 확립하였다. 대표작으로는 '그랑자트섬의 일요일 오후'가 있다.

구스타프 클림트(1862~1918) 오스트리아의 상징주의 화가로 아르누보의 장식적인 양식을 주로 사용하였다. 찬란한 황금빛, 화려한 색채가 돋보이는 '연인(키스)' 등의 작품으로 유명하다.

에드바르 뭉크(1863~1944) 유년 시절 경험한 질병과 광기, 죽음의 형상들을 왜곡된 형태와 격렬한 색채에 담아 표현했다. '절규', '사춘기' 등이 대표작이다.

바실리 칸딘스키(1866~1944) 추상 미술의 선구자이다. 사실적이고 구체적인 모습을 표현하기보다 색채와 선, 면 등 순수한 조형 요소만으로 감동을 주는 그림을 그렸다. '구성 218(Composition No. 218)', ' 즉흥 26(Improvisation 26)' 등이 유명하다.

앙리 마티스(1869~1954) 피카소와 함께 20세기 최고의 화가로 불린다. 20세기 회화의 일대 혁명인 야수파 운동을 주도했으며, 원색의 대담한 표현과 보색 관계를 적절히 살려 그만의 예술을 구축하였다.

피터르 몬드리안(1872~1944) 칸딘스키와 더불어 추상 미술의 선구자로 불린다. 주로 직선과 직각, 삼원색과 무채색만을 이용해서 그린 그의 그림은 20세기 미술과 건축, 패션 등 예술계 전반에 큰 영향을 미쳤다. '빨강, 파랑, 노랑의 구성'은 색채의 비대칭 균형을 통한 아름다움을 잘 보여준다.

파블로 피카소(1881~1973) 스페인에서 태어나 프랑스에서 활동한 입체파 화가. 초기 청색시대를 거쳐 입체주의 미술 양식을 창조하였고, 20세기 최고의 거장이 되었다. '게르니카', '아비뇽의 처녀들' 등의 작품이 유명하다.

조르주 브라크(1882~1963) 프랑스의 화가로 피카소와 친구 사이이다. 처음에는 야수파에 가까운 그림을 그렸으나 피카소와 교류하면서 입체파 양식의 그림을 그리기 시작하였고, 이후 20세기 거장 중 한 명이 되었다.

마르셀 뒤샹(1887~1968) '레디메이드'의 창시자로 현대 미술계에 가장 큰 영향을 끼친 인물이다. 다다이즘에서 초현실주의로 가는 데 큰 영향을 주었으며 팝아트에서 개념 미술에 이르는 다양한 현대 미술사조에 영감을 제공하였다.

마르크 샤갈(1887~1985) 화가이자 판화가이다. 환상적이고 동화적인 그림들을 선보여 20세기 최고의 화가 중 한 사람으로 불린다. 입체파와 야수파의 영향을 자신만의 방법으로 소화하여 따뜻하고 다정한 느낌을 주는 그림들을 그렸다.

호안 미로(1893~1983) 스페인의 화가이자 도예가이다. 기호와 상징으로 이루어진 그림을 주로 그렸는데, 아이 같은 천진난만함과 유머가 느껴지는 것이 특징이다. 추상 미술과 초현실주의를 대표하는 화가로 꼽힌다.

르네 마그리트(1898~1967) 벨기에의 초현실주의 화가이다. 친숙하고 일상적인 사물을 예기치 않은 공간에 나란히 두거나 크기를 왜곡시키고 논리를 뒤집어 일반적인 선입견을 깨고 신선한 충격을 안겨주었다.

프리다 칼로(1907~1954) 멕시코의 초현실주의 여류화가. 교통사고로 인한 신체적 불편과 남편의 문란한 사생활 때문에 온 정신적인 고통을 그림으로 표현하고 이겨내며 삶에 대한 의지를 나타냈다. '두 명의 프리다', '내 마음속의 디에고 자화상' 등의 자화상으로 유명하다.

잭슨 폴록(1912~1956) 커다란 캔버스 위로 물감을 흘리고 끼얹고, 튀기고, 쏟아부으면서 몸 전체로 그림을 그리는 '액션 페인팅'을 선보였다. 추상표현주의 미술의 선구자이며, 20세기 문화를 대표하는 아이콘으로 꼽힌다.

로이 리히텐슈타인(1923~1997) 미국의 팝아트 작가. '꽝~', '행복한 눈물'이라는 작품이 유명하다. 만화 이미지를 이용해 '만화 회화'라는 독특한 장르를 개척하였다. 망점을 표현하기 위해 규칙적으로 구멍이 뚫린 금속판을 이용하였는데 이는 다른 팝아트와 차별되는 그만의 특징이다.

앤디 워홀(1928~1987) 미국의 팝아트 작가. 다양한 상업적 소재를 사용하여 미술뿐만 아니라 영화, 광고, 디자인 등 시각 예술 전반에서 혁명에 가까울 만큼 큰 변화를 주도하였다. 대중문화와 순수미술의 경계를 무너뜨렸다고 평가받는다.

유명한 서양 미술가

유명한 한국 미술가

—

안견(?~?)

조선 초기 세종부터 세조 때까지 활동한 화가로 '몽유도원도'를 그렸다. 조선 시대에는 그의 화풍을 이어받은 화가들이 대부분일 정도로 조선 화단에 큰 영향을 끼쳤다.

신사임당(1504~1551)

조선 시대 초충도의 독보적인 인물. 산수, 포도, 대나무 등 다양한 소재를 그린 여러 작품을 남겼다. 단순한 주제, 간결한 구도, 섬세한 표현, 산뜻한 색채가 특징이다.

윤두서(1668~1715)

조선 후기의 선비로 시와 그림, 글씨 모두에 능했으며 특히 인물화와 말 그림을 잘 그렸다. 대표작은 국보로 지정된 '자화상'이다.

정선(1676~1759)

'진경산수화'라는 우리 고유의 화풍을 개척한 인물이다. 그의 그림 중 가장 유명한 그림은 '인왕제색도'인데, 생전에 인왕산 일대에 머물면서 인왕산 그림을 많이 그렸다.

김홍도(1745~1806?)

도화서의 화원으로 정조의 신임 속에 당대 최고의 화가로 활동했다. 산수, 인물, 도석, 불화, 화조, 풍속 등 모든 장르에 능하였지만, 특히 산수화와 풍속화에서 뛰어난 작품을 남겼다.

김득신(1754~1822)

조선 후기 도화서를 대표하는 화가라 불릴 정도로 실력이 뛰어난 화가이다. 김홍도의 풍속화풍에 산수를 배경으로 넣고, 해학적 분위기와 정서를 가미하였다.

신윤복(1758~?)

김홍도, 김득신과 더불어 조선 시대 3대 풍속화가로 불린다. 양반층의 풍류와 남녀 간의 연애, 기녀와 기방의 세계를 도시적 감각과 해학으로 펼쳐 보였다.

김정희(1786~1856)

조선 후기 문신으로 그림과 글씨 모두에 능했다. 조선 후기 남종화를 이끈 중심인물이기도 하다. 성균관 대사성, 이조참판 등을 역임하였으며 자신만의 글씨체인 추사체를 완성하였다. 그가 그린 '세한도'는 우리나라 문인화의 최고봉으로 인정받고 있다.

장승업(1843~1897)

기행으로 유명한 조선 말기의 인물로, 다양한 주제를 자유분방하게 그려낸 뛰어난 화가로 평가된다. 기운찬 필력이 특징이며 형태와 기교를 중시해 기이하고 과장된 분위기를 자아내는 그림도 다수 남겼다.

고희동(1886~1965)

일본에서 서양화를 배워와 한국 최초로 서양화를 그렸으나 서양화를 냉대하는 분위기 때문에 1920년대 중반부터 동양화로 전향하였다. 전통적인 산수화법에 서양화의 색채와 명암법 등을 접목해 새로운 회화를 시도하였다.

이응로(1904~1989)

한지와 수묵이라는 동양화 매체를 이용해 추상화를 그려 '서예적 추상'이라는 독창적인 화풍을 완성하였다. 문자를 추상적으로 해석한 '문자 추상'과 작은 사람들을 수묵화로 그린 '군상' 시리즈가 유명하다.

김환기(1913~1974)

한국 추상 미술의 선구자. 절제된 형태 및 구성, 부드러운 분위기의 작품으로 한국적인 서정성을 효과적으로 보여주었다. '어디서 무엇이 되어 다시 만나랴', '우주' 등이 대표작이다. 프랑스와 미국에서 활동하며 한국 미술을 국제적인 무대로 이끄는 역할을 했다.

김기창(1913~2001)

일제강점기부터 현대까지 활동한 화가이다. 1970~80년대에는 산수화 전통 위에 현대적 감각을 더하여 '바보산수', '청록산수' 연작을 완성하며 독자적인 예술 세계를 완성하였다. 한국의 전통 회화와 현대미술을 연결하는 역할을 했다는 평가를 받는다.

박수근(1914~1965)

서양화가이지만 가장 한국적인 화가로 손꼽히는 화가. 화강암과 같이 두텁고

투박하게 표현하는 서양화 기법으로 가난하고 소박한 서민들의 생활상을 담았다. '빨래터', '나무와 두 여인' 등이 대표작이다.

이중섭(1916~1956)

박수근과 함께 한국 근대 서양화의 양대 거목으로 불린다. 소나 게, 아이들을 소재로 대담하고 거친 선을 이용해 갈등과 고통, 절망, 분노를 표현하고 때로는 희망을 표현했다. 은지에 나무못으로 그린 은지화는 그 고유성을 인정받아 뉴욕 현대미술관에 소장되어 있다.

천경자(1924~2015)

새로운 기법과 색감으로 한국 채색화 분야에서 독자적인 화풍을 이룬 화가이다. 해외 여러 나라에서 받은 영감을 작품에 녹여내 이국적인 분위기와 화려한 색채, 독특한 구성으로 신비스러운 분위기를 연출하였다. '길례 언니', '내 슬픈 전설의 22페이지' 등이 대표작이다.

백남준(1932~2006)

1960년대부터 그 당시 새롭게 등장한 텔레비전을 이용해 이미지를 조작하고 음향과 퍼포먼스를 결합해 미디어 아트의 선구자가 되었다. 또한 다양한 매체를 통해 예술을 표현함으로써 예술의 폭을 넓혔다는 평가를 받는다. '비디오 신시사이저', '다다익선' 등이 대표작이다.

음악

학교에 다니며 음악 시간에 배운 지식 중에 포르테와 피아노밖에 떠오르지 않고, 졸업 후 기억에 남는 음악가가 베토벤과 모차르트밖에 없다면, 그건 음악 교과서를 제대로 보지 않았기 때문이다. 음악 교과서 안에는 음악의 역사와 이론, 상식들이 풍부하게 담겨있어 교과서만 제대로 읽어도 음악 문외한에서 탈피할 수 있다.

《어른 교과서-음악》은 음악사의 흐름을 짚으면서 서양 음악과 한국 음악을 통틀어 흥미로운 상식과 꼭 필요한 이론을 쏙쏙 뽑아 정리했다. 그렇기 때문에 음악사와 음악 상식, 음악 이론 세 마리 토끼를 잡을 수 있다. 고전주의 음악에서 어떻게 낭만주의 음악으로 바뀌었는지, 율명이나 시김새가 무엇인지, 연주회에서 언제 박수를 쳐야 하는지 궁금했다면 여기에서 그 답을 모두 얻을 수 있다.

인류가 처음 연주한 악기는 무엇일까?

음악이 언제 시작되었는지, 언제부터 악기를 연주했는지 알기란 거의 불가능하다. 당시 소리는 다시 듣기 어렵고, 자연물로 만든 악기는 대다수가 썩거나 부서져 사라져 버렸기 때문이다.

다만 학자들은 선사 시대 사람들도 악기를 연주했을 거로 추정하고 있다. 나무나 돌을 일정한 간격으로 강약을 주어 두드리다가 이후 '케틀 드럼(솥북)'처럼 생활 도구인 솥이나 그릇 등을 두드리며 타악기를 사용하였다는 것이다.

관악기의 조상은 선사 시대 지층이나 동굴에서 종종 발견되는 뼈 피리이다. 가벼운 새의 뼈나 동물의 뼈로 만든 것으로 손으로 막을 수 있는 구멍과 입으로 부는 부분이 있다. 뼈 피리 이전에 갈대 줄기를 잘라 입에 대고 부는 갈대 피리가 있었다는 기록이 있지만, 소재의 특성상 유물로 남아 있지는 않다.

현악기는 사냥 무기인 활에서 유래되었는데, 원조 현악기라 할 수 있는 '그라운드 보우(ground bow)'는 나뭇가지 두 개를 양쪽에 세우고 식물의 줄기나 동물의 장을 말려 실처럼 만든 뒤 묶어 줄을 당기거나 튕기면서 연주한 것이다. 이 줄을 더 오래 팽팽하게 유지하고 휴대하고자 속이 빈 나무통에 끈을 팽팽하게 매어 만든 것이 현악기로 발전하였다.

답 타악기

이집트 투탕카멘 묘에서 발견된 악기는?

기원전 3500년경부터 전 세계 곳곳에서 문명이 발달하였다. 세계 4대 문명은 메소포타미아 문명, 이집트 문명, 인도 문명, 중국 문명을 일컫는데, 문명이 발달하면서 축제나 종교 행사가 많아지고 음악을 연주할 일이 자주 생기면서 점차 악기가 발달하고 종류도 늘어났다.

메소포타미아 문명을 이끈 수메르인은 인류 최초로 문자를 발명했을 뿐만 아니라 하프나 리라, 류트, 북, 관악기 등 10여 가지 악기를 사용하였다. 이후 바빌로니아, 아시리아로 왕조가 바뀌면서 호른, 트럼펫, 수직형 하프, 세로 피리 등의 악기가 늘어났다. 기원전 2500년경 인도의 유물이나 기록에서는 하프, 타블라, 드럼 등을 볼 수 있으며, 중국에서는 청동기 시대인 상 왕조 때 이미 돌로 만든 경, 훈, 관, 금 등 후세 중국의 악기를 사용하였다.

고대 이집트의 음악 문화는 피라미드의 벽화에서 볼 수 있는데, 의식이나 기도를 드릴 때 하프나 류트 같은 현악기, 피리 등을 연주하는 모습이 그려져 있다. 이집트 문명에서 주목할 만한 것은 금속 악기의 등장이다. 이집트는 장신구, 무기 등을 만들며 발달한 금속 가공 기술로 금속 악기를 만들었다. 이집트의 피라미드 안에서 여러 고대 악기가 출토되었는데, 그중 소년 왕 투탕카멘의 묘에서 발굴된 트럼펫은 지금도 연주가 가능할 정도로 정교하다.

답 트럼펫

서양 음악사_고대

그리스 시대의 음악을 지금도 들을 수 있을까?

영어 '뮤직(music)'의 어원은 그리스어의 '무지케'이다. '무지케'는 음악만이 아니라 시, 무용 등 문예 일반을 가리키는 용어로, 음악이 시나 무용, 연기와 밀접한 관련이 있었다는 사실을 알려준다. 그리스인은 그중에서도 특히 음악을 중요하게 여겼다. 그리스에서 교양 있는 사람, 혹은 우수한 사람이란 음악에 특출한 재능을 가진 사람을 뜻했기 때문이다. 세계 최초로 음악 경연대회가 열린 것도 고대 그리스의 원형극장에서였다.

음악 용어도 그리스에서 유래한 것이 많다. 당시 원형 운동장 무대 정면의 빈터를 '오르케스트라'라고 불렀는데 이곳에서 여러 사람이 노래를 부르고 춤을 췄고, 이것이 현재 '오케스트라'의 어원이 되었다. 관중석 쪽에는 '코로스'가 있었는데 12~15인으로 구성된 합창단 겸 무용단의 대기 장소였다. 이것이 현재 '코러스'의 어원이 되었다.

이렇게 발달했던 그리스의 음악을 지금도 들을 수 있을까? 터키에서 발견된 '세이킬로스의 비문'에 그리스 시대 악보가 새겨진 덕분에 가능하다. 세이킬로스의 비문은 기원전 1~2세기경에 만들어진 것으로, 여기에 새겨진 악보를 해석해 오선지에 옮긴 악보를 보면 8마디 정도의 짧은 음악을 연주할 수 있다.

답 세이킬로스의 비문에 새겨진 악보로 연주가 가능하다.

중세 시대에는 어떤 음악을 만들었을까?

중세 시대에는 다양한 악기가 없었기 때문에 기악보다는 사람의 목소리로 연주하는 성악이 먼저 발달하였다. 이때 가톨릭 교회에서 약 천년이 넘도록 공식적으로 사용되던 음악이 '그레고리오 성가'이다. 그레고리오 성가란 '노래로 하는 기도'로, 특별한 반주 없이 하나의 선율을 남성이 부르는 단조로운 음악이다. 가사는 대부분 성서의 내용으로, 특히 시편의 내용이 많은데 하느님에 대한 찬미와 감사로 이루어져 있다.

그레고리오 성가는 당시 종교적 신앙심과 교회 의식을 집약해 놓은 음악으로 현재 3천 곡 이상이 전해지고 있다. 이렇게 많은 곡이 전해지는 이유는 '악보' 덕분이다. 그레고리오 성가는 현대 악보의 시초가 될 만큼 완성도가 높은 '네우마 기보'로 기록되었기 때문이다. 처음에는 성가의 수가 적어서 구전으로 전할 수 있었지만, 그 수가 늘어남에 따라 음을 기억할 방법이 필요했고, 그 수단의 하나로 네우마를 썼다.

초기 네우마 기호는 우리가 생각하는 악보와는 거리가 있었다. 네우마란 그리스어로 '제스처, 기호'라는 뜻으로, 오늘날의 악보와는 달리 가사 위에 선율을 기억할 수 있는 표시를 붙였다. 이후 선율의 움직임을 더 자세히 묘사할 수 있는 여러 가지 방법들을 시도했고, 900년 경 음의 높낮이를 보다 정확하게 나타내기 위해 고정된 음정을 보표선에 표현하기 시작했다.

1025년에 이르러 귀도 다레초에 의해 악보에 많은 변화가 생겼다. 이전까지는 줄 위에 네우마(음표)만 찍었을 뿐이었는데, 그는 각 네우마에 음이름을 붙이고 4선보를 만들어 음높이를 표시할 수 있도록 하였다.

13세기에 들어서 갈대 펜 대신에 깃촉 펜을 사용하기 시작하면서 네우마의 모양이 굵어지고 각이 생기면서 음표의 모양이 사각형으로 바뀌었고, 이 사각 네우마를 4개의 보표선 및 음자리표와 함께 사용하면서 네우마 기보는 지금의 악보의 형태와 가까워졌다.

➕ 높은음자리표는 어떻게 생겨났을까?

높은음자리표(𝄞)는 알파벳 'G'를 휘갈겨 쓴 것에서 생겨났다. 악보에 CDEFGABC(도레미파솔라시도)의 기준이 되는 'G' 음의 위치를 나타내기 위해 쓰던 것이 오늘날에 쓰는 높은음자리표가 된 것이다. 낮은음자리표(𝄢)는 'F'를 쓴 것으로, 'F' 음을 기준으로 한다는 뜻이다.

🔲 그레고리오 성가

르네상스 시대의 모차르트, 조스캥은 누구일까?

천 년 동안 이어진 미사곡 중심의 중세 음악은 르네상스와 함께 변화를 맞이한다. 중세 시대에는 음악이 종교에 귀속되는 부수적인 존재였다면 르네상스 시대에는 음악이 부와 권력을 과시하는 수단으로 변하였다. 작곡가가 궁정 안에 살면서 왕족과 귀족을 위한 음악을 작곡하였으며, 음악은 사람들에게 감동을 주는 하나의 독자적인 예술로 자리잡았다.

르네상스 음악에서 독보적인 위치를 차지하는 작곡가는 음악 교과서에도 등장하는 조스캥이다. 역사가 바르톨리는 "음악가 조스캥은 미켈란젤로와 비길 수 있다."라고 하였으며, 많은 사람이 '르네상스의 모차르트'라고 부를 정도로 실력이 뛰어났다. 생전에 이미 최고의 작곡가로 인정받았던 조스캥은 18곡의 미사곡, 100여 곡의 모테트(무반주 다성 성악곡)와 약 70여 곡의 세속 노래 등을 남겼다.

그가 최고의 작곡가로 인정받았던 이유는 이전의 미사곡과는 달리 음악에 감정을 실었기 때문이다. 그가 즐겨 작곡한 모테트는 여럿이 부르는 다성 성악곡으로, 형식의 제한을 받는 미사곡과는 달리 가사를 선택하고 다양한 분위기를 표현할 수 있었다. 조스캥은 한 성부의 선율이 끝나기 전에 다른 성부가 시작하는 모방 기법과 가사를 따라 음을 그리는 가사 그리기 기법으로 감정을 음악으로 표현하였다.

답 르네상스 때 새로운 기법과 뛰어난 표현성으로 인정받은 작곡가이다.

바흐의 '커피 칸타타'는 무슨 내용일까?

바로크 음악의 가장 큰 변화는 음악 활동의 중심이 교회에서 궁정으로 바뀌었다는 것이다. 또한 르네상스 시대부터 서서히 사랑받던 바이올린이 사람의 목소리를 닮은 악기로 사랑받아 발전하였으며, 피아노의 원형인 건반악기 쳄발로(하프시코드)와 파이프 오르간도 관심을 끌었다. 이렇게 현악기와 건반악기가 발달하자 기악곡 역시 급속도로 발달하였다.

바흐는 이러한 바로크 시대를 대표하는 음악가이다. 1708년 바이마르 궁정의 오르간 연주자가 되어 주로 칸타타와 오르간 곡을 작곡하였는데, 이후 쾨텐의 궁정 악단 악장으로 취임해 '브란덴부르크 협주곡' 등 갖가지 악기를 돋보이게 하는 실내악 곡들을 작곡했다.

'칸타타' 하면 바흐가 떠오를 정도로 바흐는 200여 곡이 넘는 칸타타를 작곡했다. '노래하다'는 뜻의 칸타타는 당시 많이 작곡되던 성악곡으로 대부분 종교적 내용을 다루고 있었다. 그런데 그가 쓴 몇 곡의 칸타타는 일상생활을 주제로 했는데, 대표적인 곡이 '커피 칸타타'이다.

당시 유럽에서는 커피가 크게 유행하면서 커피하우스가 사교장 역할을 했다. 때로 소규모 공연이 이루어지기도 했는데, '커피 칸타타'는 커피하우스에서의 공연을 목적으로 탄생하였다. 일종의 커피 홍보 음악이자 작은 희극 오페라였던 것이다. 커피를 끊으라고 강요하는 아버지와 마시려는 딸의 실랑이를 다룬 극시를 가사로 하고 있다.

답 커피를 끊으라고 강요하는 아버지와 마시려는 딸의 실랑이이다.

헨델은 남자인데 왜 음악의 어머니라고 할까?

흔히 바흐를 음악의 아버지, 헨델을 음악의 어머니라고 부른다. 이 둘은 바로크 음악을 대표하는 작곡가로 둘 다 1685년 독일에서 태어나 같은 시대를 살았지만 굉장히 다른 삶을 살았고, 음악도 매우 달랐다.

둘은 생전에 한 번도 마주친 적이 없었다. 헨델은 주로 여러 나라를 돌아다니며 활동했고 나중에는 아예 영국으로 귀화한 반면, 바흐는 평생 독일에 머물며 궁정의 음악 감독을 맡아 곡을 만들었기 때문이다.

바흐가 만든 음악은 대부분 종교 음악이었다. 그렇기 때문에 엄숙한 음악이 많았다. 바흐의 이름은 '작은 시냇물'이라는 뜻인데, 이에 대해 베토벤은 "바흐는 작은 시냇물이 아니라 크고 광활한 바다라고 해야 적당하다."라고 할 정도로 그의 음악은 웅장하고 엄숙했다.

그에 반해 헨델은 기교가 넘치며 화려한 음악을 추구하였다. 헨델은 외과 의사의 아들로 태어나 부유하였으며, 사업 수단이 있어 연주회를 열어 돈을 벌었고, 오페라단도 운영했다.

그렇다면 바흐를 음악의 아버지, 헨델을 음악의 어머니라 부르는 것은 이런 음악적 특성 때문일까? 사실 이 말은 이름 붙이기를 좋아하는 일본 출판사에서 시작된 것이다. 악성 베토벤, 가곡의 왕 슈베르트 등 많은 별칭이 이렇게 지어진 것이므로 큰 의미를 부여할 필요는 없다.

답 일본에서 만들어낸 별칭으로 큰 의미를 부여할 필요는 없다.

바로크 시대 때 소년이 여성 성부를
불렀던 이유는?

바로크 시대에는 여성의 음역인 소프라노 파트를 남자가 부르는 경우가 많았다. 왜 그랬을까? 1688년 당시 교황인 클레멘스 9세가 '여자는 교회에서 잠잠하라. 그들에게 말하는 것을 허락함이 없나니 율법에 이른 것 같이 오직 복종할 것이요.'라는 성경 구절을 근거로 "여자들은 음악을 위한 노래 교육을 받을 수 없으며, 노래할 수도 없다."라고 선언했기 때문이다. 당시는 철저한 크리스트교 사회였기 때문에 이 여성 음악 금지령이 받아들여지면서 여성은 음악 공부는 물론, 성악이나 오페라에도 참여할 수 없었다.

그러나 음악에는 여성이 부를 수 있는 높은 음역인 소프라노가 절대적으로 필요했기 때문에 여성 대신 어린아이들이 소프라노를 담당하였다. 끔찍한 사실은 변성기가 되지 않은 남자 어린이를 거세하여 가수로 만들기도 했다는 것이다. 이런 사람들을 '카스트라토'라고 불렀다. 카스트라토 중 일부는 훌륭한 오페라 가수가 되어 부와 명예를 누렸지만, 대부분은 비정상적인 발달과 냉담한 사회적 시선으로 힘든 삶을 살았다. 영화 '파리넬리'는 이러한 카스트라토의 일생을 다룬 영화이다.

19세기 후반에 와서야 카스트라토는 점차 사라졌고, 1903년 교황청은 카스트라토를 금지한다고 발표했다.

답 교황 클레멘스 9세가 여성 음악 금지령을 내렸기 때문이다.

연주회장과 오페라극장이 생긴 시기는?

우리가 잘 아는 모차르트와 베토벤, 하이든은 모두 고전주의 시대 음악가이다. 이 시대에는 음악 자체의 아름다움을 중요하게 여겨 그것을 형식에 맞춰 표현하고자 한 '절대 음악'이 주를 이루었으며, 악기의 발달로 기악곡이 발달했다.

고전주의 시대를 보통 바흐가 사망한 1750년부터 1827년 베토벤이 사망한 무렵인 1820년경까지로 보는데, 이 시기에는 미국이 독립하고, 프랑스 혁명과 1차 산업혁명이 일어나는 등 커다란 사회적 변화가 많았다. 이런 변화와 함께 음악에도 많은 변화가 일어났다.

가장 큰 변화는 시민들의 영향력이 커지면서 예술이 대중화되기 시작했다는 것이다. 그전에는 귀족이나 궁정의 후원을 받아 음악을 작곡하고 그들을 위해 음악을 연주했다면, 과학기술의 발달과 산업혁명 등으로 시민층이 부유해지면서 청중의 중심이 점차 시민으로 바뀌었다. 연주회장과 오페라극장 같은 음악시설이 생겨나면서 궁정이나 귀족의 집으로 음악가를 불러 즐기면서 감상하던 음악에서, 연주회장에서 집중해서 듣는 음악으로 바뀐 것도 이때부터이다.

또한 그동안 궁정이나 귀족의 후원을 받아 '누군가를 위한 음악'을 쓰던 작곡가들이 '자기만의 음악'을 쓰기 시작하였다.

답 청중의 중심이 귀족에서 시민으로 바뀐 고전주의 시기에 생겨났다.

모차르트 음악을 들으면 정말 머리가 좋아질까?

고전주의 시대에 활동한 모차르트는 다섯 살 때부터 작곡을 시작하여 다수의 교향곡, 협주곡, 오페라 등을 남긴 천재 작곡가이다. 모차르트의 음악을 들으면 머리가 좋아진다는 이야기 덕분에 그의 음악은 태교용으로도 많이 쓰인다. 그런데 모차르트 음악을 들으면 머리가 좋아진다는 것이 사실일까?

이 이야기는 1993년 《네이처》에 발표된 한 논문에서 시작되었다. 미국 캘리포니아대학 어바인 캠퍼스의 신경생리학자들이 학생들에게 모차르트의 소나타를 10분간 들려준 뒤 IQ 테스트를 한 결과, 공간 추리력이 일시적으로 향상되었다는 논문을 발표했다. 이후 한 기자가 '모차르트 음악이 당신을 똑똑하게 만들어준다'라는 제목의 기사를 썼고, 교사이자 음악교육가인 돈 캠벨이 쓴 《모차르트 이펙트》가 베스트셀러가 되면서 모차르트 음악을 들으면 머리가 좋아진다는 것이 정설로 받아들여지게 된 것이다.

캐나다 토론토대학 심리학 교수인 글렌 셀렌베르크 박사에 따르면 모차르트 음악을 들으면 즐거움을 느끼기 때문에 도파민 분비가 촉진되어 인지력 향상이 나타나지만, 초콜릿을 먹어도 동일한 효과가 나타난다고 한다. 또한 뇌스캔 기술 등으로 분석한 결과, 모차르트 음악을 들으면 각성효과와 기분이 좋아지는 효과가 있다는 것이 입증되었으나 이 역시 인지능력과는 상관이 없으며, 어떤 음악이든 본인이 좋아하는 음악을 들으면 같은 효과가 나타난다고 한다.

➕ 아인슈타인은 모차르트 마니아였다?

우리가 잘 알고 있는 아인슈타인은 바이올린을 켜며 시간 보내기를 좋아했고, 가장 좋아했던 모차르트의 음악을 즐겨 듣고 연주했다. 아인슈타인은 "죽음이란 무엇인가요?"라는 질문에 "나에게 죽는다는 것은 모차르트 음악을 듣지 못하는 것과 같다."라는 말을 할 정도로 모차르트의 음악을 사랑했다. 그래서 후대에 아인슈타인이 머리가 좋은 이유를 모차르트 음악에서 찾기도 하였다.

답 모차르트의 음악을 들으면 각성효과와 기분이 좋아지는 효과가 있지만 이는 인지능력과는 상관없으며 좋아하는 음악을 들으면 같은 효과가 나타난다.

베토벤은 소리가 안 들렸을 때
어떻게 작곡했을까?

베토벤은 고전주의 음악을 완성하고 낭만주의 음악의 문을 연 선구자로 평가받는다. 그는 말년에 청력을 상실했음에도 불구하고 작곡을 계속했다. 소리가 안 들리는데 어떻게 작곡을 할 수 있었을까?

청력을 잃은 베토벤은 시간이 지나면서 점차 자신의 상태에 적응해서 피아노 공명판(피아노 현의 뒤쪽에 있는 나무판)에 막대기를 대고 그 막대기를 입에 물어서 진동을 턱으로 느끼며 작곡을 계속했다고 한다. 그가 이 시기에 사용한 나팔형 보청기 등의 기구들은 독일 베토벤 하우스에 전시되어 있다.

베토벤이 청력을 잃은 원인에 대해서 여러 가지 설이 제기되었는데 그중 납중독 때문이라는 설이 가장 유력하다. 당시 와인 첨가제로 감미료를 넣는 것이 유행이었는데 그 안에 아세트산 납이 포함되어 있었다는 사실과 베토벤 사망 부검 당시 내이(內耳)가 부푼 상태였다는 기록이 연관 있기 때문이다.

베토벤은 죽기 전 몇 년 동안 수첩을 통해 대화를 나눴다. 안타깝게도 그의 비서인 안톤 쉰들러가 그중 264권을 파손하고 136권만 베를린 왕립 도서관에 팔아서 전권이 다 전해지지는 않는다. 이 수첩에는 음악 외의 다른 화제에 대해 토론한 내용과 베토벤이 자기 작품 연주에 대해 어떻게 느꼈는지 등이 기록되어 있다.

1823년 9번 '합창 교향곡'을 초연할 당시 베토벤은 청력을 거의 잃었던 상태였다. 연주가 끝나고 관객의 환호가 이어졌지만 아무것도 들리지 않았던 그는 연주자들을 향한 채 서 있었다고 한다. 그때 가수 카롤리네 웅거가 객석을 향하도록 도와주었고, 그제야 관객들이 환호하고 있는 모습을 본 베토벤은 눈물을 흘렸다고 한다.

➕ '운명'은 베토벤이 지은 제목이 아니다?

베토벤은 표제 음악이 나오기 전부터 자신의 음악에 이름을 붙였다고 알려져 있다. 6번 '전원 교향곡'이 그 예이다. 그러나 5번 '운명 교향곡'은 베토벤이 지은 제목이 아니다. 그의 비서 쉰들러가 제1악장 서두에 나오는 주제의 뜻이 뭐냐고 물었을 때 "운명은 이렇게 문을 두드린다."라는 말을 했다는 것을 듣고 일본의 누군가가 지은 제목으로, 일본과 우리나라에서만 쓰는 표제이다.

🔲 막대를 피아노의 공명판에 대고, 그 막대를 입으로 물어서 진동을 느꼈다.

낭만주의를 대표하는 음악가는?

낭만주의 시대에는 부유한 시민계급이 늘어나면서 고전주의의 형식에 얽매이지 않고 자유롭고 새로운 것을 추구하였다. 많은 음악가가 궁정을 나와 개인 콘서트를 열어 작곡 활동을 하였고, 이에 따라 화려하고 기교가 뛰어난 연주자들도 등장했다. 실내에서 가볍게 즐기는 살롱 음악이 작곡되었으며, 성악곡인 가곡이 많이 발달하였다.

슈베르트는 낭만주의를 대표하는 음악가로 어디에 소속되지 않고 거의 평생 떠돌아다니며 곡을 만들어서 먹고사는 프리랜서 작곡가 생활을 하였다. 이는 궁정이나 교회 등 어딘가에 소속되어 누군가를 위해 작곡하던 고전주의 작곡가들과는 비교되는 행적이라 할 수 있다.

슈베르트는 13세부터 작곡을 시작해서 살아있는 동안 무려 600여 곡에 달하는 가곡을 썼는데, '자장가', '아베 마리아', '겨울 나그네'는 아직도 많은 이의 사랑을 받고 있다.

그는 모차르트와 비견될 만큼 빠른 속도로 작곡을 한 것으로도 유명하다. 어떤 날에는 하루에 곡 10개를 만들었다고 하는데 우리가 잘 아는 괴테의 시에 곡을 붙인 가곡 '마왕'은 시를 보자마자 한 시간 만에 만든 곡이다. 또 '들어라, 들어라, 종달새'라는 곡은 술집에서 시를 읽자마자 메뉴판 뒷장에 오선지를 그려 쓴 곡이다.

슈베르트는 평생 1,000개가 넘는 곡을 만들었지만 죽기 1년 전에야 피아노를 샀다. 즉 기타만으로 그 많은 곡을 작곡한 것이다. 하지만 이는 당시의 시대적인 배경을 알면 놀랄 일이 아닐 수도 있다. 슈베르트가 사망한 19세기 초까지는 피아노를 많이 사용하지 않았으며, 피아노가 예술적인 악기로 등장하는 것은 쇼팽 이후이기 때문이다.

당시 슈베르트 외에도 여러 음악가가 고전주의의 형식에 반기를 들었다. 슈만은 "당신은 왜 정통 소나타를 쓰지 않습니까?"라는 질문에 "내용과 사상이 형식을 만드는 것이지 어떻게 형식이 내용을 만들 수 있겠소?"라고 답했는데, 이는 낭만주의를 대변하는 말로 해석할 수 있다.

낭만주의 음악이 고전주의 음악과 달라진 점 중 하나는 이야기나 사상을 곡에 담고 제목을 붙이는 '표제 음악'이 발달하였다는 것이다. 베를리오즈의 '환상 교향곡'은 표제 음악의 원조라 할 수 있는데, 이 곡은 베를리오즈가 짝사랑에 빠진 여인에게 자신을 알리고자 작곡한 곡으로 곡 전체뿐만 아니라 악장마다 표제를 붙였다.

피아노곡으로 유명한 쇼팽은 낭만주의에 유행했던 파리의 살롱에서 주로 활동한 작곡가이다. 쇼팽은 평생 200여 곡의 피아노곡을 작곡했는데, 새로운 연주법과 화성법으로 이루어진 쇼팽의 곡은 오늘날의 피아노 연주법에도 큰 영향을 주고 있다.

답 슈베르트, 슈만, 베를리오즈, 쇼팽 등

서양 음악사_낭만주의 음악

차이콥스키의 유서로 꼽히는 곡은?

고전주의를 거쳐 낭만주의 시대까지 유럽 음악은 이탈리아, 독일, 오스트리아, 프랑스 중심이었다. 그러나 그 외의 유럽 지역에서도 제각기 독특한 음악이 발달했는데 특히 19세기 말에 러시아를 위시하여 생겨난 낭만주의 음악을 '국민주의 음악', 혹은 '민족주의 음악'이라고 한다.

러시아에는 국민악파 5인조라고 불리던 작곡가들이 있었는데 발라키레프, 보로딘, 큐이, 무소륵스키, 림스키코르사코프이다. 이들은 기존에 발달했던 유럽의 관현악, 오페라, 가곡 기법 등을 흡수하여 러시아만의 독특한 음악을 발전시켰다.

이 5인이 활동하던 시기에 러시아에 또 다른 유명한 작곡가가 있었는데 바로 차이콥스키다. 차이콥스키는 초반에는 국민악파의 영향을 받았지만 나중에는 낭만주의 음악을 접목하여 새로운 음악을 만들어냈다. 또한 그때까지 무용의 반주 역할에만 머물렀던 발레 음악을 예술 작품으로 끌어올렸다. 그것이 너무나도 유명한 '백조의 호수', '잠자는 숲속의 미녀', '호두까기 인형'이다. 차이콥스키는 6곡의 교향곡도 작곡했는데, 그중 마지막 곡인 6번 '비창 교향곡'은 절망적이고 비관적인 느낌을 나타낸 것으로 유명하다. 최근 그의 자살설이 유력해지면서 이 곡이 죽음을 암시했다고 보기도 한다.

답 비창 교향곡

인상주의 음악은 인상주의 미술과
어떤 점이 비슷할까?

19세기 말부터 20세기 초에 이르러 낭만주의 음악적 특징에서 벗어난 새로운 양식의 음악들이 나타났다. 그중 작곡가 드뷔시는 '인상주의 음악'을 일으켰다.

인상주의란 말은 모네의 '인상; 해돋이' 작품을 보고 한 비평가가 새로운 그림이지만 별로라는 의미로 "참, 인상적이군!"이라고 한 데서 유래했다고 한다. 인상주의 미술이 수시로 변하는 빛과 어둠의 순간적인 아름다움을 표현하였듯이 인상주의 음악도 빛이나 바람 같은 자연이 가진 순간적인 아름다움을 음의 빛깔에 나타내려고 하였다. 인상주의 작곡가들은 지금껏 사람들이 귀에 거슬린다는 이유로 엄격히 금지했던 음색을 사용함으로써 '참 인상적인' 음악을 만들었다.

드뷔시는 고전주의 시대의 화성법보다 완성도 높은 화성법을 사용하면서 기존에 완전한 음악 원리로 여겨지던 엄격한 법칙을 의도적으로 탈피해 새로운 음을 탐구하였다. 그의 음악이 궁금하다면 '목신의 오후 전주곡'을 들어보자. 드뷔시가 장기간 탐구해 온 독자적인 표현법이 결정된 음악이라 할 수 있으니 말이다.

답 새로운 시도로 자연의 순간적인 아름다움을 표현하려 했다는 점이 비슷하다.

크로스오버 음악이란 어떤 음악일까?

크로스오버(crossover)란 '교차, 융합'이라는 뜻으로, 크로스오버 음악은 서로 다른 장르를 오가는 음악을 말한다. 클래식과 팝, 클래식과 재즈, 블루스와 레게 등의 만남이 그 예이다.

크로스오버라는 용어보다 이전에 쓰인 것은 퓨전(fusion)이다. 라틴어의 '섞다(fuse)'에서 온 용어로 다른 두 종류 이상의 것을 섞어 새롭게 만드는 것을 뜻한다. 이전에는 퓨전이라는 용어를 많이 사용했지만 요즘에는 퓨전이라는 용어보다는 크로스오버라는 용어를 더 많이 사용하고 있다.

음악에서는 1969년부터 '퓨전 재즈'라는 용어가 널리 사용되었다. 트럼펫 연주자인 마일스 데이비스가 재즈에 강렬한 록 비트를 섞은 음악을 선보였고, 이로써 '재즈 록', 또는 '록 재즈'라고 일컬어지는 새로운 음악이 등장하였기 때문이다. 이후 클래식계에도 팝, 재즈, 가요 등에 클래식을 사용한다든가 가요와 클래식을 접목하는 경우가 많아지게 되었다.

팝과 오페라를 넘나드는 팝페라 또한 크로스오버 음악의 한 장르로, 지금은 팝페라를 하나의 독립된 장르로 보기도 한다. 조시 그로반, 임형주, 안드레아 보첼리, 사라 브라이트만 등이 팝페라 가수로 유명하다.

답 한 장르와 다른 장르를 혼합하여 만든 음악을 말한다.

새소리도 음악이라고 할 수 있을까?

시냇물 소리, 바람소리, 새소리도 음악이라고 할 수 있지 않을까? 답은 아니다. 음악의 3요소는 '리듬, 가락, 화성'으로, 이 조건을 갖춰야 음악이라고 할 수 있기 때문이다. 리듬이란 긴소리와 짧은소리, 센소리와 여린 소리를 규칙적으로 내는 것이고, 가락은 쉽게 말해 '멜로디'로 높고 낮은음을 리듬에 맞춰 연결한 것이다. 화성은 높이가 다른 두 개 이상의 음을 동시에 울리는 것을 말한다. 새소리는 이 세 가지를 갖췄다고 보기 어려우므로 전통적인 의미에서는 음악이라고 할 수 없다.

그런데 프랑스 국영 방송사의 기사였던 피에르 셰페르는 음악이라고 할 수 없는 소리를 모아 재구성하여 음악으로 만들었다. 새소리와 물소리, 엔진 소리 등을 녹음한 뒤 음향기기를 이용해 음을 변형하거나 짜 맞춰서 '구체 음악'을 만든 것이다.

"모든 소리는 음악이며 모든 행위는 음악이다."라는 말을 한 존 케이지 역시 독특한 상황을 만들어 악기 본래 음질이나 음량에 변화가 일어나게 만드는 방식으로, 연주가 똑같이 되풀이될 수 없는 '우연성 음악'을 만들었다.

이러한 시도들은 근대 음악에서 현대 음악으로 넘어오면서 생겨난 새로운 음악의 형태로, 기존 음악의 개념을 완전히 바꾸는 시도의 하나이다.

답 새소리는 음악 요소가 갖춰지지 않았으므로 음악이라고 할 수 없다.

점 4분 음표에서 점은 어떻게 하라는 걸까?

서양 악보의 기본은 5개의 줄과 4개의 칸이 있는 오선이다. 음표는 머리의 위치에 따라 어느 음정을 연주해야 하는지 알려주고, 머리의 색과 꼬리에 따라 음의 길이를 알려준다. 검은색 머리에 꼬리가 없는 음표가 4분 음표로 한 박자인데, 꼬리가 있으면 본래 음표의 반 박자만 연주하라는 뜻이고, 점이 있으면 본래 음표에서 반 박자 더 연주하라는 뜻이다.

오선의 맨 왼쪽에는 음자리표가 있는데 높은음자리표(𝄞)와 낮은음자리표(𝄢)가 기준이 되는 음역을 알려준다. 그리고 그 옆의 숫자는 박자표로 아래 숫자는 박자의 기준이고, 위의 숫자는 한 마디 안에 있는 음표의 개수이다. 예를 들어 $\frac{4}{4}$ 는 한마디에 4분 음표가 4개 있는 박자, $\frac{6}{8}$ 은 한 마디에 8분 음표가 6개 있는 박자이다.

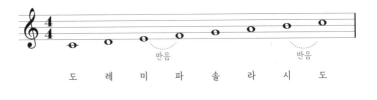

🅰 반 박자 더 연주하라는 뜻이다.

모차르트 곡에 붙은 'K620'은 무슨 뜻일까?

비발디의 '사계'나 베를리오즈의 '환상 교향곡'처럼 이름으로 부르는 곡도 있지만 베토벤의 '피아노 소나타 3번'과 같이 음악의 형식으로 부르거나 모차르트의 '마술피리' 서곡 'K620'처럼 번호로 부르는 곡도 있다. 이러한 이름에는 어떤 의미가 있는 걸까?

앞에서 설명했듯이 제목이 붙은 음악은 '표제 음악'이라고 한다. 주로 낭만주의 시대에 유행했는데, 문학, 미술, 무용 작품을 음악으로 표현하는 경우 줄거리나 내용을 암시하는 제목을 붙였다.

반대되는 의미로 제목이 없는 음악을 '절대 음악'이라고 한다. 표제음악이 유행하기 전에는 곡의 내용보다 소리 자체의 아름다움이 중요하다고 생각해서 제목을 붙이지 않은 경우가 많았다. 따라서 이후 연주하는 사람들의 입장에서는 곡의 제목이 없어서 구분하여 부르기가 모호했다. 그래서 절대 음악의 경우, 작곡가의 음악을 연구하고 정리한 사람의 이름 약자를 쓰고 순서대로 번호를 붙였다.

모차르트의 곡은 오스트리아의 음악연구가인 쾨헬이 작품을 수집, 정리하여 작품의 일련번호를 붙였기 때문에 쾨헬 번호, 즉 K를 붙여서 부른다. 바흐의 작품에는 BWV, 하이든은 Hob, 슈베르트는 D, 비발디는 RV, 리스트는 S가 붙는데 이는 모두 각 음악가의 작품을 정리한 사람의 이름을 따서 붙인 것이다.

📋 모차르트의 작품을 수집, 정리한 쾨헬의 이름 약자와 작품 번호이다.

포르테는 세게, 여리게는?

피아노란 악기의 이름은 '피아노 포르테'에서 유래했다. '세게 여리게 칠 수 있는 악기'라는 뜻에서 '피아노 포르테'라고 불리다가 피아노로 바뀌었다. 여기에서 '피아노'와 '포르테'는 '우리말로 '셈여림표', 또는 '셈여림 말'이라고 부르는데, 곡의 일부분이나 특정한 음에 붙여서 음의 세기와 변화를 지시하는 역할을 한다. 17세기 초부터 쓰였으며, 각 나라의 언어로 쓰는 경우도 있지만 일반적으로 이탈리아어로 쓰고 있다.

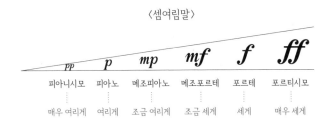

〈셈여림말〉

포르테는 '세게'를 뜻하며 '*f*'로 표시한다. '매우 세게'는 '*ff*'로 쓰고 '포르티시모'라고 읽는다. '여리게'는 '*p*'로 쓰고 '피아노'라 읽으며 '매우 여리게'는 '*pp*'라고 쓰고 '피아니시모'라고 읽는다.

그리고 '*cresc.* ◁' 표시가 있으면 '크레센도'라고 읽고 점점 강하게 연주해야 하며, '*discresc.* *dim.* ▷' 표시는 '데크레센도'라고 읽고 점점 약하게 연주해야 한다.

〈빠르기말〉

Largo(라르고)
아주 느리고 폭넓게

Lento(렌토)
아주 느리고 무겁게

Adagio(아다지오)
아주 느리고 침착하게

Grave(그라베)
아주 느리고 장중하게

Andante
(안단테)
느리게

Andantino
(안단티노)
조금 느리게

Moderato
(모데라토)
보통 빠르게

Allegretto
(알레그레토)
조금 빠르게

Allegro
(알레그로)
빠르게

Vivo(비보)
빠르고 활발하게

Vivace(비바체)
빠르고 경쾌하게

Presto(프레스토)
빠르고 성급하게

빠르기를 나타내는 빠르기말은 곡 전체, 또는 특정 부분을 얼마나 빠르게 연주해야 하는지를 숫자나 문자로 표시하여 알려준다.

➕ 연주 방법을 알려주는 용어

레가토(Legato) 둘 이상의 음을 부드럽게 이어 연주하는 방법

스타카토(Staccato) 한 음 한 음을 또렷이 끊어 연주하는 방법

포르타멘토(Portamento) 한 음에서 다른 음으로 옮겨갈 때 미끄러지듯이 연주하는 방법

글리산도(Glissando) 높이가 다른 두 음을 계속해서 미끄러지듯이 끝까지 연주하는 방법

마르카토(Marcato) 음 하나하나를 명확히 강조하여 또렷이 연주하는 방법

🔟 여리게는 '피아노'라고 읽고 '*p*'라고 쓴다.

오페라와 뮤지컬의 차이는?

오페라와 뮤지컬은 비슷한 듯 다르다. 둘 다 이야기가 있는 음악 공연, 즉 음악극이면서 음악과 무용, 의상과 무대 장치, 연기 등이 복합적으로 어우러진 종합예술이지만 그 역사를 보면 차이점이 두드러진다.

오페라는 1597년 이탈리아의 예술가와 귀족들이 고대 그리스 연극을 복원하려고 만든 공연에서 시작하였다. 차츰 시민들도 볼 수 있도록 희극적인 요소와 대사가 가미되면서 대중적인 오페라 부파와 소규모 오페라인 오페레타로 발전하게 되었다. 오페레타가 유행하자 19세기 말 영국과 미국에서 이를 도입해 스케일이 큰 음악극을 만드는데, 이것이 뮤지컬이다.

이렇게 발전해 온 과정을 살펴보면 오페라와 뮤지컬의 차이를 확실히 알 수 있다. 오페라는 주로 저명한 문학작품이나 역사, 신화의 인물을 주제로 한 것이 많으며 대사에 음악을 붙인 곡을 훈련된 성악가인 오페라 가수가 부른다. 뮤지컬에 극적 요소와 일상적인 대사가 많기 때문에 뮤지컬 가수는 성악가와는 달리 팝을 부를 때 쓰는 창법을 쓴다.

뮤지컬 가수는 노래도 물론 잘해야 하지만 연기도 잘해야 하고, 춤 실력도 갖춰야 한다.

답 오페라는 성악 중심이고 뮤지컬은 노래뿐만 아니라 대화, 춤 등이 가미된 형태이다.

'마술피리' 밤의 여왕은 소프라노,
그럼 자라스트로는?

모차르트의 오페라 '마술피리'에서 '밤의 여왕의 아리아'는 여성 성부 중 가장 높은 소프라노가 부른다. 그렇다면 저음의 남자 목소리로 부르는 자라스트로는 어느 성부일까?

여성 성부는 소프라노가 가장 높고, 메조소프라노, 알토 순으로 낮아진다. 남성 성부는 테너, 바리톤, 베이스 순으로 낮아진다. 따라서 자라스트로는 근엄하고 진지한 이미지여야 하므로 남성 성부 중 가장 낮은 성부인 베이스가 부른다.

성악곡은 몇 명이 부르느냐에 따라 독창, 제창, 중창, 합창 등으로 나눌 수 있는데, 독창은 혼자 부르는 것이고, 제창은 하나의 성부를 여러 사람이 동시에 부르는 것이다. 중창은 여럿이 서로 다른 성부를 노래하는 것으로 한 명이 한 성부를 부르는 것이며, 합창은 2개 이상의 성부를 여러 사람이 맡아 노래하는 것이다.

➕ 중창의 종류

◇ **2중창** | 소프라노와 알토, 또는 테너와 베이스 등

◇ **3중창** | 소프라노, 메조소프라노, 알토 또는 소프라노, 테너, 베이스 등

◇ **4중창** | 소프라노, 알토, 테너, 베이스 또는 테너 1, 테너 2, 바리톤, 베이스 등

🅐 베이스

협주곡과 교향곡은 뭐가 다를까?

기악곡은 혼자서 연주하기 위한 '독주곡', 하나의 악기와 관현악 연주를 위한 '협주곡', 관현악 연주를 위한 '교향곡'으로 나눌 수 있다.

협주곡(콘체르토)에는 독주자가 혼자 연주하는 시간이 있는데, 독주 악기가 무엇이냐에 따라서 바이올린 협주곡이 될 수도 있고 피아노 협주곡이 될 수도 있다.

교향곡은 관악기와 현악기가 서로 조화를 이루도록 작곡한 큰 규모의 기악곡으로, '심포니(어울리는 음)'라고도 한다. 교향곡은 보통 4악장으로 이루어지는데, 빠르기에 변화를 주어 대조를 만들어낸다. 보통 제1악장은 소나타 형식의 빠른 악장이고, 제2악장은 가곡 형식으로 완만하고 느리다. 제3악장은 미뉴에트 또는 스케르초의 춤곡 형식이고, 제4악장은 론도 또는 소나타 형식의 매우 빠른 악장이다. 물론 곡에 따라 다양한 변주가 있다.

➕ 세계 3대 교향곡은?

베토벤의 5번 '운명 교향곡', 슈베르트의 8번 '미완성 교향곡', 차이콥스키의 6번 '비창 교향곡'은 세계 3대 교향곡으로 손꼽힌다. 그만큼 음의 조화가 아름답고 웅장한 느낌을 주기 때문이다. 세계 3대 교향악단으로는 베를린 필하모닉 오케스트라, 빈 필하모닉 오케스트라, 뉴욕 필하모닉 오케스트라를 꼽는다.

➕ 연주 형태에 따른 서양 기악곡의 종류

◇ **독주** | 한 명 이상의 연주자가 하나의 악기를 연주하는 것으로 때에 따라 피아노 반주가 따른다.

◇ **중주** | 두 명 이상의 연주자가 각기 다른 악기로 연주하는 것을 말한다.

　2중주 : 바이올린+바이올린, 바이올린+첼로, 클라리넷+오보에 등

　3중주 : 현악 3중주(바이올린+비올라+첼로), 플루트 3중주(플루트+바이올린+첼로), 피아노 3중주(바이올린+첼로+피아노) 등

　4중주 : 현악 4중주(제1바이올린+제2바이올린+비올라+첼로) 등

　5중주 : 현악 5중주(제1바이올린+제2바이올린+비올라+첼로+더블베이스), 목관 5중주(플루트+오보에+클라리넷+바순+호른) 등

◇ **합주** | 여러 명의 연주자가 두 가지 이상의 악기로 동시에 연주하는 것

🖪 협주곡은 하나의 악기와 관현악 연주를 위한 곡, 교향곡은 큰 규모의 관현악 연주를 위한 곡이다.

소나타 형식, 론도 형식이란?

'소나타'는 악기를 '연주한다'는 뜻으로 성악곡인 칸타타와 구분되는 기악곡을 뜻하는 말로 쓰기 시작했다. 17세기 바로크 시대부터 발전하기 시작했는데 18세기 이후 고전주의 작곡가들에 의해 여러 악장을 포함하는 하나의 큰 기악 형식으로 발달하였다.

기본적인 소나타 형식은 '제시부, 발전부, 재현부'로 나뉘는데 제시부에서 음악의 주제를 보여주고, 발전부에서 주제를 다양하게 변화시킨 다음, 재현부에서는 두 개의 주제를 반복한다.

론도 형식은 '돌고 돈다'는 뜻으로 소나타와 함께 자주 쓰이는 음악 형식이다. 어떤 주제가 여러 번 반복 연주되는 동안 그 사이사이에 이와 대조되는 제2 주제를 끼워서 연주하는 형식이다. 즉 A-B-A-C-A-B-A와 같이 A 주제를 반복 연주하는 사이에 B, C 주제를 넣어 연주한다.

소나타 형식, 론도 형식 등의 음악 형식이 확립된 것은 1750년부터 1820년 사이의 고전주의 시대였다. 이 시대에는 개인의 감정이 아니라 일정한 형식을 갖춘 조화와 질서를 중요시하고 형식미를 추구하였다. 고전주의 시대의 많은 음악가가 소나타를 만들었는데, '교향곡의 아버지'라고 불리는 하이든은 약 300여 곡의 소나타를 만들며 소나타 형식을 완성하였다.

🅓 소나타 형식은 제시부, 발전부, 재현부로 구성되는 형식, 론도 형식은 사이사이에 제2 주제를 끼워서 연주하는 형식을 말한다.

피아노는 타악기일까? 현악기일까?

악기는 주로 현악기, 관악기, 타악기로 나누거나 리듬악기와 가락악기로 나눈다. 북, 탬버린 등 리듬악기는 두드려서 소리를 내기 때문에 타악기라고도 한다. 가락 악기는 일정한 음을 연주해서 선율을 낼 수 있는 악기로, 이 중에서 줄로 연주하는 악기를 현악기, 피리나 단소처럼 관 모양으로 생긴 악기를 관악기, 오르간이나 피아노처럼 건반을 두드려서 내는 악기를 건반악기라고 한다.

그러나 최근에 많이 사용되는 분류법은 체명악기, 막명악기, 기명악기, 현명악기 4가지 분류에 전명악기를 더한 방법이다. 이는 소리를 나게 하는 매개체에 따라 분류하는 방법이다.

체명악기 ǀ 몸체의 진동으로 소리 내는 악기 ex) 심벌즈, 트라이앵글 등
막명악기 ǀ 피막을 몸통에 씌워서 소리 내는 악기 ex) 북, 탬버린 등
현명악기 ǀ 현의 진동으로 소리 내는 악기 ex) 바이올린, 우쿨렐레, 피아노 등
기명악기 ǀ 공기를 불어넣어 관 속의 공기를 진동시켜서 소리 내는 악기
　　　　　 ex) 플루트, 오르간 등
전명악기 ǀ 전기적인 처리로 진동을 만들어 소리 내는 악기
　　　　　 ex) 전자피아노, 전기기타 등

답 건반악기이자 현명악기이다.

관현악단에서 타악기는 왜 맨 뒤에 있을까?

관현악단, 즉 오케스트라는 60~120명 안팎으로 구성되는데, 현악기와 관악기, 타악기가 고루 어우러져 아름다운 소리를 낸다. 오케스트라에서 주로 쓰이는 타악기로는 팀파니, 큰북, 작은북, 트라이앵글, 심벌즈, 실로폰 등이 있는데 악기 배치를 보면 심벌즈나 북과 같은 타악기들은 맨 뒤에 자리하고 있는 것을 볼 수 있다. 한 마디로 이 악기들은 제일 큰 소리를 내는 악기, 다시 말해 시끄러운 악기들이기 때문이다.

그에 반해 연주자들의 수가 가장 많은 현악기는 무대 가장 가까운 쪽에 위치한다. 오케스트라 연주의 기본이 되기 때문이다. 현악기는 배치가 정해져 있는데 우선 무대 왼쪽에는 가장 높고 날카로운 소리를 내는 바이올린이 있고, 오른쪽에는 바이올린보다 약간 크고 낮은 소리를 내는 비올라와 크고 넉넉한 소리를 내는 첼로가, 그 뒤쪽에는 가장 낮은 음을 내는 더블베이스가 자리한다. 그 외에 피아노나 하프는 무대 왼쪽에 배치하는 경우가 일반적이다.

현악기 뒤에는 관악기가 자리한다. 플루트, 오보에, 클라리넷, 바순 등의 관악기들은 현재는 금속으로 만들지만 예전에는 주로 나무로 만들었기 때문에 목관악기라 부르고, 호른, 트럼펫, 트롬본, 튜바 등의 관악기들은 금관악기라 부른다. 금관악기들은 목관악기보다 강하고 화려한 소리를 들려주는데, 소리가 크다 보니 목관악기보다 뒤쪽에 자리하고 있다.

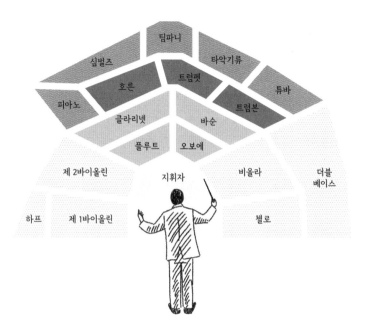

일반적으로 지휘자를 중심으로 현악기, 목관악기, 금관악기, 타악기 순서로 구성되며, 소리가 작고 섬세한 악기, 그리고 연주가 빈번한 악기가 앞쪽부터 위치한다. 지휘자가 집중적으로 신경 써야 하는 악기가 가까이에 있다고 보면 된다. 그러나 지휘자나 음악회 성격에 따라서 배치는 달라질 수 있다.

🔲 소리가 커서 뒤에 위치하지만, 지휘자나 음악회의
성격에 따라 배치가 달라질 수 있다.

클래식 연주회에서 가장 좋은
자리는 어디일까?

공연장의 로열석은 대부분 1층 객석 중앙에 위치한다. 그러나 이는 말 그대로 공연이 잘 보이는 곳을 기준으로 정한 좌석 등급일 뿐이다.

오케스트라와 같은 관현악단의 음악회를 감상할 때는 1층 객석 중앙보다는 2층 가운데 앞줄이 좋다. 소리는 떠오르는 성질이 있어서 1층보다 2층에서 더 좋은 소리를 들을 수 있기 때문이다. 따라서 관현악단 음악회의 경우 지휘자로부터 약 9미터 떨어진 곳의 약간 왼쪽, 지휘자보다 1m 정도 높은 곳을 최고의 자리로 여긴다. 이 기준에서 가장 가까운 곳이 보통 2층 가운데 앞줄이다.

공연장의 중심인 2층 가운데 앞줄은 소리가 생성된 후에 남아 있는 소리, 즉 잔향을 들을 수 있는 시간이 충분히 길기 때문에 소리가 도착하는 시간에 차이가 나서 입체감과 방향감을 느낄 수 있다. 게다가 2층에서는 모든 연주자의 모습을 볼 수 있어서 연주를 눈으로 감상하기에도 좋다.

반대로 무대와 너무 가까우면 현악기 소리가 크게 들리고, 자리가 너무 높으면 금관악기 소리가 크게 들린다. 그리고 벽과 가까운 자리도 반사음이 커서 피하는 게 좋다.

답 오케스트라 공연은 2층 가운데 앞줄에서 듣는 것이 가장 좋다.

클래식 연주회에서 박수는 언제 쳐야 할까?

음악 애호가이거나 음악을 전공한 사람이 아니라면 사실 클래식 연주회에 갈 기회가 그다지 많지 않다. 그러다 보니 연주회에서 과연 언제 박수를 쳐야 할지 몰라 주변의 눈치를 보게 되는 경우가 많다.

기억해야 할 것은 교향곡이나 협주곡은 여러 악장이 합쳐 작품 하나가 되므로 악장과 악장 사이에 휴식이 생겨도 박수를 치지 않아야 한다는 것이다. 사실 박수를 치지 말라는 불문율이 절대적인 것은 아니다. 그러나 자칫 흐름에 맞지 않는 박수 소리는 연주자들에게 방해가 될 수 있으므로 알아두는 것이 좋다. 그럼 음악이 끝난 것인지, 악장 중간인지 어떻게 알 수 있을까?

연주곡에 대해 미리 알고 가는 것이 가장 좋은 방법이지만 음악을 잘 모를 땐 지휘자의 동작을 관찰하자. 지휘자가 악장이 끝난 후 긴장을 늦추지 않고 다음 연주할 곡에 신경을 쓰며 단원들을 쳐다보고 있다면 끝나지 않은 것이다. 확실한 방법은 지휘자가 돌아서서 인사할 때 박수를 치는 것이다. 음악의 흐름을 끊는 가위 역할을 하고 싶지 않다면 안전한 방법을 선택하는 것도 나쁘지 않다.

또, 공연마다 박수 치는 때가 다른데 성악은 보통 두세 곡이 끝나면 박수를 치고, 오페라나 발레 등의 경우는 장면마다 박수를 쳐주는 것이 예의이다. 또 극중 인물들이 열창하면 그때마다 박수를 쳐주어야 한다.

답 교향곡이나 협주곡의 경우 모든 악장이 끝난 후에 박수를 친다.

우리나라의 으뜸 악기는?

거문고는 고구려의 음악가 왕산악이 만든 악기이다. 6개의 현과 16개의 괘로 구성되었는데, 오른손에 술대를 쥐고 왼손으로 괘를 짚거나 밀어서 소리를 낸다. 《삼국사기》에는 '옛날에 진나라 사람이 칠현금을 고구려에 보냈다. 제2상 왕산악이 그 모양은 그대로 두고 제원을 많이 뜯어 고쳐 (새 악기를) 만들고, 겸하여 100여 곡을 지어 연주했다. 그러자 검은 학이 날아와 춤추었으므로 현학금이라 하고, 뒤에 줄여 현금(검은고)이라 했다.'라고 기록되어 있다.

그런데 이 기록을 그대로 믿기는 어렵다. 기록에 있는 칠현금이란 중국 악기 '금'을 말하는데, 중국의 금과 우리나라의 거문고는 공통점이 적어서 금을 개량해 거문고를 만들었다고 보기 힘들기 때문이다.

이보다는 우리나라의 악기 '고'를 고쳐서 만들었다는 설이 더 설득력 있다. 우두머리를 뜻하는 '검'에 악기를 뜻하는 '고'를 붙여 '검은고'가 '거문고'가 되었다는 것이다. 실제로 거문고를 '백악지장(百樂之丈)', 즉 음악 중의 우두머리(으뜸)이라 부르는 것도 이와 같은 맥락으로 해석할 수 있을 것이다. 왕산악은 '고'를 알고 있었을 것으로 추정되며, 이 고를 바탕으로 왕산악이 고구려인들의 정서에 적합한 악기로 고쳐 제작한 것으로 여겨진다.

답 거문고

가야금은 가야에서 만든 악기일까?

가야금은 길고 넓적한 몸통에 12개의 줄 받침을 올리고 그 위에 명주실을 꼬아 만든 12줄을 얹은 현악기이다. 《삼국사기》에 따르면 가야의 가실왕이 백제의 침입에 대비하여 대가야 세력을 결속시키고자 악사 우륵을 불러 가야금을 만들게 했다고 한다. 우륵은 중국의 '쟁'이라는 악기를 고쳐 가야에 맞게 만들고 가야의 지역명을 딴 12곡을 작곡하였다.

이후 친신라파였던 가실왕이 사망하자 우륵은 가야를 떠나 신라로 망명을 하게 된다. 신라로 간 우륵은 가야를 위해 만든 12곡을 신라에 맞게 5곡으로 줄여 새롭게 편곡하였다. 당시 고구려를 침공하기 위한 예비 답사로 낭성(지금의 청주)에 행차한 신라의 왕 진흥왕이 우륵을 불러들여 연주하게 하였는데, 일부 신하들이 "망한 나라의 음악을 들어서는 안 된다."며 만류하였지만, "가야가 망한 것은 음악과 아무런 상관이 없다."라고 하며 그의 음악을 즐겨 들었다.

우륵은 이후 약 10년간 진흥왕의 명에 따라 계고, 법주, 만덕 등의 신라인을 제자로 삼아 자신의 음악을 가르쳤으며, 진흥왕은 우륵의 음악을 국가의 공식 음악인 대악으로 삼았다.

🔒 대가야의 우륵이 왕의 명을 받아 만들었다.

백제 금동대향로의 다섯 악사가 연주하는 악기는?

국보 제287호인 백제 금동대향로는 1993년 충남 부여의 백제 시대 절터에서 출토되었다. 높이 62.5cm, 무게 11.8kg에 달하는 대형 향로로, 다양한 모양의 동물, 사람, 연잎 장식으로 화려하게 꾸며져 있다.

향로 맨 위에 위치한 봉황의 바로 아래에는 다섯 명의 악사가 각기 다른 악기를 연주하고 있다. 이들이 연주하는 악기는 거문고와 북, 완함, 배소, 종적이다. 완함은 월금(조선 시대 현악기)보다 목이 긴 현악기로, 중국 진나라의 완함이라는 사람이 연주를 잘했기 때문에 붙여진 이름이다. 배소는 관악기인데 길이가 긴 관부터 짧은 관까지 여러 개가 나란히 연결된 형태이다. 종적은 세로로 잡고 부는 관악기를 말한다.

이 악기들은 고구려와 중국에서도 연주되었던 악기로 백제가 고구려, 서역, 남조 등 여러 나라와 음악적 교류가 있었으며, 당시 백제에서 음악이 나라를 다스리는 데 중요한 역할을 했다는 사실을 알려준다.

'백제 금동대향로'
금동, 높이 62.5cm, 7세기

🄳 거문고, 북, 완함, 배소, 종적

국악기 중 삼현, 삼죽이란?

삼국이 통일되자 통일신라는 고구려와 백제의 음악을 흡수하고 중국 당나라의 음악을 받아들이며 다양한 음악이 발전하였다. 통일신라의 음악은 크게 향악과 당악으로 나눌 수 있는데 '향악'은 예로부터 전해 오는 우리나라 전통 음악으로, 향악을 연주하던 향악기 여섯 가지를 '삼현, 삼죽'이라 하였다. 삼현은 '거문고, 가야금, 향비파'를 말하고, 삼죽은 '대금, 중금, 소금'을 말한다. 지금까지 전하지는 않지만 《삼국사기》의 기록에 의하면 통일신라 때 삼현으로 연주한 곡이 584곡, 삼죽으로 연주한 곡이 모두 867곡이나 될 정도였다고 하니 이 악기들이 얼마나 사랑받았는지 알 수 있다.

당시 당에서 받아들인 음악을 '당악'이라고 한다. 문무왕 4년에 당악을 배웠다는 기록이 있으며, 각종 유물에서도 당악기를 볼 수 있다. 이 외에도 불교가 융성해지자 불교 의식 음악인 범패도 많이 불렸다.

같은 시기, 고구려의 전통을 계승한 발해 역시 당나라의 음악을 수용하였다. 당시 발해의 음악은 일본에서 '발해악'으로 전해질 정도로 발달했던 것으로 보인다. 그러나 발해는 문헌이나 기록이 거의 없어서 일본 역사서의 기록으로만 짐작이 가능한데, 현악기인 '발해금'과 음악기관으로 추정되는 '태상시'가 있었다고 전해진다.

답 삼현은 현악기인 거문고, 가야금, 향비파를, 삼죽은 관악기인 대금, 중금, 소금을 말한다.

고려 시대 음악은 몇 종류로 나눌 수 있을까?

고려의 궁중 음악은 크게 통일신라에서 물려받은 향악과 당악, 예종 때 중국 송나라에서 들여온 아악으로 구분된다. 통일신라의 향악과 당악은 축제인 팔관회와 연등회를 통해 전승되었는데, 음악과 가무, 형식 모두를 그대로 이어받았다. 또한 남녀 간의 사랑을 노래한 많은 향악곡이 새로 지어져 '서경별곡', '청산별곡', '쌍화곡', '만전춘' 등이 조선 시대까지 전해졌다.

고려는 신라의 '음성서'와 비슷한 '대악서'와 '관현방'을 두어 음악을 관장하게 하였다. '대악서'는 여러 관리를 거느린 음악 기관이고, '관현방'은 음악을 익히고 연주하는 악공을 지도하는 악사를 거느린 기관으로 200여 명의 악공이 음악과 공연을 담당하였다. 이후 대악서를 개편해 '전악서'를 만들고, 관현방을 폐지한 뒤 '아악서'를 설립하여 종묘제례 의식을 관리하게 했는데, 이는 조선 시대로 이어져 조선 초기에는 전악서와 아악서에서 음악을 관장했다. 이외에 왕의 출궁이나 환궁, 원자의 탄생을 알리는 조서를 내리거나, 출정했던 군대가 개선할 때 등에 연주되던 고취악도 조선으로 전승되었다.

고려 후기에는 원나라의 영향력이 커지면서 몽골의 악기도 들어왔는데 태평소나 해금 등이 원에서 전해진 악기이다.

📑 향악, 당악, 아악, 세 종류로 나눌 수 있다.

우리나라 3대 음악가는?

흔히 고구려의 왕산악, 가야의 우륵, 그리고 조선의 박연을 우리나라 3대 음악가로 꼽는다. 그중 박연은 조선 초기의 문신으로, 좋은 집안에서 태어났으나 관직보다는 음악 이론을 연구하고 거문고와 가야금, 대금을 연주하는 데 힘썼다. 평소 총명하고 학문이 뛰어났기에 28세의 늦은 나이에 과거에 급제한 후 관료로 승승장구하였다. 이후 그의 음악적 재능을 알아본 세종 덕분에 관습도감에 임명되어 음악에 관한 일을 맡아보았다.

당시 국가 제도의 틀을 마련하기 위해 노력하던 세종은 각종 행사에서 연주하던 음악 역시 정리할 필요가 있다고 느꼈다. 그때까지 향악과 당악, 아악 등이 혼재되어 사용되었기 때문이다. 조선은 송나라에서 전해진 성리학을 국가의 통치 기반으로 삼았던 만큼, 세종은 박연으로 하여금 아악을 기본으로 하여 궁중 음악을 정비하도록 하였다.

박연은 당대의 중요한 악곡들을 모두 악보로 옮겨 악서를 만들고, 음의 기준을 잡는 편경을 우리나라에서 생산한 돌로 직접 만드는 한편, 많은 아악기를 개조하고 음을 조율하여 연주 시에 깨끗한 화음을 낼 수 있도록 하였다. 또한 궁중음악을 아악을 중심으로 직접 만든 12율관에 따라 정확한 음률로 정비하는 등 조선 시대 음악에 있어 중요한 역할을 하였다.

🔳 답 우륵, 왕산악, 박연

종묘제례악은 누가 만들었을까?

종묘제례악이란 조선 시대 종묘에서 역대 임금의 제사를 지낼 때 연주하던 기악과 노래, 춤을 통틀어서 말하는 것이다.

세종은 새로운 왕조의 건국에 정당성을 부여하기 위해 태조 이전의 선조들의 업적을 기리려고 노력했다. 고민 끝에 고려의 고취악과 향악의 선율을 기반으로 '보태평'과 '정대업'을 직접 만들어 매년 정월 초하루 날과 동지에 열린 회례연에서 사용하였다. 당시 회례연에는 아악이 사용되었는데 이는 고유 음악 발전을 저해한다고 생각해 우리 음악을 사용하고자 함이었다. 이후 이 곡들은 주로 연회에서 연주되다가 세조 때 제례에 맞게 축소하거나 첨가하여 종묘제례악으로 사용하기 시작하였다. 이 곡을 연주하기 위해 '정간보'라는 악보 체계를 만들었으며, 종묘제례악에 쓰이는 노래도 우리말에 맞게 만들었다.

이후 왜란을 겪으며 악기와 악보가 소실되었으나 몇 번의 존폐 위기 속에서도 계속 이어져 광복 후 1971년부터 매년 5월 첫 일요일에 종묘에서 제례의식을 할 때 연주되고 있다.

종묘제례악은 동북아시아의 왕실 제사 음악 중에서 가장 완벽하게 남아 있는 음악으로, 2001년에는 종묘제례와 함께 제일 먼저 유네스코가 선정한 인류무형문화유산에 등재되었을 정도로 그 의미가 크다.

答 세종

《악학궤범》에 담긴 내용은?

《악학궤범》은 조선왕조 500년 역사에서 유일하게 편찬된 음악 사전이다. '궤범(본보기가 되는 규범이나 법도)'의 의미대로 당시 음악을 시행하는 지침서이며, 9권 3책으로 되어 있다.

1493년 성종의 명에 따라 예조판서 성현 등이 엮었는데 악기 61종, 음악 20여 곡, 춤 30여 종, 의상과 소품 70여 종 등을 총망라해 담았다. 여덟 가지 재료로 만들어진 악기와 그에 관한 설명, 12율명, 아악의 악보와 악장, 연주를 시행하는 절차 등이 모두 기록되어 있다. 특히 성종 시대의 아악, 당악, 향악 등 음악 전반에 관한 내용이 포함되어 있다.

이 책은 음악사뿐 아니라 국어국문학, 전통 무용학, 복식사, 의물(공연소품) 연구 등을 총망라하는 중요한 사료로써 관련 전공자들에게 필독서로 꼽힌다. 현재 서울대학교 도서관에 소장되어 있다.

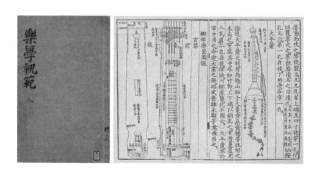

답 음악 사전으로 악기 61종, 음악 20여 곡, 춤 30여 종, 의상과 소품 70여 종 등을 총망라하여 담았다.

아리랑은 몇 종류나 있을까?

아리랑은 우리 민족의 다양한 문화와 정서를 담은 민요로, 전 세계에 우리나라를 대표하는 음악으로 꼽는다. 2012년에 유네스코 인류무형문화유산에 등재되며 그 가치를 인정받았다.

아리랑은 우리가 알고 있는 것보다 종류가 훨씬 많다. 지역에 따라 가사와 리듬은 다르지만 제목이 '아리랑'이라고 전승되는 민요가 약 60여 종, 3천 6백여 곡에 이른다. 민요의 특성상 누구라도 새롭게 부를 수 있어 지역적, 역사적, 장르적 변주가 계속 늘어났기 때문이다.

그중 강원도의 정선아리랑, 전라도의 진도아리랑, 경상도의 밀양아리랑 세 곡을 가장 대표적인 아리랑으로 꼽는다.

"아리랑 아리랑 아라리요 아리랑 고개로 나를 넘겨주게~"로 시작하는 정선아리랑은 고려가 망한 뒤 정선에 숨어 지내며 충절을 다짐하던 선비들이 고향에 대한 그리움과 나라 잃은 비통한 심정을 한시로 지어 불렀는데, 이것이 마을 사람들이 부르던 소리가락에 실려 정선아리랑이 되었다는 설이 있다.

"아리 아리랑 스리 스리랑 아라리가 났네~"로 시작하는 진도아리랑은 화자가 주로 여성으로 남자의 행실을 푸념하는 가사가 많다. 설이향이 원님의 아들과 사랑이 이루어지지 않음을 슬퍼하는 노래라는 설과 총각을 기다리던 처녀가 총각이 양가 규수를 데리고 돌아오자 서럽게 울며 부른 노래라는 설이 대표적이다.

"날 좀 보소, 날 좀 보소, 날 좀 보소~"로 시작하는 밀양아리랑은 조선 밀양 부사의 딸인 아랑에 얽힌 슬픈 이야기를 담고 있다. 그 내용에 비해 비교적 리듬이 빠르고 경쾌해 구슬픈 느낌이 드는 다른 아리랑들과 다르게 느껴진다.

그 외에 널리 알려진 "아리랑 아리랑 아라리요, 아리랑 고개로 넘어간다~"로 시작하는 아리랑은 주로 서울과 경기도 지역을 중심으로 불린 경기 아리랑이다. 3대 아리랑보다는 늦은 조선 말기나 일제 강점기에 만들어진 것으로 추정하고 있다.

➕ 우리나라 성악곡의 종류

◇ **판소리** 한 사람의 소리꾼이 고수의 북장단에 맞춰 긴 이야기를 노래하는 극음악이다.

◇ **민요** 구전되어 내려오는 노래로 지방마다 독특한 특징이 나타난다.

◇ **잡가** 각 지방의 민요를 제외한, 전문 소리꾼이 부르는 노래이다.

◇ **병창** 가야금이나 거문고 등의 악기를 직접 연주하면서 부르는 노래이다.

◇ **시조** 시조를 장구 등의 간단한 반주에 맞추어 3장 형식으로 만들어 부르는 비전문가의 노래이다.

◇ **가곡** 시조를 소규모 관현악 반주에 맞추어 5장 형식으로 부르는 전문가의 노래이다.

◇ **가사** 가사체의 긴 사설을 일정한 장단에 담은 노래이다.

🔲 약 60여 종, 3천 6백여 곡

강강술래가 군사적으로 이용되었다고?

초등학교 4학년 음악 교과서에서 실려 있는 '강강술래'는 중요 무형문화재 제8호이자 유네스코 인류무형문화유산이다. 한 명이 앞소리를 부르면 놀이하는 일동이 뒷소리를 부르며 춤을 추는데, 지역에 따라 자진강강술래, 남생이놀이, 고사리꺾기, 청어엮기, 청어풀자, 기와밟기, 문열어라 등의 놀이가 있다.

　강강술래의 유래에는 몇 가지 설이 있다. 첫 번째는 고대 농경사회에서 파종과 수확의 시기에 공동체의 축제에서 행해지던 놀이에 해안지역에서 고기를 많이 잡고 안전을 기원하는 마음이 합쳐져 오늘의 강강술래가 되었다고 보는 설이다.

　두 번째 설은 군사적 목적과 관련있다. 임진왜란 때 일본군과 대치하고 있던 이순신 장군이 우리 군사의 수가 많아 보이기 위해 해안가에서 이 놀이를 하게 했다는 설과, 일본군이 우리 해안에 상륙하는 것을 감시하기 위해 높은 곳에 올라 '강강술래'를 부르게 한 데서 유래했다는 설이다. '강강술래'의 어원 역시 이를 방증한다. '강강'의 '강'은 주위, 동그라미라는 뜻의 전라도 방언이고, '술래'는 한자어로 된 '순라(巡邏)'에서 온 말로 '경계하라'는 뜻이니, '강강술래'는 '주위를 경계하라'는 뜻이다.

　🗚 우리 군사의 수가 많아 보이게 하기 위해, 혹은 적을 감시하기 위해 놀이하며 불렀다는 설이 있다.

풍물놀이, 사물놀이, 남사당놀이는 뭐가 다를까?

풍물놀이, 사물놀이, 남사당놀이를 아우르는 말은 '농악'이다. 농악은 농촌에서 농부들이 일할 때 곁들이던 음악으로, 넓은 의미로는 타악기를 치며 행진, 판놀음 등을 벌이는 음악을 두루 가리킨다.

이 농악에 쓰이는 악기를 '풍물(風物)'이라고 하는데 꽹과리, 징, 장구, 북, 소고, 호적, 나발 등이 있다. 그러므로 이 악기들로 춤추고 연주하는 놀이를 '풍물놀이'라고 부른다.

사물놀이는 1978년 김덕수 등 네 명이 한 소극장에서 징, 꽹과리, 북, 장구 네 가지 타악기만으로 연주하면서 생긴 이름이다. 사물놀이에 쓰이는 네 가지 악기는 자연의 현상을 상징하는데, 징은 바람, 꽹과리는 천둥 벼락, 북은 구름, 장구는 비를 뜻한다.

풍물놀이와 남사당놀이는 직접적인 연관이 있다. 남사당패의 여섯 놀이 종목 중 첫 번째 놀이가 풍물놀이이기 때문이다. 남사당놀이는 남사당패라 불리는 유랑예인(예술인)들이 하던 한국 전통 민속공연으로, 농악대(풍물놀이), 가면극(덧뵈기), 조선줄타기(어름), 꼭두각시놀음(덜미), 땅재주(살판), 사발돌리기(버나), 이렇게 여섯 종목으로 구성되어 있다. 남사당놀이는 2009년에 유네스코 인류무형문화유산에 등재될 정도로 가치를 인정받고 있는 우리 무형문화유산이다.

🅑 셋 다 농악이지만 의미가 약간씩 다르다.

애국가에 얽힌 논란의 이유는?

우리나라 최초의 국가는 1896년 독립문 정초식에서 배재학당 학생들이 스코틀랜드 민요 '올드 랭 사인'의 멜로디에 가사를 넣어 부른 곡으로 알려져 있다. 당시 불렸던 후렴의 가사는 지금의 애국가와 같으며, 이후 1919년 3·1 운동과 상하이 임시정부에서도 국가로 불렸다.

그러나 원곡이 다른 나라의 민요라는 점과 이별곡이라는 이유로 새로운 국가의 필요성이 제기되었고, 이에 만들어진 새로운 국가가 원래의 가사에 안익태가 작곡한 곡을 붙인 것이다. 이 곡은 1948년 8월 15일 대한민국 정부 수립 때 공식 연주된 후 지금까지 계속 국가로 불리고 있다.

애국가를 둘러싼 논란이 계속되는 것은 작곡가 안익태가 민족문제연구소가 2009년에 발간한 《친일인명사전》에 등재되었기 때문이다. 이 때문에 국회 공청회까지 열렸지만, 친일파에 대한 정확한 정의와 작곡가의 행적 및 애국가와의 연관성 등에 대한 논란이 있어 명확한 조취가 취해지진 못했다. 안타까운 사실은 아직 공식적으로는 애국가 작사가가 미상이지만 유력한 작사가 후보자로 거론되는 윤치호 또한 친일파라는 것이다.

사실 우리나라에도 정식으로 작곡된 애국가가 있었다. 1902년, 고종이 독일 음악가 에케르트를 초빙해 '대한제국 애국가'를 만들어 국가로 공포했지만, 일제의 강요 속에 금지곡이 되었다.

🔲 안익태의 《친일인명사전》 등재로 논란이 되고 있다.

시김새, 토리, 흐름결은 무슨 말일까?

시김새, 토리, 흐름결은 현재 음악 교과서에서 정식으로 배우는 용어이지만 잘 모르거나 들어본 적이 없을 것이다. 우리가 학교에 다닐 때는 쓰지 않던 우리 음악 용어이기 때문이다.

'시김새'란 '식음(飾音, 꾸미는 소리)'에서 유래한 말로, 화려함이나 멋을 더하기 위해서 음을 꾸며내는 모양새를 뜻한다. 노래뿐만 아니라 악기 연주법에서도 사용하는데, 예를 들어 가야금의 줄을 밀어 올리거나 밀었던 줄을 흘러내리면서 내는 등 음을 여러 가지 방법으로 꾸며서 내는 것을 말한다.

'토리'란 각 지역에 따라 조금씩 다르게 나타나는 음악의 특징을 말한다. 예를 들어 '토리에 따른 민요의 분류'라고 하면 '서도민요, 남도민요, 경기민요'로 나눌 수 있다.

'흐름결'은 '리듬'을 뜻하는 우리말이다. 리듬(rhythm)은 '흐름'이나 '움직임'을 뜻하는 그리스어의 '리트머스(rhythmos)'에서 유래했는데, 우리 음악에서는 '음악이 흘러가면서 움직인다'라는 뜻의 '흐름결'이라는 말을 사용하고 있다.

🅐 시김새는 꾸며내는 모양새, 토리는 지역에 따른 음악의 특징, 흐름결은 리듬을 말한다.

음악 이론_용어

오선보와 정간보는 뭐가 다를까?

서양 음악에서는 주로 다섯 줄의 오선보를 쓰지만 우리 음악에서는 정간보를 사용한다. 정간보는 동양 최초로 음높이와 리듬을 동시에 표기한 악보이다. 조선 시대 세종이 창안한 기보법으로 우물 정(井) 자 모양으로 칸을 나누었다는 뜻에서 '정간보'라고 이름을 지었다.

서양 음악에서는 두 개 이상의 음을 동시에 울리는 수직적인 '화성'이 가장 특징적인 요소라면, 우리 음악은 '장단'과 음의 움직임인 '시김새'가 특징이다. 정간보는 이런 우리 음악의 특징을 잘 반영하고 있다.

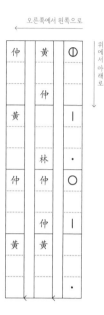

정간보에서 음의 길이는 칸의 수(정간)로, 음의 높이는 음이름(12율명)으로, 꾸밈음은 시김새 기호(△ 쉼표, 〈 짧게 숨쉬기 등)로 나타낸다. 율명을 쓸 때는 첫 글자만 따서 쓰며 위에서 아래로, 오른쪽에서 왼쪽으로 읽는다.

🅐 오선보는 오선에 표현한 화음 중심 악보, 정간보는 칸에 표현한 장단과 시김새 중심 악보이다.

우리 전통 음악의 음이름은?

'도레미파솔'에 해당하는 우리의 음이름을 '궁상각치우'라고 알고 있는 경우가 많은데, 이는 중국의 음이름이다. 우리나라 전통 곡을 연주할 때는 12율명을 사용한다.

12개로 이루어진 율은 일정한 간격과 순서가 있으며, '도레미파솔라시도'처럼 저마다 고유한 이름, 즉 율명이 있다. '황종, 대려, 태주, 협종, 고선, 중려, 유빈, 임종, 이칙, 남려, 무역, 응종' 이렇게 12개의 율로 정간보에는 간단하게 첫 자만 기록한다.

12개의 음이름에는 각기 의미가 담겨 있다. 사람들의 마음을 움직이는 음악의 재료가 되는 각 율에 좋은 의미를 담아야 한다고 생각했기 때문이다. 예를 들어 '황종(黃鍾)'은 땅에 씨를 뿌린다는 뜻으로 동지(冬至)를 의미하며, '대려(大呂)'는 황종을 도와 물(物)을 싹트게 하는 대한(大寒)을 의미한다.

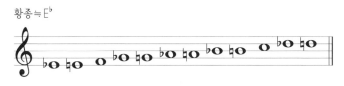

12율명 :	황종	대려	태주	협종	고선	중려	유빈	임종	이칙	남려	무역	응종
실제 표기 :	黃	大	太	夾	姑	仲	蕤	林	夷	南	無	應

답 12율명

음악 이론_용어

'덩덩덕 쿵덕'은 무슨 장단일까?

판소리에 쓰이는 '일고수 이명창'이라는 말은 '첫 번째로 중요한 사람이 장단을 맞추는 고수이고, 두 번째로 중요한 사람이 노래하는 명창'이라는 뜻이다. 그만큼 우리 음악에서는 장단을 중요하게 여긴다.

장단이란 음의 길고 짧음뿐만 아니라 박, 강약, 빠르기까지도 포함하는 넓은 의미로 쓰이며, 주로 장구나 북으로 연주한다. 장구를 연주할 때 장구의 왼편은 북편이라 하여 맨손 또는 궁굴채로 치고, 오른편은 채편이라 하여 북채나 열채로 친다.

장단을 이루는 기본 단위는 '박'인데, 서양 음악에서 4분 음표를 8분 음표, 16분 음표로 나누듯 우리 음악에서는 보통박을 소박으로 3등분한다. 즉 3소박이 보통박 하나인 셈이다.

부호	구음	표기	연주법
◑	덩		채편과 북편을 동시에 친다.
○	쿵		왼손으로 북편을 친다.
│	덕		채로 채편을 친다.
┊	기덕		채로 채편을 겹쳐 친다.
⋮	더러더러		채로 채편을 굴려서 친다.

자진모리장단, 굿거리장단 등은 우리 음악에 있어서 대표적인 장단이다. '덩덩덕 쿵덕'은 세마치장단이고 밀양아리랑, 진도아리랑, 도라지

타령 등에서 들을 수 있다. 그 외 '덩덩덩 덕쿵'은 자진모리장단, '덩기덕 쿵 더러러러 쿵기덕 쿵 더러러러'는 굿거리장단이다.

장단	구음	사용 음악
세마치	덩 덩 덕 쿵 덕	밀양아리랑, 진도아리랑, 도라지타령 등
굿거리	덩 기덕 쿵 더러러러 쿵 기덕 쿵 더 러러러	오돌또기, 천안 삼거리, 베틀가, 늴리리야, 한강수타령 등
자진모리	덩 덩 덩 덕 쿵	춘향가 중 나귀 안장, 흥보가 중 놀부 심술타령 등
중모리	덩 덕 쿵 덕더덕쿵쿵 덕 쿵 덕더덕	긴농부가, 긴강강술래, 한오백년, 몽금포타령, 춘향가 중 쑥대머리 등
휘모리	덩 덕덕 쿵 덕 쿵	심청가 중 심청이 인당수에 빠지는 대목, 옹헤야 등

➕ 장구 허리는 왜 잘록할까?

'세요고'라고도 불리는 장구는 양편에서 나는 소리가 서로 섞이지 않게 하기 위해서 가운데를 잘록하게 만든 것이 특징이다. 허리를 중심으로 오른쪽은 얇은 말가죽이나 개가죽을 씌우고, 왼쪽은 조금 더 두꺼운 소 가죽이나 말가죽을 씌워서 양쪽의 소리가 다르다.

🅓 세마치장단

음악 이론_용어

국악 연주 중 '생소병주'는 무슨 뜻일까?

국악에서는 혼자 연주하는 것을 '독주', 두 명의 연주자가 서로 다른 악기를 함께 연주하는 것을 '병주'라고 한다. 독주는 주로 가야금과 대금, 단소 등 가락을 연주할 수 있는 악기로 연주하며, 병주는 음색과 가락이 어울리는 두 악기를 연주하는데 주로 양금과 단소, 생황과 단소를 함께 연주하는 경우가 많다. 따라서 '생소병주'란 생황과 단소로 연주하는 합주곡을 뜻한다.

또한 연주의 규모가 크면 '합악', 작으면 '세악'으로 부른다. 세악은 선비들이 풍류방에 모여 앉아 악기를 연주하던 것으로, 서양 음악의 '실내악'과 비슷하다. 편성의 원칙은 없지만 주로 거문고, 가야금, 양금, 젓대, 세피리, 해금, 단소, 장구 등이 쓰인다. 합악은 궁궐 안의 큰 잔치나 행사에서 연주하던 것으로, 각 악기를 여러 명이 연주하는 가장 큰 규모의 합주이다. 서양 음악의 '관현악'이라 할 수 있다.

중심이 되는 악기에 따라 '대풍류'와 '줄풍류'로 나누기도 한다. 대풍류는 향피리가 중심이 되어 대금, 해금, 장구, 좌고가 함께 연주하는 관악기 중심의 합주를 말한다. 줄풍류는 거문고가 중심이 되어 가야금, 해금, 양금, 대금, 단소, 세피리, 장구 등이 하나씩 연주하는 현악기 중심의 합주를 말한다.

답 생황과 단소를 함께 연주한다는 뜻이다.

국악기는 서양 악기와 분류법이 다르다?

우리나라 악기도 서양 악기처럼 현악기, 타악기 등으로 분류할까, 아니면 다른 분류법이 있을까?

50~60여 종에 이르는 우리 국악기는 크게 세 가지 방법으로 분류할 수 있다. 첫 번째 방법은 우리가 잘 알다시피 연주 방법에 따라 관악기, 현악기, 타악기로 구분하는 것이다. 두 번째 분류 방법은 음악의 성격에 따라 제례 음악에 쓰는 아악기, 당악에 쓰는 당악기, 향악에 쓰는 향악기로 구분하는 방법이다. 세 번째 방법은 재료에 따라 나누는 방법으로 '금, 석, 사, 죽, 포, 토, 혁, 목', '팔음(八音)'으로 나누는 방법이다.

팔음에 따른 국악기의 종류는 다음과 같다. 금(金) 부는 쇠붙이로 만든 악기로 주로 제사 음악이나 규모가 큰 합주에 쓰인다. 편종, 특종, 방향, 징 등이 있다. 석(石) 부는 돌로 만든 악기로 편경, 특경 등이 있다. 사(絲) 부는 실로 만든 악기로 현악기라고 생각하면 쉽다. 가야금, 거문고, 비파, 아쟁 등이 있다. 죽(竹) 부는 대나무로 만든 악기로 주로 관악기이다. 대금, 피리, 단소, 소금 등이 있다. 포(匏) 부는 박으로 만든 악기로 생황이 있으며, 토(土) 부는 흙을 구워서 만든 악기로 훈이 있다. 혁(革) 부는 가죽으로 만든 악기로 북 종류인데 장구, 좌고, 소고 등이 있으며, 목(木) 부는 나무로 만든 악기로 타악기가 많으며 박, 축, 어 등이 있다.

답 연주 방법 및 악기의 재료에 따라 분류한다.

훑어만 봐도 기억에 남는 서양 음악사

–

고대 음악(문명의 시작 ~4세기)

고대 음악은 약 3500년 전 문명의 발상지인 메소포타미아, 인도, 중국, 이집트 등에서 시작되었다. 특히 메소포타미아의 수메르인들은 하프와 리라, 트럼펫, 류트, 북, 관악기 등 10여 가지 악기를 사용하였다.

중세 음악(5세기~1450년경)

가톨릭 교회를 중심으로 성악이 발전하였다. 네우마 기보로 기록된 그레고리오 성가가 대표적으로, 현재 3천 곡 이상이 전해지고 있다.

르네상스 음악(1450년~ 1600년)

단성음악에서 벗어나 다성음악 양식의 성악곡이 주류를 이루었다. 이 시대에는 플랑드르 악파가 전 유럽에 걸쳐 활약했는데 이전보다 인간적인 감성 표현에 초점을 맞췄다는 것이 특징이다.

바로크 음악(1600년 ~1750년)

음악 활동의 중심이 교회에서 궁정으로 바뀌었으며 악기의 발달로 기악곡이 작곡되면서 바이올린, 쳄발로(하프시코드), 클라비코드, 오르간이 많이 연주되었다. 이 외에 오페라, 오라토리오와 같은 극음악과 협주곡, 칸타타와 같은 실내악이 발달하였다.

고전주의 음악(1750년~1820년)

조화와 질서를 중요하게 여겨 소나타나 교향곡, 협주곡과 같이 잘 짜인 형식의 음악이 발달하였다. 시민층이 부유해지면서 귀족뿐 아니라 일반 시민들도 음악을 접할 수 있게 되었다. 공공 연주회장이나 오페라극장이 생겨났다.

낭만주의 음악(1820년~1900년)

많은 음악가가 궁정을 나와 개인 콘서트를 열어 작곡 활동을 하였으며, 화려하고 기교가 뛰어난 연주자들도 등장했다. 실내에서 소수의 악기를 연주하며 가볍게 즐기는 살롱 음악이 유행하였으며, 성악음악인 가곡이 발달하였다.

민족주의 음악(19세기 전반~19세기 후반)

19세기에는 사실주의, 역사주의 등 다양한 음악 사조가 혼재되어 있었다. 그중 하나가 민족주의 음악이다. 유럽의 다양한 변화로 민족의식이 고조되어 러시아를 위시한 여러 나라에서 생겨났다. 자국의 민요 선율을 빌리거나 역사, 전설, 자연, 풍속 등을 소재로 하여 민족의 정체성을 강조하였다.

근현대 음악(1900년~)

작곡가의 특성을 반영하는 인상주의, 표현주의, 음렬주의, 신고전주의 등 다양한 사조와 재즈, 팝, 뮤지컬 등 새로운 장르의 음악이 생겨났다. 현대에 들어서는 음악의 정의가 달라질 정도로 여러 가지 시도가 이루어졌다. 대표적인 작곡가로는 인상주의 음악을 창시한 드뷔시, 신고전주의와 음렬주의 작품을 선보인 스트라빈스키, 12기법을 만들어 음렬주의에 영향을 준 쇤베르크, 우연적 요소를 음악에 도입한 케이지 등이 있다.

훑어만 봐도 기억에 남는 한국 음악사

—

상고시대 음악(~기원전 57년)

울산 반구대 암각화에 그려진 악기와 뼈 피리 등의 악기는 음악이 일상생활과 밀접한 관계가 있었음을 알려준다. 삼한에는 '고'로 추정되는 현악기가 있었다.

삼국 시대 음악(기원전 58년~676년)

고구려 왕산악이 거문고를, 가야의 우륵이 가야금을 만드는 등 우리나라 전통 현악기가 만들어졌다. 고구려는 수나라와 당나라, 일본으로 고구려의 악공과 무용수를 파견하는 등 활발한 해외 음악 활동을 펼쳤고, 백제는 고구려, 중국, 서역 등과 서로 교류했다.

남북국 시대 음악(676년~935년)

신라, 백제, 고구려의 음악 문화가 융합하고 당나라와 활발히 교류하는 등 외래 음악을 폭넓게 받아들였다. 통일 신라에서는 삼국의 음악적 요소들이 결합하고, '삼현 삼죽(가야금, 거문고, 향비파, 대금, 중금, 소금)'을 즐겨 연주하였다. 당나라에서 당악과 불교 의식인 재(齋)를 올릴 때 부르는 노래인 범패가 들어왔다. 발해는 고구려의 전통을 계승하고 당나라의 음악을 받아들여 발전시켰으며, 일본에 '발해악'이라는 이름으로 전해졌다.

고려 시대 음악(918년~1392년)

우리나라의 고유 음악인 향악, 중국 음악을 일컫는 당악, 송나라에서 들어온 제례악인 아악 등 총 세 갈래 음악이 정착되었다. 궁중의 고취악과 서민층의 공연예술인 잡희 등이 유행하였으며, 연등회와 팔관회 등의 국가적인 행사에 음악이 사용되었다. '대악서'라는 음악 기관이 있었는데 '전악서'로 바뀌어 조선 시대 초기까지 계승되었다.

조선 시대 음악(1392년~1894년)

건국 초기에는 익숙한 고려가요에 왕권 강화, 건국의 정당성 내용이 담긴 노랫말을 지어 불렀다. 조선 전기에는 세종의 명으로 박연이 아악을 정비하고, 율관과 악기를 제작하였으며, 세종이 직접 '정간보'를 만들고, '정대업', '보태평', '봉례의', '발상' 등의 음악을 작곡하였다. 성종 때에는 우리나라의 대표적인 궁중 음악서 《악학궤범》이 편찬되었다. 조선 후기가 되자 궁중 음악은 쇠퇴하였고, 중인 출신을 중심으로 한 민간 중심의 예술과 음악이 발달하였다. 성악곡과 기악곡, 판소리, 산조, 시나위, 잡가 등의 민속음악이 발전하였다.

근현대 음악(1894년~)

갑오개혁 이후 우리나라에 소개된 외래 음악과 일본의 민족 말살 정책 등으로 국악은 크게 위축되었다. 1945년 광복 이후 국악은 제자리로 돌아오지 못하고 서양 음악이 우리 사회 속에 폭넓게 자리잡게 되었다. 그러나 1951년에 국립국악원을 개원하고, 1964년에 서울 시립 국악관현악단이 창단하고, 1971년부터 종묘제례악을 다시 연주하기 시작하는 등 전통 음악의 계승과 발전을 위해 노력하고 있다.

유명한 음악가

—

왕산악(?~?)

4세기에 활동한 것으로 추정되는 고구려의 음악가. 거문고를 제작하고 거문고 곡 100여 곡을 작곡하였다.

귀도 다레초(992?~1050?)

1025년경 성가대가 음을 제대로 잡을 수 있도록 음계에 이름을 붙였다. 네우마 기보법을 체계화하고 4선보를 창안했다.

우륵(?~?)

6세기 대가야국의 음악가. 가실왕의 뜻을 받들어 12현금, 즉 가야금을 만들고 12곡을 지었다. 가실왕 사망 후 신라로 건너가 진흥왕의 명으로 신라의 악사들에게 가야금과 노래, 춤을 가르쳤다.

옥보고(?~?)

8세기 통일신라에서 활동하던 거문고의 대가. 옥보고가 지은 곡이 30여 곡이라고 《삼국사기》에 기록되어 있으나 전해 내려오지 않는다.

박연(1378~1458)

조선 초기의 문신이자 음률가. 직접 만든 12율관과 편경에 근거하여 음률을 확실하게 정비하고 궁중 음악을 아악 중심으로 개편하였다.

조스캥 데프레(1440?~1521)

'르네상스의 모차르트'라는 별명을 가지고 있을 정도로 당시 최고의 음악가.
음악가의 아버지로 추앙받는다. 다성음악의 대표적인 작곡가로, 100여 곡이
넘는 모테트를 작곡했다.

안토니오 비발디(1678~1741)

바이올린 연주자이자 작곡가. 칸타타, 오라토리오, 협주곡, 미사곡 등 많은 곡
을 작곡했는데 무려 450곡이나 되는 협주곡을 작곡했다. '사계'로 유명하다.

요한 제바스티안 바흐(1685~1750)

바로크 시대를 대표하는 음악가. 사후 100년이 지난 뒤에야 멘델스존이 그의
악보들을 수집해 바흐의 음악을 세상에 알렸다.

게오르크 프리드리히 헨델(1685~1759)

바흐와 더불어 바로크 시대를 대표하는 음악가. 오라토리오 '메시아'를 비롯
해 오페라 46곡, 오라토리오 32곡을 작곡하였다. 관현악 모음곡 '왕궁의 불꽃
놀이 음악'도 유명하다. 왕립 음악아카데미를 설립하였다.

프란츠 요제프 하이든(1732~1809)

'놀람 교향곡'과 '시계 교향곡' 등 100여 곡 이상의 교향곡과 70곡에 가까운
현악 4중주곡 등을 작곡하여 교향곡의 아버지라 불린다. 고전주의 시대 기악
곡의 틀을 만들었으며, 소나타 형식을 완성한 음악가로도 유명하다.

유명한 음악가들

볼프강 아마데우스 모차르트(1756~1791)

35년의 짧은 인생을 살다 간 천재 음악가. 다섯 살 때부터 작곡을 시작하여 오페라 26곡, 행진곡 31곡, 교향곡 67곡, 관현악 무곡 45곡, 피아노 협주곡 42곡, 바이올린 협주곡 12곡, 세레나데, 소나타 등 600여 곡을 작곡했다.

루트비히 판 베토벤(1770~1827)

4세부터 음악을 시작하여 7세 때는 피아노 연주회까지 열었다. '영웅 교향곡' 을 작곡한 이후 10년간 활발하게 창작 활동을 하였다. '운명 교향곡', '합창 교향곡' 등이 유명하다.

프란츠 페터 슈베르트(1797~1828)

오스트리아의 초기 낭만파의 대표적 작곡가이다. 무려 600여 곡의 가곡을 작곡하였는데 '자장가', '아베 마리아', '겨울 나그네' 등의 가곡과 '미완성 교향곡' 등이 우리에게 잘 알려져 있다.

루이 엑토르 베를리오즈(1803~1869)

프랑스의 교향곡 작곡가이다. '표제 음악'이라는 새로운 극적인 특징이 담긴 관현악곡 스타일을 창시하였다. '환상 교향곡'이 대표곡이다.

펠릭스 멘델스존(1809~1847)

'19세기의 모차르트'라고 불릴 만큼 음악적 재능이 뛰어난 작곡가. 오페라, 실내악곡, 협주곡, 가곡, 교향곡, 관현악곡, 피아노곡, 오라토리오, 합창곡 등 다양한 음악을 작곡하였다.

프레데리크 프랑수아 쇼팽(1810~1849)

200여 곡의 피아노곡을 작곡한 작곡가. 섬세하고 현란한 연주 기법과 화성법으로 이루어진 쇼팽의 곡은 현대 피아노 연주법에 많은 영향을 주었다.

로베르트 알렉산더 슈만(1810~1856)

독일의 작곡가로 낭만주의와 슈베르트의 영향을 받았다. 서정성이 뛰어난 피아노 독주곡과 가곡을 작곡하였다.

프란츠 폰 리스트(1811~1886)

'교향시'라는 새로운 장르를 창시해 관현악 분야에 혁명을 일으켰다. 문학적인 이야기를 오케스트라로 표현하고자 하였다.

표트르 차이콥스키(1840~1893)

'백조의 호수', '호두까기 인형'과 같은 발레음악부터 교향곡, 교향시와 관현악곡, 피아노곡, 실내악곡 등에서 걸작을 남겼다.

안토닌 드보르자크(1841~1904)

체코 민속 음악에 관심을 갖고 작곡을 시작해, 체코 민요의 멜로디와 가락을 바탕으로 작품을 만들었다. '슬라브 무곡'이 가장 유명하다.

클로드 드뷔시(1862~1918)

새로운 소리를 이용한 인상주의 음악의 선구자로 끊임없이 연구하고 도전한 작곡가로 평가받는다. '목신의 오후 전주곡'이 대표곡이다.

교과 연계

《어른 교과서》는 우리나라 초등, 중등 교육과정을 기초로 하였다. 역사와 미술, 음악 교육과정의 핵심을 보기 쉽고 읽기 좋게 정리하였기에 어른뿐 만 아니라 지금껏 학교에서 배운 내용을 한 번에 꿰뚫고 싶은 초등학교, 중학교 학생들이 보기에도 좋다.

각 항목이 교과서의 어떤 부분과 관련있는지 궁금한 분을 위해 연계 교과 정보를 정리하여 실었다. 학교에서 배우는 지식을 실생활로 연결시키고 싶은 분들에게 도움이 될 것이다.

세계사 연계 교과표

2015년 개정 교육과정 중학교 역사 ① 교과서(천재교육)를 기준으로 합니다.

소분류	제목	연계 교과
선사 시대와 역사 시대	선사 시대와 역사 시대는 어떻게 구분할까?	I. 문명의 발생과 고대 세계의 형성 2. 세계의 선사 문화와 고대 문명
선사 시대 구분	유물을 시대에 따라 나누는 기준은?	I. 문명의 발생과 고대 세계의 형성 2. 세계의 선사 문화와 고대 문명
인류의 기원과 진화	최초의 인류는?	I. 문명의 발생과 고대 세계의 형성 2. 세계의 선사 문화와 고대 문명
문명의 발생	문명은 어떤 곳에서 발달했을까?	I. 문명의 발생과 고대 세계의 형성 2. 세계의 선사 문화와 고대 문명
문명의 발생 _메소포타미아 문명	인류 최초의 문명은?	I. 문명의 발생과 고대 세계의 형성 2. 세계의 선사 문화와 고대 문명
문명의 발생 _이집트 문명	이집트의 피라미드는 누가, 왜 만들었을까?	I. 문명의 발생과 고대 세계의 형성 2. 세계의 선사 문화와 고대 문명
문명의 발생 _인도 문명	고대 인도 문명의 대표 도시는?	I. 문명의 발생과 고대 세계의 형성 2. 세계의 선사 문화와 고대 문명
문명의 발생 _중국 문명	중국 최초의 삼대 왕조는 어느 나라일까?	I. 문명의 발생과 고대 세계의 형성 2. 세계의 선사 문화와 고대 문명
서아시아의 통일 _아시리아	서아시아 최초로 통일을 이룬 나라는?	I. 문명의 발생과 고대 세계의 형성 3. 고대 제국들의 특성과 주변 세계의 성장
서아시아의 통일 _페르시아 제국	세계 최초의 제국은?	I. 문명의 발생과 고대 세계의 형성 3. 고대 제국들의 특성과 주변 세계의 성장
서아시아의 통일 _조로아스터교	종교의 어머니라 불리는 페르시아 제국의 종교는?	I. 문명의 발생과 고대 세계의 형성 3. 고대 제국들의 특성과 주변 세계의 성장
중국의 통일 _춘추 전국 시대	춘추 전국 시대는 어떤 시기일까?	I. 문명의 발생과 고대 세계의 형성 3. 고대 제국들의 특성과 주변 세계의 성장
중국의 통일_제자백가	제자백가는 100명의 제자를 부르는 말이었을까?	I. 문명의 발생과 고대 세계의 형성 3. 고대 제국들의 특성과 주변 세계의 성장
중국의 통일_진나라	중국을 최초로 통일한 사람은 누구일까?	I. 문명의 발생과 고대 세계의 형성 3. 고대 제국들의 특성과 주변 세계의 성장
중국의 통일_한나라	한족, 한자, 한문의 기원이 된 중국의 왕조는?	I. 문명의 발생과 고대 세계의 형성 3. 고대 제국들의 특성과 주변 세계의 성장
지중해 주변 지역의 통일_에게 문명	유럽 최초의 문명은?	I. 문명의 발생과 고대 세계의 형성 3. 고대 제국들의 특성과 주변 세계의 성장
지중해 주변 지역의 통일_고대 그리스	고대 그리스의 폴리스란 무엇일까?	I. 문명의 발생과 고대 세계의 형성 3. 고대 제국들의 특성과 주변 세계의 성장

지중해 주변 지역의 통일_마케도니아	알렉산드로스 대왕의 제국은 얼마나 넓었을까?	I. 문명의 발생과 고대 세계의 형성 3. 고대 제국들의 특성과 주변 세계의 성장
지중해 주변 지역의 통일_로마 제국	포에니 전쟁에서 승리한 나라는?	I. 문명의 발생과 고대 세계의 형성 3. 고대 제국들의 특성과 주변 세계의 성장
지중해 주변 지역의 통일_로마 제국	로마의 정치 제도는 어떻게 바뀌었을까?	I. 문명의 발생과 고대 세계의 형성 3. 고대 제국들의 특성과 주변 세계의 성장
지중해 주변 지역의 통일_크리스트교	유대인은 왜 예수를 죽였을까?	I. 문명의 발생과 고대 세계의 형성 3. 고대 제국들의 특성과 주변 세계의 성장
인도의 통일_마우리아 왕조	인도 최초의 통일 왕국은?	II. 세계 종교의 확산과 지역 문화의 형성 1. 불교 및 힌두교 문화의 형성과 확산
인도의 통일_불교의 시작	3대 종교 중 하나인 불교는 누가 창시했을까?	II. 세계 종교의 확산과 지역 문화의 형성 1. 불교 및 힌두교 문화의 형성과 확산
인도의 형성과 발전_굽타 왕조	인도 고전 문화의 황금기를 끌어낸 왕조는?	II. 세계 종교의 확산과 지역 문화의 형성 1. 불교 및 힌두교 문화의 형성과 확산
인도의 형성과 발전_힌두교	'아바타'는 어디에서 온 말일까?	II. 세계 종교의 확산과 지역 문화의 형성 1. 불교 및 힌두교 문화의 형성과 확산
중국의 형성과 발전_위진 남북조	《삼국지》는 실제 어떤 시대의 이야기일까?	II. 세계 종교의 확산과 지역 문화의 형성 2. 동아시아 문화의 형성과 확산
중국의 형성과 발전_수나라	400년 만에 중국을 통일한 수나라가 고구려 때문에 멸망했다고?	II. 세계 종교의 확산과 지역 문화의 형성 2. 동아시아 문화의 형성과 확산
중국의 형성과 발전_당나라	당나라의 전성기와 쇠퇴를 모두 끌어낸 황제는?	II. 세계 종교의 확산과 지역 문화의 형성 2. 동아시아 문화의 형성과 확산
이슬람 세계의 형성과 발전_이슬람교의 시작	이슬람교를 만든 사람은?	II. 세계 종교의 확산과 지역 문화의 형성 3. 이슬람 문화의 형성과 확산
이슬람 세계의 형성과 발전_이슬람교 문화	이슬람 사원에는 제단이 없다고?	II. 세계 종교의 확산과 지역 문화의 형성 3. 이슬람 문화의 형성과 확산
유럽의 형성과 발전_게르만족의 이동	누가 서로마 제국을 멸망시켰을까?	II. 세계 종교의 확산과 지역 문화의 형성 4. 크리스트교 문화의 형성과 확산
유럽의 형성과 발전_프랑크 왕국	독일, 이탈리아, 프랑스가 원래 한 나라였다고?	II. 세계 종교의 확산과 지역 문화의 형성 4. 크리스트교 문화의 형성과 확산
유럽의 형성과 발전_동로마 제국	동로마 제국의 다른 이름은?	II. 세계 종교의 확산과 지역 문화의 형성 4. 크리스트교 문화의 형성과 확산
유럽의 형성과 발전_중세 가톨릭	카노사의 굴욕이란?	II. 세계 종교의 확산과 지역 문화의 형성 4. 크리스트교 문화의 형성과 확산
유럽의 형성과 발전_십자군 전쟁	십자군 전쟁은 몇 차례나 일어났을까?	II. 세계 종교의 확산과 지역 문화의 형성 4. 크리스트교 문화의 형성과 확산
유럽의 형성과 발전_백년 전쟁	잔 다르크는 어떤 전쟁에서 싸웠을까?	II. 세계 종교의 확산과 지역 문화의 형성 4. 크리스트교 문화의 형성과 확산
유럽의 형성과 발전_르네상스	르네상스는 무엇의 부활을 뜻할까?	II. 세계 종교의 확산과 지역 문화의 형성 4. 크리스트교 문화의 형성과 확산

교과 연계

유럽 사회의 형성과 발전 _종교 개혁	크리스트교는 왜 구교와 신교로 나뉘었을까?	Ⅱ. 세계 종교의 확산과 지역 문화의 형성 4. 크리스트교 문화의 형성과 확산
동아시아 사회의 발전 _송나라	사대부가 시작된 나라는?	Ⅲ. 지역 세계의 교류와 변화 1. 몽골 제국과 문화 교류
동아시아 사회의 발전 _원나라	칭기즈 칸이 세운 몽골 제국은 얼마나 넓었을까?	Ⅲ. 지역 세계의 교류와 변화 1. 몽골 제국과 문화 교류
동아시아 사회의 발전_원 나라의 유라시아 교역망	중국의 발명품은 어떻게 유럽으로 전해졌을까?	Ⅲ. 지역 세계의 교류와 변화 1. 몽골 제국과 문화 교류
동아시아 사회의 발전 _명나라	원을 멸망시킨 명이 제일 먼저 한 일은?	Ⅲ. 지역 세계의 교류와 변화 2. 동아시아 지역 질서의 변화
동아시아 사회의 발전 _청나라	중국의 마지막 통일 왕조를 세운 민족은?	Ⅲ. 지역 세계의 교류와 변화 2. 동아시아 지역 질서의 변화
동아시아 사회의 발전 _자금성	자금성에는 방이 몇 개나 있을까?	Ⅲ. 지역 세계의 교류와 변화 2. 동아시아 지역 질서의 변화
동아시아 사회의 발전 _일본 막부 정치	일본의 막부 정치란?	Ⅲ. 지역 세계의 교류와 변화 2. 동아시아 지역 질서의 변화
이슬람 사회의 발전 _셀주크 튀르크	술탄은 언제부터 이슬람의 통치자가 되었을까?	Ⅲ. 지역 세계의 교류와 변화 3. 서아시아와 북아프리카 지역 질서의 변화
이슬람 사회의 발전 _오스만 제국	비잔티움 제국을 무너트린 이슬람 국가는?	Ⅲ. 지역 세계의 교류와 변화 3. 서아시아와 북아프리카 지역 질서의 변화
인도 사회의 발전 _무굴 제국	인도의 마지막 제국은?	Ⅲ. 지역 세계의 교류와 변화 3. 서아시아와 북아프리카 지역 질서의 변화
인도 사회의 발전 _무굴 제국의 문화	타지마할은 궁궐일까, 무덤일까?	Ⅲ. 지역 세계의 교류와 변화 3. 서아시아와 북아프리카 지역 질서의 변화
유럽 사회의 발전 _신항로 개척	최초로 세계 일주에 성공한 사람은?	Ⅲ. 지역 세계의 교류와 변화 4. 신항로 개척과 유럽 지역 질서의 변화
유럽 사회의 발전 _절대 왕정	'태양왕'이라고 불리던 왕은 누구일까?	Ⅲ. 지역 세계의 교류와 변화 4. 신항로 개척과 유럽 지역 질서의 변화
유럽 사회의 변화 _영국의 시민 혁명	영국을 입헌 군주제로 만든 혁명은?	Ⅳ. 제국주의 침략과 국민 국가 건설 운동 1. 유럽과 아메리카의 국민 국가 체제
유럽 사회의 변화 _산업 혁명	산업 혁명은 어느 분야에서 시작되었을까?	Ⅳ. 제국주의 침략과 국민 국가 건설 운동 2. 유럽의 산업화와 제국주의
유럽 사회의 변화 _프랑스 혁명	세계 최초의 인권 선언은?	Ⅳ. 제국주의 침략과 국민 국가 건설 운동 1. 유럽과 아메리카의 국민 국가 체제
유럽 사회의 변화 _나폴레옹 시대	영웅이었던 나폴레옹이 몰락하게 된 전투는?	Ⅳ. 제국주의 침략과 국민 국가 건설 운동 1. 유럽과 아메리카의 국민 국가 체제
유럽 사회의 변화 _7월 혁명과 2월 혁명	프랑스 혁명 이후 다시 일어난 혁명은?	Ⅳ. 제국주의 침략과 국민 국가 건설 운동 1. 유럽과 아메리카의 국민 국가 체제
유럽 사회의 변화 _통일 국가의 성립	독일의 통일을 이룬 사람은?	Ⅳ. 제국주의 침략과 국민 국가 건설 운동 1. 유럽과 아메리카의 국민 국가 체제

아메리카 대륙의 발전과 변화_미국 독립 전쟁	미국의 독립 전쟁은 차 때문에 일어났다고?	IV. 제국주의 침략과 국민 국가 건설 운동 1. 유럽과 아메리카의 국민 국가 체제
아메리카 대륙의 발전과 변화_미국 남북 전쟁	미국 남북 전쟁을 북부의 승리로 이끈 전투는?	IV. 제국주의 침략과 국민 국가 건설 운동 1. 유럽과 아메리카의 국민 국가 체제
아메리카 대륙의 발전과 변화_라틴아메리카의 독립	라틴아메리카 독립의 아버지라 불리는 사람은?	IV. 제국주의 침략과 국민 국가 건설 운동 1. 유럽과 아메리카의 국민 국가 체제
제국주의의 등장 _제국주의	전 세계를 식민지로 만든 제국주의란?	IV. 제국주의 침략과 국민 국가 건설 운동 2. 유럽의 산업화와 제국주의
제국주의의 등장 _아프리카와 아시아의 식민지화	아프리카와 동남아시아에서 식민지가 되지 않은 나라는?	IV. 제국주의 침략과 국민 국가 건설 운동 2. 유럽의 산업화와 제국주의
서아시아와 아프리카의 변화_오스만 제국의 근대화	오스만 제국에서 근대화를 추진한 개혁 세력은?	IV. 제국주의 침략과 국민 국가 건설 운동 3. 서아시아와 인도의 국민 국가 건설 운동
서아시아와 아프리카의 변화_이집트의 근대화	이집트의 근대화를 추진한 총독은?	IV. 제국주의 침략과 국민 국가 건설 운동 3. 서아시아와 인도의 국민 국가 건설 운동
인도와 동남아시아의 변화_인도 민족 운동	세포이 항쟁이 인도를 식민지로 만들었다고?	IV. 제국주의 침략과 국민 국가 건설 운동 3. 서아시아와 인도의 국민 국가 건설 운동
인도와 동남아시아의 변화_동남아시아의 식민지화	필리핀, 인도네시아 등의 국가명이 식민의 잔재라고?	IV. 제국주의 침략과 국민 국가 건설 운동 3. 서아시아와 인도의 국민 국가 건설 운동
중국의 변화_아편 전쟁	중국이 문호를 개방한 것이 아편 때문이라고?	IV. 제국주의 침략과 국민 국가 건설 운동 4. 동아시아의 국민 국가 건설 운동
중국의 변화 _중국의 근대화	중국이 서양 문물을 도입하려 한 최초의 시도는?	IV. 제국주의 침략과 국민 국가 건설 운동 4. 동아시아의 국민 국가 건설 운동
중국의 변화 _중국의 근대화	신해혁명은 중국을 어떻게 변화시켰을까?	IV. 제국주의 침략과 국민 국가 건설 운동 4. 동아시아의 국민 국가 건설 운동
일본의 변화 _일본의 근대화	메이지유신은 일본에 어떤 변화를 가져왔을까?	V. 제국주의 침략과 국민 국가 건설 운동 4. 동아시아의 국민 국가 건설 운동
일본의 변화 _일본의 제국주의	일본은 왜 우리나라를 침략했을까?	IV. 제국주의 침략과 국민 국가 건설 운동 4. 동아시아의 국민 국가 건설 운동
현대 사회의 전개 _제1차 세계 대전	제1차 세계 대전이 일어나게 된 사건은?	V. 세계 대전과 사회 변동 1. 제1차 세계 대전과 국제 질서의 변화
현대 사회의 전개 _제1차 세계 대전	제1차 세계 대전으로 무엇이 달라졌을까?	V. 세계 대전과 사회 변동 1. 제1차 세계 대전과 국제 질서의 변화
현대 사회의 전개 _러시아 혁명	세계 최초로 사회주의 정부를 수립한 나라는?	V. 세계 대전과 사회 변동 1. 제1차 세계 대전과 국제 질서의 변화
현대 사회의 전개 _아시아의 민족 운동	인도의 반영 운동을 이끈 사람은?	V. 세계 대전과 사회 변동 1. 제1차 세계 대전과 국제 질서의 변화

현대 사회의 전개 _대공황	세계 대공황을 극복한 미국의 정책은?	V. 세계 대전과 사회 변동 2. 제2차 세계 대전
현대 사회의 전개_제2 차 세계 대전의 발발	제2차 세계 대전을 일으킨 나라는 어디일까?	V. 세계 대전과 사회 변동 2. 제2차 세계 대전
현대 사회의 전개 _제2차 세계 대전	제2차 세계 대전은 어떻게 끝나게 되었을까?	V. 세계 대전과 사회 변동 2. 제2차 세계 대전
현대 사회의 전개 _냉전 체제	전쟁이 아닌데 왜 냉전(cold war) 이라고 부를까?	VI. 현대 세계의 전개와 과제 1. 냉전 체제와 제3세계의 형성
현대 사회의 전개 _냉전 체제	베트남은 왜 통일 전쟁을 미국과 벌였을까?	VI. 현대 세계의 전개와 과제 1. 냉전 체제와 제3세계의 형성
현대 사회의 전개 _소련의 붕괴	소련은 어떻게 무너졌을까?	VI. 현대 세계의 전개와 과제 1. 냉전 체제와 제3세계의 형성 2. 세계화와 경제 통합
현대 사회의 전개 _독일 통일	동서 대립의 상징인 베를린 장벽은 어떻게 되었을까?	VI. 현대 세계의 전개와 과제 2. 세계화와 경제 통합
현대 사회의 전개 _중국의 변화	1989년 톈안먼 광장에서는 어떤 일이 벌어졌을까?	VI. 현대 세계의 전개와 과제 2. 세계화와 경제 통합
현대 사회의 전개 _국가 공동체	국가 공동체는 왜 생기는 걸까?	VI. 현대 세계의 전개와 과제 2. 세계화와 경제 통합
현대 사회의 전개 _현대 지역 분쟁	냉전 체제가 끝나면서 전쟁도 사라졌을까?	VI. 현대 세계의 전개와 과제 4. 현대 세계의 문제 해결을 위한 노력

한국사 연계 교과표

—

2015년 개정 교육과정 중학교 역사 ② 교과서(천재교육)를 기준으로 합니다.

소분류	제목	연계 교과
선사 시대_구석기	우리나라에서 가장 오래된 유적지는?	I. 선사 문화와 고대 국가의 형성 1. 선사 문화와 고조선의 성장
선사 시대_구석기	뗀석기가 그냥 돌과 다른 점은?	I. 선사 문화와 고대 국가의 형성 1. 선사 문화와 고조선의 성장
선사 시대_신석기	빗살무늬 토기와 민무늬 토기 중 뭐가 먼저 만들어졌을까?	I. 선사 문화와 고대 국가의 형성 1. 선사 문화와 고조선의 성장
고대 국가 _청동기와 철기	청동기 시대와 철기 시대 중 어느 시대가 먼저일까?	I. 선사 문화와 고대 국가의 형성 1. 선사 문화와 고조선의 성장

고대 국가 _고조선의 건국	우리 조상이 곰에게서 태어난 이유는?	I. 선사 문화와 고대 국가의 형성 1. 선사 문화와 고조선의 성장
고대 국가 _고조선의 성장	고조선의 8조법에는 어떤 내용이 담겨있을까?	I. 선사 문화와 고대 국가의 형성 1. 선사 문화와 고조선의 성장
고대 국가_부여	우리나라 역사상 두 번째 나라는?	I. 선사 문화와 고대 국가의 형성 2. 여러 나라의 성장
고대 국가 _옥저, 동예, 삼한	옥저와 동예는 왜 멸망했을까?	I. 선사 문화와 고대 국가의 형성 2. 여러 나라의 성장
삼국 시대 _고구려의 성립과 성장	가장 먼저 중앙 집권 체제를 확립한 나라는?	I. 선사 문화와 고대 국가의 형성 3. 삼국의 성립과 발전
삼국 시대 _백제의 성립과 성장	마한의 소국이었던 백제가 강해진 이유는?	I. 선사 문화와 고대 국가의 형성 3. 삼국의 성립과 발전
삼국 시대 _신라의 성립과 성장	신라의 왕호는 어떻게 변했을까?	I. 선사 문화와 고대 국가의 형성 3. 삼국의 성립과 발전
삼국 시대_가야	가야까지 4국 시대가 아니냐고?	I. 선사 문화와 고대 국가의 형성 3. 삼국의 성립과 발전
삼국 시대 _고구려의 전성기	고구려를 동북아 강국으로 이끈 왕은?	I. 선사 문화와 고대 국가의 형성 3. 삼국의 성립과 발전
삼국 시대_동북공정	중국은 왜 고구려사를 자기 역사라고 우길까?	I. 선사 문화와 고대 국가의 형성 3. 삼국의 성립과 발전
삼국 시대 _백제의 전성기	백제의 영토가 가장 넓었을 때는 언제였을까?	I. 선사 문화와 고대 국가의 형성 3. 삼국의 성립과 발전
삼국 시대 _신라의 전성기	신라의 전성기는 어느 왕 때였을까?	I. 선사 문화와 고대 국가의 형성 3. 삼국의 성립과 발전
삼국 시대_골품제	신라에도 금수저, 흙수저가 있었다?	I. 선사 문화와 고대 국가의 형성 3. 삼국의 성립과 발전
삼국 시대_첨성대	첨성대의 창문은 별을 관측하던 곳이었다?	I. 선사 문화와 고대 국가의 형성 4. 삼국의 문화와 대외 교류
삼국 시대_고분 문화	무덤만 봐도 나라를 구분할 수 있다고?	I. 선사 문화와 고대 국가의 형성 4. 삼국의 문화와 대외 교류
삼국 시대_불교 문화	삼국 시대에는 왜 절을 많이 지었을까?	I. 선사 문화와 고대 국가의 형성 4. 삼국의 문화와 대외 교류
삼국 시대_유교와 도교	고구려에서 국립학교인 태학을 지은 이유는?	I. 선사 문화와 고대 국가의 형성 4. 삼국의 문화와 대외 교류
삼국 시대_대외 교류	우리나라가 일본에 문화를 전수한 증거는?	I. 선사 문화와 고대 국가의 형성 4. 삼국의 문화와 대외 교류
삼국 시대_살수대첩	살수대첩을 승리로 이끈 장군은?	II. 남북국 시대의 전개 1. 신라의 삼국통일과 발해의 건국
삼국 시대_연개소문	왕을 쫓아내고 대막리지가 된 장군은?	II. 남북국 시대의 전개 1. 신라의 삼국통일과 발해의 건국

삼국 시대_나당 동맹	신라는 왜 당과 손을 잡았을까?	II. 남북국시대의 전개 1. 신라의 삼국통일과 발해의 건국
삼국 시대_백제 멸망	백제의 마지막 왕은 누구일까?	II. 남북국시대의 전개 1. 신라의 삼국통일과 발해의 건국
삼국 시대_삼국통일	삼국통일이 민족통일인 이유는?	II. 남북국시대의 전개 1. 신라의 삼국통일과 발해의 건국
남북국 시대_발해의 등장	통일신라 시대가 아니라 남북국 시대라고?	II. 남북국시대의 전개 2. 남북국의 발전과 변화
남북국 시대_발해의 성장	발해는 왜 '해동성국'이라고 불렸을까?	II. 남북국시대의 전개 2. 남북국의 발전과 변화
남북국 시대 _통일신라의 발전	신문왕은 어떻게 통일신라를 안정시켰을까?	II. 남북국시대의 전개 2. 남북국의 발전과 변화
남북국 시대_후삼국	신라는 왜 후삼국으로 나뉘었을까?	II. 남북국시대의 전개 2. 남북국의 발전과 변화
남북국 시대_불교 문화	통일신라에서 불교 문화가 발달한 이유는?	II. 남북국시대의 전개 3. 남북국의 문화와 대외 관계
남북국 시대_대외 교류	완도에 청해진을 설치한 이유는?	II. 남북국시대의 전개 3. 남북국의 문화와 대외 관계
고려 시대_고려의 건국	고려 태조 왕건에게 부인이 29명이나 있었던 이유는?	III. 고려의 성립과 변천 1. 고려의 건국과 정치 변화
고려 시대_노비안검법	노비안검법은 사실 왕을 위한 법이었다?	III. 고려의 성립과 변천 1. 고려의 건국과 정치 변화
고려 시대_이자겸의 난	이자겸이 난을 일으킨 이유는?	III. 고려의 성립과 변천 1. 고려의 건국과 정치 변화
고려 시대_무신정변	보현원이 문신들의 피로 물든 이유는?	III. 고려의 성립과 변천 1. 고려의 건국과 정치 변화
고려 시대_거란(요)	고려는 거란(요)과 몇 번이나 싸웠을까?	III. 고려의 성립과 변천 2. 고려의 대외 관계
고려 시대_여진(금)	동북 9성은 고려의 골칫덩어리였다?	III. 고려의 성립과 변천 2. 고려의 대외 관계
고려 시대_몽골(원)	고려는 왜 원의 간섭을 받았을까?	III. 고려의 성립과 변천 3. 몽골의 간섭과 고려의 개혁
고려 시대_삼별초	삼별초가 고려 왕실과 싸운 이유는?	III. 고려의 성립과 변천 3. 몽골의 간섭과 고려의 개혁
고려 시대_공민왕	공민왕은 어떤 개혁 정책을 펼쳤을까?	III. 고려의 성립과 변천 3. 몽골의 간섭과 고려의 개혁
고려 시대_정치 세력	신흥 무인 세력과 신진 사대부란?	III. 고려의 성립과 변천 3. 몽골의 간섭과 고려의 개혁
고려 시대_대외 교류	고려 시대, 우리나라가 Corea로 알려진 배경은?	III. 고려의 성립과 변천 2. 고려의 대외 관계

고려 시대_문화	고려 시대에는 여성도 자신의 재산을 가질 수 있었다?	Ⅲ. 고려의 성립과 변천 4. 고려의 생활과 문화
고려 시대_역사서	《삼국사기》와 《삼국유사》는 뭐가 다를까?	Ⅲ. 고려의 성립과 변천 4. 고려의 생활과 문화
고려 시대_인쇄술	《직지심체요절》은 왜 프랑스에 있을까?	Ⅲ. 고려의 성립과 변천 4. 고려의 생활과 문화
고려 시대_위화도 회군	이성계가 고려의 정권을 장악하게 된 사건은?	Ⅳ. 조선의 성립과 발전 1. 통치체제와 대외 관계
조선 시대_조선의 건국	조선이 한양을 수도로 정한 이유는?	Ⅳ. 조선의 성립과 발전 1. 통치체제와 대외 관계
조선 시대_왕권 강화	태종은 어떻게 왕권을 강화했을까?	Ⅳ. 조선의 성립과 발전 1. 통치체제와 대외 관계
조선 시대_세종	조선 시대 문화를 꽃피운 왕은?	Ⅳ. 조선의 성립과 발전 1. 통치체제와 대외 관계
조선 시대_과학	세종 때 만든 조선의 독자적인 역법서는?	Ⅳ. 조선의 성립과 발전 3. 문화의 발달과 사회의 변화
조선 시대_대외 관계	사대교린 정책이란 무엇일까?	Ⅳ. 조선의 성립과 발전 1. 통치체제와 대외 관계
조선 시대_교육 제도	조선 시대 왕은 신하의 눈치를 살폈다?	Ⅳ. 조선의 성립과 발전 1. 통치체제와 대외 관계
조선 시대_사화	훈구파와 사림파는 왜 싸웠을까?	Ⅳ. 조선의 성립과 발전 2. 사림 세력과 정치 변화
조선 시대_붕당 정치	붕당 정치는 어떻게 시작된 것일까?	Ⅴ. 조선 사회의 변동 1. 조선 후기의 정치 변동
조선 시대_임진왜란	임진왜란 때 조선 인구의 반이 줄었다고?	Ⅳ. 조선의 성립과 발전 4. 왜란·호란의 발발과 영향
조선 시대_병자호란	인조의 삼전도 굴욕이란?	Ⅳ. 조선의 성립과 발전 4. 왜란·호란의 발발과 영향
조선 시대_탕평책	영조와 정조가 시행한 탕평책은?	Ⅴ. 조선 사회의 변동 1. 조선 후기의 정치 변동
조선 시대_신분제	조선 시대에 양반 족보를 사고 팔았다고?	Ⅴ. 조선 사회의 변동 2. 사회 변화와 농민의 봉기
조선 시대_대외 교류	청에 보낸 사신이 소개한 종교는?	Ⅴ. 조선 사회의 변동 3. 학문과 예술의 새로운 경향
근대_통상수교거부 정책	통상수교거부정책을 상징하는 비석은?	Ⅵ. 근현대사회의 전개 1. 국민 국가의 수립
근대_강화도 조약	강화도 조약은 왜 불평등 조약이라고 할까?	Ⅵ. 근현대사회의 전개 2. 자본주의와 사회 변화
근대_갑신정변	갑신정변은 왜 3일 만에 끝났을까?	Ⅵ. 근현대사회의 전개 1. 국민 국가의 수립

근대_동학농민운동	동학농민운동을 일으킨 전봉준은 왜 녹두장군이라고 불릴까?	VI. 근현대사회의 전개 1. 국민 국가의 수립
근대_갑오개혁	갑오개혁에는 어떤 내용이 담겨있을까?	VI. 근현대사회의 전개 1. 국민 국가의 수립
근대_아관파천	고종은 왜 러시아 공사관으로 거처를 옮겼을까?	VI. 근현대사회의 전개 1. 국민 국가의 수립
근대_대한제국	대한제국은 어떤 일을 했을까?	VI. 근현대사회의 전개 1. 국민 국가의 수립
근대_대한제국	고종의 대한제국 칙령 제41호의 의미는?	VI. 근현대사회의 전개 1. 국민 국가의 수립
근대_경술국치	'한일합병', '한일병합', '경술국치' 뭐가 맞을까?	VI. 근현대사회의 전개 2. 자본주의와 사회 변화
근대_민족운동	3 · 1 운동은 일본의 통치를 어떻게 바꾸었을까?	VI. 근현대사회의 전개 1. 국민 국가의 수립
근대_대한민국 임시정부	대한민국 임시정부의 초대 대통령은?	VI. 근현대사회의 전개 1. 국민 국가의 수립
근대_민족운동	김구가 이끈 한인 애국단의 활약은?	VI. 근현대사회의 전개 1. 국민 국가의 수립
근대_국가총동원법	일본은 우리 민족을 어디로 끌고 갔을까?	VI. 근현대사회의 전개 2. 자본주의와 사회 변화
현대_대한민국 정부 수립	왜 김구는 초대 대통령이 되지 못했을까?	VI. 근현대사회의 전개 1. 국민 국가의 수립
현대_6 · 25 전쟁	왜 6 · 25 전쟁은 종전을 안 하고 휴전을 했을까?	VI. 근현대사회의 전개 4. 평화 통일을 위한 노력
현대_4 · 19 혁명	4 · 19 혁명은 왜 일어났을까?	VI. 근현대사회의 전개 3. 민주주의의 발전
현대_유신체제	유신 체제란 무슨 뜻일까?	VI. 근현대사회의 전개 3. 민주주의의 발전
현대_5 · 18 민주화운동	5 · 18 민주화운동은 언제 인정받았을까?	VI. 근현대사회의 전개 3. 민주주의의 발전
현대_대통령 직선제	우리 국민이 그토록 대통령 직선제를 원했던 이유는?	VI. 근현대사회의 전개 3. 민주주의의 발전
현대_경제 위기	우리는 어떻게 외환위기를 극복하고 경제 선진국이 되었을까?	VI. 근현대사회의 전개 2. 자본주의와 사회 변화

미술 연계 교과표

—

2015년 개정 교육과정 초등학교(지학사), 중학교(비상교육) 교과서를 기준으로 합니다.

서양 미술사_고대	지금까지 알려진 가장 오래된 동굴 벽화는?	중 1. 7. 미술의 흐름 2. 세계 미술 여행
서양 미술사_고대 이집트	고대 이집트에서는 왜 사람 옆모습을 그렸을까?	중 1. 7. 미술의 흐름 2. 세계 미술 여행
서양 미술사_고대 그리스	그리스 시대에는 왜 남자 누드 조각상을 많이 만들었을까?	중 1. 7. 미술의 흐름 2. 세계 미술 여행
서양 미술사_고대 그리스 건축	그리스 신전의 기둥 모양은 어떻게 다를까?	중 1. 7. 미술의 흐름 2. 세계 미술 여행
서양 미술사_고대 로마 건축	로마 시대 건축물은 어떻게 오래 보존될 수 있었을까?	중 1. 7. 미술의 흐름 2. 세계 미술 여행
서양 미술사_중세	중세 교회의 지붕이 뾰족한 이유는?	중 1. 7. 미술의 흐름 2. 세계 미술 여행
서양 미술사_르네상스	언제부터 유화물감으로 그림을 그렸을까?	중 1. 7. 미술의 흐름 2. 세계 미술 여행
서양 미술사_르네상스	르네상스 미술의 3대 거장은?	중 1. 7. 미술의 흐름 2. 세계 미술 여행
서양 미술사_바로크와 로코코	바로크와 로코코는 어떻게 다를까?	중 1. 7. 미술의 흐름 2. 세계 미술 여행
서양 미술사_렘브란트	명화 '야경'이 렘브란트를 망하게 했다고?	중 1. 7. 미술의 흐름 2. 세계 미술 여행
서양 미술사_낭만주의	낭만주의 작품은 왜 낭만적이지 않을까?	중 1. 7. 미술의 흐름 2. 세계 미술 여행
서양 미술사_인상주의	인상주의는 세 가지 발명품 때문에 생겨났다?	중 1. 7. 미술의 흐름 2. 세계 미술 여행
서양 미술사_신인상주의	쇠라는 정말 점을 찍어서 그림을 그렸을까?	중 1. 7. 미술의 흐름 2. 세계 미술 여행
서양 미술사_후기 인상주의	고흐가 살아있을 때 팔린 작품이 하나뿐이라고?	중 1. 7. 미술의 흐름 2. 세계 미술 여행
서양 미술사_아르누보	클림트에게 영향을 준 아르누보란 무엇일까?	중 1. 7. 미술의 흐름 2. 세계 미술 여행
서양 미술사_야수주의	마티스의 작품이 강렬해 보이는 이유는?	중 1. 7. 미술의 흐름 2. 세계 미술 여행
서양 미술사_입체주의	콜라주 기법을 가장 먼저 사용한 화가는?	중 2. 3. 발상과 주제 1. 발상과 상상
서양 미술사_레디메이드	뒤샹의 변기는 어떻게 작품으로 인정받게 되었을까?	중 2. 4. 표현의 즐거움 4. 입체, 공간을 확장하다

서양 미술사_추상표현주의	쉽게 그린 것 같은 폴록의 작품이 가치가 있는 이유는?	초 6. 10. 새로운 표현 방법
서양 미술사_초현실주의	프리다 칼로는 왜 자화상을 많이 그렸을까?	중 1. 7. 미술의 흐름 2. 세계 미술 여행
서양 미술사_팝아트	팝아트의 예술적 의의는?	중 1. 7. 미술의 흐름 2. 세계 미술 여행
미술이론_조소	깎아서 만드는 작품은 조각, 붙여서 만드는 것은?	중 1. 4. 표현의 즐거움 4. 입체로 만들다
미술이론_판화	좌우가 바뀌지 않는 판화는?	초 4. 5. 상상하여 찍어내기
미술이론_색	사진을 밝게 할 때 명도를 높여야 할까, 채도를 높여야 할까?	초 6. 2. 생활 속에서 만나는 색
미술이론_색의 대비	노란색 꽃은 무슨 색 꽃병에 꽂아야 싱싱해 보일까?	초 3. 2. 선, 형, 색의 만남
미술이론_원근법	멀리 있는 것을 표현하는 방법에는 뭐가 있을까?	초 6. 4. 눈이 즐거운 세상
미술이론_조형 원리	이중섭의 '흰 소'와 모빌의 공통점은?	초 5. 4. 아름다움의 비밀, 조형 원리
미술이론_조형 원리	몬드리안의 작품을 아름답게 만드는 조형의 원리는?	초 5. 4. 아름다움의 비밀, 조형 원리
미술이론_전시관	세계 3대 전시관은?	중 1. 6. 작품과의 만남 2. 새로운 미술관
미술이론_작품	세계에서 가장 비싼 그림은?	중 1. 7. 미술의 흐름 2. 세계 미술 여행
한국 미술사_고대	가장 오래된 고래 사냥 그림이 우리나라에 있다?	중 1. 7. 미술의 흐름 1. 우리나라 미술 여행
한국 미술사_삼국 시대	우리나라 최초의 채색화는?	중 1. 7. 미술의 흐름 1. 우리나라 미술 여행
한국 미술사_삼국 시대	국보 83호 '금동미륵보살반가사유상'의 뜻은?	중 1. 7. 미술의 흐름 1. 우리나라 미술 여행
한국 미술사_남북국 시대	다보탑의 예술적 가치는 무엇일까?	중 1. 7. 미술의 흐름 1. 우리나라 미술 여행
한국 미술사_남북국 시대	성덕대왕신종은 복제가 어렵다고?	중 1. 7. 미술의 흐름 1. 우리나라 미술 여행
한국 미술사_고려 시대	고려청자의 푸른빛은 어떻게 내는 걸까?	중 1. 7. 미술의 흐름 1. 우리나라 미술 여행
한국 미술사_고려 시대	나전칠기와 고려청자의 공통점은?	중 1. 7. 미술의 흐름 1. 우리나라 미술 여행
한국 미술사_조선 시대	조선 초기 회화의 대표작은?	중 1. 7. 미술의 흐름 1. 우리나라 미술 여행

한국 미술사_조선 시대	초충도에는 무슨 의미가 담겨있을까?	초 5. 6. 전통 미술과 현대 미술
한국 미술사_조선 시대	윤두서의 자화상에 얼굴만 있는 이유는?	중 1. 2. 미술과 소통 2. 미술, 융합의 중심
한국 미술사_조선 시대	김홍도와 신윤복은 어떻게 달랐을까?	초 5. 6. 전통 미술과 현대 미술
한국 미술사_조선 시대	김정희의 글씨가 추사체로 인정받은 이유는?	초 4. 10. 붓으로 쓰는 글씨
한국 미술사_근현대	김환기의 작품 중 최고가를 기록한 작품은?	중 1. 7. 미술의 흐름 1. 우리나라 미술 여행
한국 미술사_근현대	서양화가 박수근은 왜 가장 한국적인 화가일까?	중 1. 7. 미술의 흐름 1. 우리나라 미술 여행
한국 미술사_근현대	이중섭이 토종 황소를 '흰 소'로 그린 이유는?	중 1. 7. 미술의 흐름 1. 우리나라 미술 여행
한국 미술사_근현대	백남준의 '다다익선'은 복원될 수 있을까?	중 2. 5. 생활 속의 미술 3. 새로운 매체와 영상

음악 연계 교과표

—

2015년 개정 교육과정 초등학교, 중학교 교과서(지학사)를 기준으로 합니다.

서양 음악사_고대	인류는 처음 연주한 악기는 무엇일까?	중 1. 6. 더 넓은 세상의 음악
서양 음악사_고대	이집트 투탕카멘 묘에서 발견된 악기는?	중 1. 6. 더 넓은 세상의 음악
서양 음악사_고대	그리스 시대의 음악을 지금도 들을 수 있을까?	중 1. 6. 더 넓은 세상의 음악
서양 음악사_중세	중세 시대에는 어떤 음악을 만들었을까?	중 1. 6. 더 넓은 세상의 음악
서양 음악사_르네상스	르네상스 시대의 모차르트 조스캥은 누구일까?	중 1. 6. 더 넓은 세상의 음악
서양 음악사_바로크	바흐의 '커피 칸타타'는 무슨 내용일까?	중 1. 6. 더 넓은 세상의 음악
서양 음악사_바로크	헨델은 남자인데 왜 음악의 어머니라고 할까?	중 2. 6. 더 넓은 세상의 음악
서양 음악사_바로크	바로크 시대 때 소년이 여성 성부를 불렀던 이유는?	중 1. 6. 더 넓은 세상의 음악

서양 음악사_고전주의	연주회장과 오페라극장이 생긴 시기는?	중 1. 6. 더 넓은 세상의 음악
서양 음악사_고전주의	모차르트 음악을 들으면 정말 머리가 좋아질까?	중 1. 6. 더 넓은 세상의 음악
서양 음악사_고전주의	베토벤은 소리가 안 들렸을 때 어떻게 작곡했을까?	중 1. 6. 더 넓은 세상의 음악
서양 음악사_낭만주의	낭만주의를 대표하는 음악가는?	중 1. 6. 더 넓은 세상의 음악
서양 음악사_민족 음악	차이콥스키의 유서로 꼽히는 곡은?	중 1. 6. 더 넓은 세상의 음악
서양 음악사_인상주의	인상주의 음악은 인상주의 미술과 어떤 점이 비슷할까?	중 1. 6. 더 넓은 세상의 음악
서양 음악사_현대	크로스오버 음악이란 어떤 음악일까?	중 2. 5. 흥겨운 우리 음악
서양 음악사_현대	새소리도 음악이라고 할 수 있을까?	중 1. 6. 더 넓은 세상의 음악
음악 이론_음표	점 4분 음표에서 점은 어떻게 하라는 걸까?	초 3. Ⅱ. 첨벙첨벙, 음악과 놀아요 1. 두근두근 리듬놀이
음악 이론_작품 번호	모차르트 곡에 붙은 'K620'은 무슨 뜻일까?	중 1. 6. 더 넓은 세상의 음악
음악 이론_셈여림	포르테는 세게, 여리게는?	초 3. Ⅲ. 울긋불긋, 음악에 물들어요 2. 지켜요 환경과 안전
음악 이론_오페라	오페라와 뮤지컬의 차이는?	초 6. Ⅲ. 울긋불긋, 음악에 물들어요 5. 음악이 된 이야기
음악 이론_성부	'마술피리' 밤의 여왕은 소프라노, 그럼 자라스트로는?	중 1. 4. 이야기가 있는 음악
음악 이론_기악곡	협주곡과 교향곡은 뭐가 다를까?	중 1. 6. 더 넓은 세상의 음악
음악 이론_형식	소나타 형식, 론도 형식이란?	중 1. 6. 더 넓은 세상의 음악
음악 이론_악기	피아노는 타악기일까? 현악기일까?	중 2. 3. 더불어 나누는 음악
음악 이론_악기	관현악단에서 타악기는 왜 맨 뒤에 있을까?	중 2. 3. 더불어 나누는 음악
음악 이론_감상	클래식 연주회에서 가장 좋은 자리는 어디일까?	중 2. 3. 더불어 나누는 음악
음악 이론_감상	클래식 연주회에서 박수는 언제 쳐야 할까?	중 2. 3. 더불어 나누는 음악
한국 음악사_삼국 시대	우리나라의 으뜸 악기는?	중 2. 2. 멋스러운 우리 음악

한국 음악사_삼국 시대	가야금은 가야에서 만든 악기일까?	중 2. 2. 멋스러운 우리 음악
한국 음악사_삼국 시대	백제 금동대향로의 다섯 악사가 연주하는 악기는?	중 1. 6. 더 넓은 세상의 음악
한국 음악사_남북국 시대	국악기 중 삼현, 삼죽이란?	중 1. 6. 더 넓은 세상의 음악
한국 음악사_고려 시대	고려 시대 음악은 몇 종류로 나눌 수 있을까?	중 1. 6. 더 넓은 세상의 음악
한국 음악사_조선 시대	우리나라 3대 음악가는?	중 1. 6. 더 넓은 세상의 음악
한국 음악사_조선 시대	종묘제례악은 누가 만들었을까?	중 2. 6. 더 넓은 세상의 음악
한국 음악사_조선 시대	《악학궤범》에 담긴 내용은?	중 1. 6. 더 넓은 세상의 음악
한국 음악사_조선 시대	아리랑은 몇 종류나 있을까?	초 4. Ⅱ. 첨벙첨벙, 음악과 놀아요 4. 덩덕쿵 우리 음악
한국 음악사_조선 시대	강강술래가 군사적으로 이용되었다고?	초 4. Ⅲ. 울긋불긋, 음악에 물들어요 4. 달도 밝다, 강강술래
한국 음악사_조선 시대	풍물놀이, 사물놀이, 남사당놀이는 뭐가 다를까?	초 4. Ⅳ. 소복소복, 음악이 쌓여요 1. 풍물놀이와 사물놀이
한국 음악사_근현대	애국가에 얽힌 논란의 이유는?	중 1. 6. 더 넓은 세상의 음악
음악 이론_용어	시김새, 토리, 흐름결은 무슨 말일까?	초 5. Ⅲ. 울긋불긋, 음악에 물들어요 3. 떠나요 민요 여행
음악 이론_용어	오선보와 정간보는 뭐가 다를까?	초 5. Ⅱ. 첨벙첨벙, 음악과 놀아요 3. 도전, 단소의 달인
음악 이론_용어	우리 전통 음악의 음이름은?	초 5. Ⅱ. 첨벙첨벙, 음악과 놀아요 3. 도전, 단소의 달인
음악 이론_용어	'덩덩덕 쿵덕'은 무슨 장단일까?	초 3. Ⅱ. 첨벙첨벙, 음악과 놀아요 3. 얼쑤 좋다, 우리 장단
음악 이론_악기	국악 연주 중 '생소병주'는 무슨 뜻일까?	초 5. Ⅱ. 첨벙첨벙, 음악과 놀아요 4. 같이 해서 행복해
음악 이론_악기	국악기는 서양 악기와 분류법이 다르다?	중 1. 5. 흥겨운 우리 음악

어른을 위한 친절한 지식 교과서 II

초판 1쇄 발행 2020년 3월 1일

기획 | 박현주
지은이 | 김정화, 김혜경
그림 | 나수은
감수 | 김지민, 이철기, 이미희

펴낸이 | 박현주
디자인 | 정보라
마케팅 | 유인철
인쇄 | 미래피앤피

펴낸 곳 | ㈜아이씨티컴퍼니
출판 등록 | 제2016-000132호
주소 | 서울시 강남구 논현로 20길 4-36, 202호
전화 | 070-7623-7022
팩스 | 02-6280-7024
이메일 | book@soulhouse.co.kr
ISBN | 979-11-88915-20-0
        979-11-88915-18-7(set)